カルマムードラ

至福のヨーガ

チベット医学・仏教におけるセクシャリティ

ドクター・ニダ・チェナグサング 著
Dr. Nida Chenagtsang

エリコ・ロウ 訳
Eriko Rowe

Karmamudra:
The Yoga of Bliss
Sexuality in Tibetan Medicine and Buddhism

ナチュラルスピリット

Karmamudra: The Yoga of Bliss
Sexuality in Tibetan Medicine and Buddhism

by Nida Chenagtsang

First edition published in English language by Sky Press

シトゥ・パンチェン　マハシダ・ガンタパ
シトゥのセット：８人の偉大なタントラの修行者より、18世紀
（ジョン＆バーシー・フォードのコレクション）

序章

第1章　誤解を解く 33

実際の修行

本書を性虐待、とくに
宗教やスピリチュアリティの名のもとで性虐待を受けた人々に
捧げたいと思います。
性虐待で受けた痛みや苦しみが、世界の隅々から
ただちに消えてなくなりますように。

ドクター・ニダ・チェナグサング

モンモ・タシ・チドレン
（イェシ・ツォギャル）

འདི་ན་སུ་དང་གང་གིས་མི་ཤེས་པའི།། མི་ཞིག་ཁྱེད་ལ་དགའ་
ཞེས་ཅ་ཅོ་འདོན།། རྡོ་རྗེ་མ་ཁྲོད་བསོད་ནམས་ལས་ཀྱིས་ནི།།
ཕྲན་དང་བསྐྱོང་ཞེས་གུ་རུས་ལུང་དུ་བསྟན།། ཀྱེ་ཧོ་འདི་ནི་གསང་
བའི་བདེ་བ་དང་།། སྣང་སྟོང་འཕྲུལ་དུ་གོའོ་ཁྱབ་བདག་མ།།
ཐབས་ལམ་སྦྱོར་བའི་ལམ་གྱི་གྲོགས་མཛོད་དང་།། རྡོ་རྗེ་འཆང་
གི་ས་དེ་ལག་ཏུ་མཆི།། ཕྱི་ལོ་༢༠༠༤་ཟླ་༩ ཚེས་༢༤། ལ།

ここ、この場で、誰もまったく気づいていないが、
あなたを愛していると、
誰かが大きな声で叫んでいる。
金剛ダーキニー、グルは予言した。
あなたの徳とカルマによって、
あなたと私は出会い、一緒になる。
驚異的なのは、秘密の至福と現象と魔法のような顕現が
空(くう)と一体であることだ！
すべてにあまねく淑女、私の友、そして至福の道、
手段を介した合体の道のパートナーになってください。
そして持金鋼仏(じこんごうぶつ)の境地を
私たちが手に入れられますように。

予言

2004年9月24日

序章

ラマ・ドゥクパ・クンレー（1455-1529）

はじめに――カルマムードラとクレイジーな叡智の伝統

ブータンのプナカ渓谷にあるチミラカン・ドゥクパ・クンレー寺院から読者の皆様にご挨拶申し上げる。「神聖なる狂者」として知られた偉大な師、ドゥクパ・クンレーは、完全に悟りを開いた後にチベットからブータンに来て、金剛乗（密教）の教えを国中に広め、憤怒の鬼たちを降伏させた。彼は社会の常識や既成概念を超越した野性的でとんでもない振る舞いで有名だったことから、この地は「クレイジーな（狂気の）叡智」の発祥の地とされている。

ドゥクパ・クンレーは、カルマムードラ（カルマムドラー）に関する偉大でおそらく最も有名な師としてとくに知られている。私たちがカルマムードラを学ぶ際には、ふたつの見地からその教えを理解する必要がある。まずは歴史に沿った文字どおりの教えとしての見方、そして、より比喩的、象徴的な見方だ。言いかえれば、まず必要なのは何世紀にもわたって受け継がれてきたオリジナルの伝統的な修行として理解するということだ。

ドゥクパ・クンレーは自己実現を成し遂げた本当に野性的なヨギで、彼はセクシャリティ、動物の狩り、見えない鬼をマントラで降伏させ、憤怒の神仏の修行といった、風変わりで常識はずれな方法によって人々を導いた。これは比喩ではなく、16世紀のブータンではとても直接的な教えが適切であり極めて効果的だったのだ。彼のそうした教えの伝達法を私は完璧に理解でき、尊重できる。

ドゥクパ・クンレーはすべてを超越したレベルの叡智、スキルと方法の修得、祝福とパワーを得た偉大な師で、否定的な感情から解放され、物質世界の次元を超越していたので、社会の常識にもまったく束縛されていなかった。同時に人々も、彼を全面的に純粋に信仰していた。彼の寺院には、ドゥクパ・クンレーに所望してマントラを拝受した老人が何年も休むことなく忠実にそのマントラを唱えた、という物語が描かれている。

この「聖なるマントラ」は、実際には師が忠実な弟子に与えた卑猥な言葉に過ぎなかったのだが、ドゥクパ・クンレーの祝福のパワーと弟子としての揺るぎない生真面目さにより、この学のない老人は「虹のからだ」を成し遂げた。至高の精神性により、死に際して肉体が光になったのだ。これがグル・ヨーガの真のパワーだ。師の側による超越的な叡智と弟子の超越的な献身の組み合わせにより、こうしたクレイジーな叡智の修行が古代のブータンのような場所ではとても効果的だったのだ。

残念なことに現代社会では、教える側は過去の偉大な師のような自己実現は果たせていないし、生徒の側の信心も足りないので、クレイジーな叡智の方法は危険であり困惑を招く。だから、今日ではドゥクパ・クンレーの物語はより比喩的に理解すべきだと思うのだ。非常に多くのクレイジーな現代人が、偉大なる教えを誤解し、間違った修行をおこない、カルマムードラの名のもとにドゥクパ・クンレーの物語などを口実として、修行者にとっても教え自体にとってもダメージとなるような、有害で不道徳なおこないに耽っている。ドゥクパ・クンレーの叡智なしでそのおこないを真似するのは極めて危険だ。

私がカルマムードラに関する本書を書き記すことにした最大の動機は、この修行に関する様々な間違った見方について明らかにすることだ。もちろん、伝統的にはカルマムードラはなかなか教えてはもらえない極秘の修行であり、本書の出版に際しては批判の声もあった。

「秘密」といえば、多くの人は、密教には何か隠すべきことがある、一般には有害なものがあると考えがちだ。しかしこの秘密性は、もともとは伝統を保護すること、あるいはその資格がない人々が理解しにくいことによって、誤解したり乱用しがちである極めて高度な教えに接するのを防ぐことが目的だった。だが、こうした修行を秘密にして神秘の雲に隠しておくほうが、よほど有害だと私は思うのだ。なぜなら、こうした修行に関する正しい教育や理解がなければ、とくにあらゆる情報がインターネットやソーシャルメディアで山火事のように広がっていく現代では、間違った見方が世間に広まりやすいからだ。

こうしたことから、本書はカルマムードラに関する誤解を解き、透明性を増すことを意図している。とくに宗教界でも一般社会でも、仏教界でも政治家の間でも、ハリウッドやそのほか様々な社会階層でも、セックスに関するスキャンダルが多く露呈していることを考えれば、ちょうどよい機会だと思う。カルマムードラに関して人々が抱いている疑問は多いので、私はよくある誤解について指摘し、真のカルマムードラの修行と性的虐待との違いを明らかにすることで、そうした疑問に答えたい。

ドゥクパ・クンレーの物語やクレイジーな叡智の修行をより間接的に、微細なレベルで比喩的に理解できれば、それがまさに否定的な感情や恐れに対処し、私たちのマインドに棲むワイルドで危険な鬼を退治するための優れた教えであることがわかる。

カルマムードラは欲望に対処するための最も重要な修行だ。欲望はとてもパワフルで前向きな感情にもなり得るが、同時に、個人や家族、社会に多くの災難やよくない結果をもたらしかねない魔力も持っている。自分の欲望をコントロールできなくなれば、私たちは自分の欲望にコントロールされ、その渇望の奴隷になってしまう。

仏陀は欲望、言いかえれば執着がすべての痛みと苦しみの根本原因だと説いた。だから、私たちはこの本質的な教えを真に理解し、この極めてパワフルなフォースの活用法を学び、このエネルギーを悟りの道でのツールとして使えるようにすべきなのだ。

修行者にとっては、なぜ私たちにとってカルマムードラの修行が必要なのか、その重要性を理解することが必須で、議論の的になっているからとか濫用されてきたからという理由で棚上げしたり蓋をしたりすべきではないのだ。歪曲せず正しく理解すれば、カルマムードラはスピリチュアリティにとっても感情面でも心理的にも身体的にも、極めて有益な教えになるのだ。

ここで、私のすべての師、とくにカルマムードラについて指導してくれた次の人々に感謝の意を表しておきたい。

私が本書で述べる物語の主であるレプコン・ナグパの伝統を受け継ぐヨギのラニェン・ロパツェル（アク・

ラモ）、チベットのラサで私に6種のヨーガ、アティ・ヨーガ、カルマムードラを教えてくれた尼僧のアニ・ナワニ・ギャルツェン。また、私の親友、ツェリング・チョーデンにも感謝している。彼の支援と祝福が本書のどのページにも垣間見える。

私が今日ここで、僧たちが来る年の障害をなくすための儀式をおこなっている火の鳥の年の年末に、本書に向けたドゥクパ・クンレーの祝福を得られることは大きな幸いだ。

本書がカルマムードラに関する正しい情報をもたらし、疑いや困惑をなくし、カルマムードラのよいエネルギーと叡智が一般の人々にも行きわたることを真摯に希求している。

ドクター・ニダ・チェナグサング
２０１８年2月14日
ブータン、チミラカンにて

ドゥクパ・クンレーの寺の外のプレイヤー・ホイール（祈りの輪）、
ブータンのプナカ渓谷のチミラカン

寺院の壁の外側の碑には次のように書かれている

ラマ・ドゥクパ・クンレー（1455－1529）は、悟りを開いた仏教の師で、「狂気の智慧」としても知られる密教の伝統の真の本質を擬人化した。彼の熱心な信者は、彼を「聖なる狂人」と呼んだ。一般的な方法とはかけ離れた「とんでもない」教え方をしたからだ。

ラマ・ドゥクパ・クンレーは、わざと風来坊のように田舎を徘徊し、歌や踊り、酒や女、狩りや宴に興じた。実際には、彼は人間社会が確立した常識や一般性を超越していたということだ。

ラマ・ドゥクパ・クンレーは、僧院の秩序を含む体制の偽善を嫌った。「燃えるような落雷」の武器として彼が男性器を使ったのは、真実に直面した時に社会が体験する居心地の悪さの象徴だ。

ラマ・ドゥクパ・クンレーの極めてとんでもなく神聖な行動には、ブータンの人々を苦しめていた多くの雌鬼を手懐けたことも含まれる。たとえば彼は、ドチュラの悪名高く恐れられていた鬼を征服し、15世紀後半に彼の従兄弟であるラマ・ガワン・チョイジェイによって建設されたチミラカンの丘にその雌鬼を埋めた。

ラマ・ドゥクパ・クンレーは、何世代もの仏教徒を輪廻転生から解脱させた。世界中の仏教徒が、子どもたちの生存と健康を祈るためにチミラカンを訪れる。

ドゥクパ・クンレー の祝福を求める祈り

ドゥクパ・クンレー、どうぞ私にご配慮ください！

この自発的に現れる「密に並び下に何もない」

オグミン・トゥクポの浄土

ドゥクパ・クンガ・レクパは

至高の金剛杵（こんごうしょ）のグル！

この金剛杵のからだ（金剛身）のダンスは

形—空（くう）の錯覚のムードラの印

彼の金剛杵の声の歌は

音—空の魔法のように現れる音楽

彼の金剛杵の心の真髄は

光と光明、祝福と空、分け隔てられない一体

འབྲུག་པ་ཀུན་ལེགས་མཁྱེན་ནོ།

རང་སྣང་དག་པའི་ཞིང་འདི།།
འོག་མིན་སྟུག་པོ་བཀོད་པ།།
རྡོ་རྗེའི་བླ་མ་མཆོག་དེ།།
འབྲུག་པ་ཀུན་དགའ་ལེགས་པ།།

རྡོ་རྗེའི་སྐུ་ཡི་གར་དེ།།
སྣང་སྟོང་སྒྱུ་མའི་ཕྱག་རྒྱ།།
རྡོ་རྗེ་གསུངས་ཀྱི་གླུ་དབྱངས།།
གགས་སྟོང་འཕྲུལ་གྱི་རོལ་མོ།།
རྡོ་རྗེ་ཐུགས་ཀྱི་ངོ་བོ།།
འོད་གསལ་བདེ་སྟོང་ཟུང་འཇུག།

偉大なツールたる金剛杵の男根は

深遠なる叡智の蓮の花—女陰

不分の至福—空で結ばれ

俗世の絆は自発的に解かれる！

グル、ドゥクパ・クンレー

偉大なる至福のダーキニー

数十万のダーカとダーキニー

祝福の雨を降らせてください！

概念的な思考という野獣の群れを

その始原の智慧の鋭い矢で解放してください

私が苦しみの感情やカルマの風に悩まされた時には

あなたの智慧の心地よい音色を聞かせてください！

ཐབས་ཀྱི་རྡོ་རྗེའི་མཛེ་ཆེན།།
ཤེས་རབ་པད་མའི་སྦུ་ཟབ།།
ལྷན་སྦྱོར་བདེ་སྟོང་དབྱེར་མེད།།
འཁོར་བའི་འཆང་ཐག་རང་གྲོལ།།

བླ་མ་འབྲུག་པ་ཀུན་ལེགས།།
མཁའ་འགྲོ་བདེ་ཆེན་བཟང་མོ།།
དཔའ་བོ་མཁའ་འགྲོ་འབུམ་ཕྲག།
བྱིན་རླབས་ཆར་ཆེན་ཕོབས་ཤིག།

རྣམ་རྟོག་སྒྲོག་ཆགས་མང་པོ།།
ཡེ་ཤེས་མདའ་མོས་སྒྲོལ་ཤོག།
ཉོན་མོངས་་ལས་རླུང་འཁྲུག་དུས།།
ཤེས་རབ་པི་ཝང་དགྲོལ་ཤིག།

あなたの無我の刀で

私を自我の虜にする鉄の鎖を断ち切ってください！

マハムードラ（マハームドラー）の偉大なる印の光で

平面的なようで実は深い暗闇を照らしてください！

私の大きな俗世の欲望のすべてを智慧で熟させ、

カルマの徳でスピリチュアルな伴侶にすばやく出会い、

カルマムードラのベース・チャクラの修行で

私が解脱できますように！

ナグパ、タントラ（密教）のヨギ、デウェイ・ドルジェとしてドクター・ニダがドゥクパ・クンレーのおわしますチミラカンを訪ねた後に、ブータンのブムタンで「至福の金剛杵」として2018年2月15日に執筆した。

བདག་འཛིན་ལྷུགས་ཐག་དགུ་སྒྲིལ།།
བདག་མེད་རལ་གྲིས་གཏུབ་ཤིག།
གཉིས་སྣང་མུན་པ་མཐུག་པོ།།
ཕྱག་ཆེན་ཉི་མས་སེལ་ཤིག།

ཐ་མལ་འདོད་ཆགས་ཆེན་པོ།།
ཤེར་རབ་དབང་གིས་སྨིན་ལ།།
བསོད་ནམས་ལས་ཀྱི་སྦྱོར་གྲོགས།།
སྒྱུར་འཕྲད་འོག་སྒྲོས་གྲོལ་ཤོག།

སྨན་པ་ཉི་ཟླའམ་སྤུགས་པ་བདེ་བའི་རྡོ་རྗེ་ནས་འབྲུག་པ་ཀུན་ལེགས་ཀྱི་གདན་ས་འཆི་མེད་
དམ་ཁྲི་མེད་ལྷ་ཁང་མཇལ་རྗེས། ༢༠༡༨_༠༢_༡༥ཉིན་ཐུམ་ཐང་སྣང་དུ་བྲིས།

第 1 章

誤解を解く

カルマムードラの貴重な教えは知識と修行のための黄金の寺院だ。
チベット仏教の金剛乗（密教）には
黄金の寺院があると述べながら、
門戸をかたく閉ざしたままにしておくよりは、
その扉を開けるべきだと私は信じている。
密教の真の目的は他者の救済であり利他だ。
私たちの利他の意識が本物なら、なぜ扉を閉じ、
なかの黄金をすべて隠すそうとするのだ？

今日のカルマムードラ

カルマムードラとは？　カルマムードラはサンスクリット語のふたつの言葉からなる。カルマはカルマ（業）のことで、「行動」または縁起を意味する。ムードラは「印」、特別な儀式に使われるジェスチャーを示す。タントラ仏教（密教）ではカルマムードラ、つまり「世俗的な行動の印」は、精神修行の一環としてセックスをする相手、性的なパートナーを指す。端的に言えば、カルマムードラ、チベット語ではレイキ・チャッキャーとは、タントラ（密教）の性的パートナーのことだ。

しかし、カルマムードラは単なる肉体的な性交だけではない。カルマムードラは深遠な瞑想でありオルガズムと至福のアートだ。セックスとオルガズムの最中によりマインドフルになるための、特別な修行なのだ。

ここで言うオルガズムとは単なる肉体的なオルガズムではない。肉体的なオルガズムはパワフルで強烈なこともあるが、つかの間しか続かない。オルガズムをそうした短期的な身体上の体験に限定してしまえば、オルガズムには微細エネルギー上の重要な要素もあることを見失ってしまう。肉体的なオルガズムのみを目的としたセックスの結果は荒々しく限定的だが、よりマインドフルにセックスを楽しめば、より精妙で洗練された感覚も享受できる。月並みで粗雑なオルガズムではなく、そうした感覚を感じられれば、よりパワフルで持続的なオルガズムが得られる。

こうした状態で得られる微細な感覚には、私たちに意識変革をもたらす可能性がある。怒りや悲しみ、恐れなどの否定的な感情を、人生の確信につながる前向きなエネルギーに変換できるのだ。


ここまで読んできて、こう思った人もいるかもしれない。

「それが真実なら、なぜ誰もそのアートを実践していないのだ？」

もちろん、それは名案だが、今日カルマムードラを教えるのは困難だ。チベットの師の多くは、カルマムードラの真の伝統の火は消えたと言っている。その教えはチベットで消え、消滅し、いまでは実践されていないというのだ。彼らはまた、カルマムードラは極秘の教えであり、解読が困難で、ほとんどの修行者には読むことも許されない昔の教本（テキスト）に書かれた内容以上のことは最高レベルの修行者でなければ知らない（または知るべきではない）とも言う。こうした指導者たちは、凡人にはカルマムードラの修行を理解する能力がないから口にすべきことでもない、と言うのだ。

今日、カルマムードラに関してその多くが誤解されているのは事実だ。チベット人以外の多くの人は、カルマムードラはカーマスートラのことで、自分自身のための風変わりな体位や快楽に過ぎないと思っている。性交と感覚的刺激を伴うカルマムードラは、身体的な快楽を強め、世俗的な欲望を肯定するだけのものだと考えられているのだ。さらに、チベット人以外の学者がカルマムードラの修行について書いたものは、チベットの高位のラマが若い女性をものにするだけの目的で秘密の修行をおこなうチベット仏教のボーイズクラブからの情報を紹介しているだけだ。

本書ではまず、カルマムードラに関するそうした誤解や間違った情報を正したい。タントラの性のヨーガがチベットでどのように実践されてきたか、そしてそれがいまでも実践されていることを紹介したい。その内容は、私自身がチベット・ヨーガとチベット伝統医学の修行者、実践者として体験してきたことに基づいている。

私はカルマムードラに関する誤解や主張に異議を唱え、このアートを誤解や神話から解き放ちたいのだ。

カルマムードラは、知識と修行の黄金の寺院とも言われる貴重な教えだ。チベット仏教の密教(金剛乗とも呼ばれるヴァジュラヤーナ)には黄金の寺院があると言いつつ門戸をかたく閉ざしたままにしておくよりは、その扉を開けるべきだと私は信じている。密教の真の目的は、他者の救済である利他だ。私たちの利他の意識が本物なら、なぜ扉を閉じ、なかの黄金をすべて隠すそうとするのだ?

黄金の寺院の伝統を尊重し守ることは大切だが、その扉は開けておくべきである理由はたくさんある。本書がそのための最も明らかで恩恵のある一歩になることを願っている。

カルマムードラの真の目的は利他である。
カルマムードラを正しく実践すれば、
慈愛に満ち無私の動機に導かれることになる。
仏教ではこの動機を菩提心と呼ぶ。
菩提心で密教を実践すれば、
他者を救済できるように自分自身を高める
パワフルなテクニックが使えるようになる。
そうしたテクニックとしてカルマムードラが
開発されたことを考えれば、今日、このテーマを公にすることは
重要で価値あることだと思う。

カルマムードラについてよくある伝説と誤解

誤解1――カルマムードラは極秘で、議論は禁物だ

今日の私たちがカルマムードラの修行をどう役立てられるかを理解するためには、どんな人がどんな方法で修行できるのかを理解することが必要だ。また、歴史を通じてカルマムードラを守るため、または、この貴重でありながら誤解されやすい教えを悪用しやすいように秘密主義が使われてきたことも、理解しておく必要がある。

私がカルマムードラを教えていることを知ると、人々はこう尋ねてくる。

「カルマムードラについて語ること自体、どうして可能なのか？」

カルマムードラは完全に秘された教えだと聞き、信じてきたからだ。そうした時には、私は逆に聞き返す。

「マハムードラとゾクチェンも秘密の修行なのに、そうしたチベットの秘密の教えに関する本が今日、たくさん出版されているのはどうしてか？」

マハムードラやゾクチェンと同様、カルマムードラも伝統的には極めて高度で秘された教えであるのは事実だ。しかし、今日の世界では、そうした教えの伝授の仕方についてもかなり変化してきていることもまた事実である。

また、「カルマムードラは秘密なだけでなく禁じられた教えなのに、どうして私がそれについて語れるのか」と疑問視する人もいる。そうした場合にも、「アティ・ヨーガやゾクチェンはカルマムードラより高度で閉鎖された教えだが、いまでは世界中で公に話題にされているではないか」と私は答える。マハムードラとアティ・ヨーガについてはすでに数多くの異なる教えが出版されている。「こうした偉大な秘密の教えはすでに公になっているのに、なぜカルマムードラはだめなのか」というのが私の疑問だ。私のカルマムードラの師はチベットに住む在家のヨギだが、私と同意見だ。本書にはその師の教えも含めた。

経験を積んだ密教の修行者でさえ、何について語るべきか、語るべきではないかについては不可思議な意見を持っている。一般的にはカルマムードラは極秘の教えで、実際には誰も見たり触れたりできない、と信じられているのだ。これは非常に大きな誤解だ！

今日の修行者がカルマムードラにはまったく近寄れないと考えているのがわかったのは、チベット仏教を学んでいる生徒からこう聞いたからだ。彼は人生のある側面では「正常な」密教の瞑想はしているが、寝室での「性的な部分」については、チベット仏教の代わりに中国の道教のセックスのテクニックを実践している、と言うのだ。私は彼をからかった。

「君のスタイルの仏教によれば、セックスはネガティブなカルマしかもたらさない罪悪のようだね！」

仏教の師も含み、多くの人がカルマムードラに関しては様々な奇妙な考えを持っていることはおかしいし、驚きだ。これから語ることでもわかるように、密教は人間の生活のあらゆる側面にあてはまる。性をスピリチュアルな修行から切り離したいというのは、教えそのものではなく、私たち自身の問題だろう。

誤解2――カルマムードラは失われた、死滅した教えだ

秘密か否かはさておき、カルマムードラは時代のなかで次第に失われ、いまでは死滅したかその過程にある修行の道だとする情報源や師も存在する。これは間違った情報だ。カルマムードラはいまでも存続し実践されている、というのが真実だ。チベットの私の故郷では、禁欲主義ではなく僧院に属さない在家のタントラ修行者のヨギ、ナグパがカルマムードラの修行をしているし、密教の伝統を受け継ぐユトク・ニンティクでも積極的に修行されている。

本書ではそのユトク・ニンティクの伝統を紹介する。

カルマムードラは修行が困難過ぎるから廃れた、という主張もある。伝統的なカルマムードラの教本の多くでは、カルマムードラの修行の前に多くの複雑なヨーガをマスターしなければならないとしていることから、凡人にはそれを成し遂げるのはとても無理だと考える人も多いのだ。そうしたエクササイズの多

くは、若いころにしか習得できない。アクロバットや体操と同様に、年をとるほど実践しがたくなるからだ。
教本で語られ、カルマムードラをめぐる議論でもよく引き合いに出されるヨーガのエクサイズのひとつは、サンスクリット語でヴァジュロリ・ムードラと呼ばれる。泌尿器の筋肉をしっかりコントロールして自分の出した尿を吸い上げるテクニックだ。男性が放尿した場合には、尿が床に届く前に筋肉を使って尿を吸い上げ膀胱に戻す。また、男性の修行者はミルク1パック分もペニスで吸い上げるようになることが必要だとする教本もある。そうした教本では、このテクニックをマスターしたら、カルマムードラの修行に入ることができるとしている。だから今日の指導者の多くがチベットの密教の伝統を指差し、「ああ、尿を吸い上げたり、ペニスからミルクを飲むことができなければ、カルマムードラの資格はない！ 今日では誰もカルマムードラを実践できる人などいない」と言っているのだ。

こうした除外的で偽りの教義が、歴史を通じてカルマムードラにまつわりついてきた。ヨーガの修行者として一定の筋肉訓練に成功しないとカルマムードラの修行はできないとする教本は多く、だから修行は不可能だと考え、したがって失われた伝統となったと考える人も増えた。カルマムードラに関して多少の知識がある人の間では、こうした反応が多い。しかしそうした人々は、教本を1、2冊読んだだけで「よし、しっかりわかった」と考えているのだ。

しかし、カルマムードラに関する様々な口伝や書物を読めば、カルマムードラの修行には多くのスタイルとレベルがあり、そのすべてに驚異的な性的ヨーガの天才であることが求められているわけではないことがわかる。カルマムードラの本意は困難だったり不快な修行ではなく、とてもパワフルで心地よいものなのだ。その目的は非常に明確で、いままでほんの一部の人しかその教えを受けられずにきたことは非常に残念だ。

本書の目標は、タントラ・ヨーガの事前の訓練なしでできる実用的で安全なスタイルのカルマムードラを、読者に紹介することだ。紹介する教えや修行はほとんどの人が日常生活の一部として接することができ、自分の能力に応じて適用できる体験や方法だ。

誤解3――カルマムードラはカーマスートラと同じだ

最近では「欲望の専門書」とか「欲望論」とも呼ばれるカーマスートラについては、聞いたことがある人も多い。カーマスートラに関する最も一般的で執拗な誤解は、それがタントラの教えだというものだ。カルマムードラのタントラの修行と同様、カーマスートラの発祥もインドだが、カーマスートラの焦点はカルマムードラとは異なり、スピリチュアルなものではなく世俗的なものだ。

カーマスートラが「世俗なセックスの技法」なら、カルマムードラは「スピリチュアルなオルガズムの技法」だ。

19世紀のチベットにはジュ・ミパム・ナムギャル・ギャッツォという名の有名な師がいた。彼はチベット仏教のなかで最古の宗派であるニンマ派の高名な師であり、偉大な学者だった。ジュ・ミパムは『誰もが宝とする愛』という画期的な本を執筆し、そのなかでカーマスートラとカルマムードラについて一緒に述べた。彼はその本を公に出版し、タントラを学び実践する男女の修行者、ヨギとヨギーニのために書いたとした。修行僧が最高の世俗的、スピリチュアルなセックスの本を書いたのは皮肉だと思う人もいるだろう。しかしこの本を読めば、そんなことはどうでもよいと思えてくる。とてもよい本なのだ！

師たるジュ・ミパムは、カルマムードラとカーマスートラの関係を明らかにした。カーマスートラはとても世俗的で日常生活で楽しめるもので、カルマムードラはよりスピリチュアルで、通常の生活とは異なるものだとした。ここで興味深いのは、その橋渡しは可能だということだった。つまり、まずはじめにカーマスートラについて読んで修行すれば、カルマムードラの修行の足しになる、ということだ。カーマスートラについて学べば人間関係についての理解が深まり、性や性交についての古代からの価値多き教育が得られるという説明だった。

本書はカーマスートラについての本ではないので、その教示は提供しない。が、ジュ・ミパムと同様に、カルマムードラについて学びたい人はカーマスートラの教本を読み勉強すべきだと思う。

カーマスートラの最も詳細なチベット語版は、20世紀初頭に、議論の的とされてきた素晴らしいチベット人学者、ゲンドゥン・チョフェルによって書かれた。インドのカーマスートラの教本を自ら翻訳し、マスター・ミパムの教えも借用したのだ。チョフェルは、在家に戻った後に自身でおこなった性的な実験の結果も付け加えた。ゲンドゥン・チョフェルによるこの重要な教本はジェフリー・ホプキンズが英語に訳し、『Tibetan Arts of Love（チベットの愛の技法）』（２０００）として出版した。

学生は宿題として、この本を読むべきだ。年中欠かさず読み続けるべきだと思う。性的欲求と至福感を発達させるのは、学ぶ必要がある技法だからだ。似て非なる教えながら、性行動へのアプローチとしてはお互いを補足する要素を持つカーマスートラとカルマムードラについて、これまでチベットの識者がどう語ってきたかは、第3章でさらに詳しく紹介する。こうした師たちは、世俗的で縁起に基づくカーマスートラの性的教養を、個人の修行を改善させるための性へのアプローチであるカルマムードラにどう取り入れられるかについて教えてくれている。

誤解４——カルマムードラの修行にはセックスする相手が数多く必要だ

カルマムードラは性的な異性交遊を楽しむための口実だと考える人も多い。彼らが言うところのタントラ・セックスであるカルマムードラの修行のためには、多くのパートナーとセックスをしたり乱交することが許される、または要求される、とさえ言う人もいる。カルマムードラは数多くの女性とセックスしたいという男性のラマの欲求を満たすための文化的隠蔽のようなものだ、という声は高名な学者からも聞こえる。しかし、伝統を振り返ればそれは事実でないことがわかる。

何世紀も前に、偉大なるタントラのヨギでチベット伝統医学の創設者であるユトク・ヨンテン・ゴンポが、カルマムードラとは多くの性的パートナーを持つことだと考える修行者に直接反論している。ユトクはその教本『ユトク・ニンティク』のなかでカルマムードラについて述べており、その説明は極めて明快で、本書もその教えに基づいている。カルマムードラは深遠な精神修行であり、通常のセックスではないので、その修行に成功するには一定条件を満たさなければならない。最も重要な条件は、修行するふたりともがその資格を持ち、さらにお互いの精神的な相性が完璧であることだ。

したがって、実際にはカルマムードラを一緒に修行できる相手をひとりでも見つけるのは困難なのだから、2人、4人、16人といったパートナーは得られないのだ!

ユトクはこの点について、女性の修行者を「釣る」べく神秘的な儀式をおこなったり、誰とでもカルマムードラを修行できるとする男性の修行者を批判している。

彼は次のように、ユーモアたっぷりにそうした愚かさを示している。

「カルマムードラの相手として最適な乙女を決定する方法は想像を超えたものかもしれないが、グルたちからの直接のアドバイスを聞けば、左記が口伝の教えだ（註釈1）。

究極の快感や至福感は、その姿を見たり、その声を聞いたり、その匂いを嗅いだり、そのからだに触れるだけで湧き上がる。彼女は秘密のマントラの教えに関心を持ち、それを信じている。彼女はこの修行をするヨギを見るだけで幸福を感じ微笑む。そうした乙女を頼りにすれば、彼女が若いか年老いているかにかかわらず、あなたの瞑想体験と気づきは深まる。しかし、その姿を見たり、声を聞いたり、彼女のことを想ったり、その姿に触れるだけで歓喜を感じられないなら、その女性はタントラの教えにふさわしいマインドを持っていないので、年齢にかかわらず、避けるべきだ。

あなたが主な修行や優先課題である内なる〝白い液〟（註釈2）を安定させられれば、微細な脈管を備えたカルマムードラのパートナーを自然に惹きつけることができる。

薬物を使う儀式やマントラ、瞑想を利用してパートナーを〝釣って〟も、彼女があなたを見た時に純粋な輝き、至福の〝甘い香り〟を放たなければ、そしてあなたと彼女の双方の過去生からのカルマと待望の帰結として、彼女があなたを見た瞬間に偉大な歓びを表現しなければ、どんなに無理強いをしようとしても、何も生まれない。逆に、双方が会った途端に至福やエクスタシーを表現するなら、そうした神秘的なテクニックにどれだけ長けているかにかかわらず、あなたは目的を果たすことができるだろう。

様々な小さな儀式に関わる外的、内的、そして秘密の神聖なつながりや条件（そうしたタントラのヨーガはみな同様）となる深遠な状態をどう設定するかについて理解しなければ、口伝の指示に不満を感じ、信仰を失う。彼らは自分たち自身で教えを無益なものにし、自分の失敗を瞑想の神仏のせいにするのだ！」（ゴンポ 2005）

【註釈1】 ここでユトクは「パドマの、言いかえれば蓮生まれの家系に属するリクマまたは〝気づきの女性〟を決定するために」と実際に述べている。チベット仏教では、カルマムードラのパートナーはタントラ仏教の5つの家系に従って分類される。伝統的には蓮生まれの家系のダーキニーの印やあざを持つ女性は、カルマムードラの練習に最適なパートナーになると言われている。

【註釈2】 これは、微妙なタントラの解剖学の一部で、白色の月のティクレ、「性的エネルギーの雫」を指す。これらの概念と関連する方法については、本書の第3章と第4章で説明している。

私はユトクによるこの説明がとても好きだ。カルマムードラとは数多くのパートナーとセックスすることではない、ということを明快に示しているからだ。

ユトクはまた、カルマムードラの実践法を適切に口伝で受けて理解しているヨギにとってはカルマムードラのパートナーの年齢は重要ではなく、その人との精神的なつながりが重要であることも明らかにしている。これがとても重要な点だ。

「理想的なカルマムードラのパートナーは16歳で特定の家系の出身で……」といったことが書かれたタントラの教本について語り、カルマムードラについて理解した気でいる学者も多い。「そうか、カルマムードラとはそういうものなのだ。合点した！」というわけだ。カルマムードラのステレオタイプはこうしたところから生まれている。年老いた男性のラマが若い少女たちとセックスするためのスピリチュアルな口実でしかない、というわけだ。

しかし、カルマムードラに関しては、書かれたものよりも教えと修行の口伝のほうが重要であることをユトクは思い出させてくれる。多くの学者はカルマムードラについての虚実を書きたがるものの、カルマムードラがいまも生き続け実践されていることは知らない。

カルマムードラに関しては、絶対にパートナーはひとりだけでなければならない、ということではないが、この修行を多くの人とのセックスの口実にすることは許されない。それは男女ともにいえることだ。インドのタントラの修行者はグループで秘密裏に売春婦と会っており、カルマムードラとは乱交やカジュアルなグループ・セックスのことに過ぎない、と聞いたことがある人もいる。しかし実際には、カジュアルなセックスという考え方はカルマムードラではまったく述べられてもいないし支持されてもいない。今日のチベット仏教のグルのなかには、男女ともに多くの生徒とセックスし、それをカルマムードラと呼んでいる人もいるが、こうした指導者は本当のカルマムードラが何たるかを知らず、単に魅力的な若い男女とセックスしたいだけなのだろう。そうした指導者が生徒たちとしていることについての話を聞くと、質の高いセックス、果ては両者合意のうえでのセックスといったことは考えていない。喉が乾いたから、急いで水を飲むようなものだ。

しかし、そうした指導者が大きな力をつけて教えを濫用しはじめ、生徒を使って自分の欲求を満たすようになるから問題となる。そして様々な苦難が生じることになるのだ。

歴史上、伝説上のカルマムードラの師には多くのパートナーがいたし、今日の男女のグルの多くがスピリチュアリティと称して多くの生徒とセックスしているようだが、カルマムードラに多くのパートナーは必要ない。これについて明白にしたのは、私の生まれ故郷であるチベット北東部の在家仏教徒社会の偉大なるカルマムードラ修行者、カムラ・ナムカ・ギャッツォだ。

彼には多くのカルマムードラのパートナーがいたことを、彼自身が認めている。数多くの実験を重ねることによって多くの宝となる教え、テルマ（埋蔵経典）を受け取ったが、それでも、完璧な相性のパートナーを見つけるのは困難だったとしている。

自分自身の脈管と完璧にマッチするカルマムードラの相手は稀少で、多くの場合、あまりマッチしないかまったくマッチしない。あなたの肉体の一部と相手の微細な肉体やエネルギー体が一体となり、同時に精神的にもマッチすれば、その修行はうまくいく。あなたと相手の微細なからだ全体がマッチすれば、見えない世界であなたのティクレ、「エネルギーの雫」が惹きつけ合う。だから、時にはお互いから遠く離れていても、相手があなたのことを想っていて、そうしたエネルギーがそこにあれば、お互いに感じ合い、つながることができる。

カルマムードラは、セックスのパートナーを数多く持つことの正当化にはならない。すでに述べたように、いまでも多くの指導者が「さあ、カルマムードラを教えてあげよう。すべての秘密を教えるから、セックスさせてくれ」などと言うが、そうした場合には生徒は要注意だ。これは単にその指導者の資格や名誉だけでなく、その意図も疑問になる。多くのパートナーと危険なセックスをすれば、性病の心配もある。たとえ指導者が「コンドームを使って予防するから心配はいらない」と言ったとしても、チベットではディップとよばれる微細エネルギーの汚染がある。むやみに、または合わない相手と次から次へとセックスしていれば、そうした微細な汚染にたくさんさらされ、脈管が詰まる危険もある。脈管が詰まってしまえば、ティクレその他の微細な体内物質はうまく流れず、ヨギとして、またカルマムードラの修行者としても悪影響を受けることになる。

したがって、性的なヨギの修行を知っていたとしても、タントラのパートナーを多く持つことは正しいことではなく、勧められない。

誤解5――カルマムードラは男尊女卑で、女性を虐待し異性愛の男性に力を与えるだけだ

数世紀にわたって多くの指導者がカルマムードラを極力秘密扱いにし、象徴的な説明しかしてこなかったのには、現実的で納得できる理由がある。セックスはとても微妙なテーマだ。悪用されたり誤解されたり理解されないことが多いからだ。秘密にすることで教えが維持できた。しかし、残念なことに、秘密が無知な弱者の濫用や虐待に利用されてもきた。

カルマムードラの教えは極秘だから話し合うこともできないとすれば、封印されたも同然で、カルマムードラやそのほかのタントラの修行についておおっぴらに話し過ぎるのと同様に危険だ。カルマムードラに関する大きな誤解のひとつは、それが男性のためだけの修行で、男性が射精をこらえることに専念し、他人を犠牲にして寿命や若さを保ち、女性を悪用する秘密の男性組織のようなものだ、という見方だ。インターネットで「カルマムードラ」と検索すれば、極めて悪質で誤解に基づく記述が見つかる。こうした記事の多くは、カルマムードラは男尊女卑で女性を悪用し虐待するだけのものだとする。そうした記事がカルマムードラの悪用の可能性を正確に指摘していることもあるが、カルマムードラの真の目的やパワーやそれが精神修行として用いられる理由には触れていない。

カルマムードラの真の目的は利他だ。真摯にカルマムードラを実践すれば、慈愛と無私の動機に導かれ

るはずだ。仏教ではこの動機は菩提心（サンスクリット語で〝ボディチッタ〟）と呼ばれる。菩提心でタントラを実践するということは、他人を救済するために自身を向上させるパワフルなテクニックを使うということを意味する。カルマムードラがそうしたテクニックとして開発されたのなら、このテーマをオープンにすることは今日の世界にとって重要だと私は考える。カルマムードラに関してよりオープンに語れば、宗教社会で頻繁に起こるセックス・スキャンダルの問題解決にも役立つ。

過去から現在に至るまで、一部の指導者は女性の弟子とセックスするためにカルマムードラという言葉で騙してきた。そうした指導者はカルマムードラをめぐる秘密を悪用してきたのだ。多くの人は純粋なカルマムードラの詳細については知らないから、この無知が指導者による虐待を助長した。チベット人やその他の指導者のなかには「さあ心配はいらない。カルマムードラをしよう！　これから言うことは少し変に聞こえるかもしれないが、それがカルマムードラなのだ！　私はあなたのグルなのだから、私の言うとおりにして、それを秘密にしておかなければならない」などと言う者もいるのだ。そうした指導者がカルマムードラと呼ぶものは、かなり短時間の悪質なセックスに過ぎないだろう。それはカルマムードラなどでは決してない。

カルマムードラが何であるのかの基本知識を身につけ、それがどう機能するのかを知っていたら、そうした他者に騙されたり虐待されることはなくなる。

過去にはカルマムードラなど特別な修行を秘密にすることでその純粋性が保たれ、誤解される危険も防げた。しかし、今日では秘密にすることで誤解や虐待が生まれる。

私はよく「なぜカルマムードラを一般に教えるのか？」と聞かれる。チベットの指導者から「カルマムードラを教えているのか？　秘密をオープンにするのは危険だ！」と批判されたこともある。そうすることで「あなたは密教の伝統を破戒し、すべての生きものに害を与えることになる」とまで言われた。私は彼の言葉を聞き、その意見を尊重しようとしていたが、最後のひと言を聞いて、「それは言い過ぎだろう」と思った。

他人に批判されることはまったく平気なので、彼に対して怒りはしなかった。弁解しようとしたり、逆に怒り狂って「殺してやる！」と怒鳴ったりもしなかった。彼がどうしてそう考えるに至ったかは理解できたし、それは私にとっての問題ではなかった。これから述べていくように、私自身も世界中の異なる人々にタントラ仏教の考え方や修行を教えはじめた当時は、自分自身の文化的な不安や既成概念にどう対処するかを学ばなければならなかった。

しかし、この師に「すべての生きものにとって有害だ」と言われた時には、「なんということだ！　あなたは自分の言っていることがわかっているのか？」と思った。私はこれをスピリチュアルな被害妄想と呼ぶ。私が間違ったことを教えていると思う人がいたら、私のクラスに来て、私の教えを聞いてから判断すべきだ。それが有害か、それとも有益でシンプルで基本的なことなのかをだ。

私が自分の教えでほかの指導者やその教えを批判しているのか、と考える人もいるかもしれないが、そういうことではない。私は誰にも反対はしていない。誰かにその修行を変えろとは言っていない。特定のことや指導者や伝統を批判するという意図はない。私は生徒に真摯に情報を与え、彼らの理解を助けたいだけだ。時々、人から妙な手紙をもらうことがある。「あなたがこの指導者に反対なのはわかるが……」といったものだ。これは、まったくもって不思議だ。私にはそんな意図はないからだ。

スピリチュアリティで大切なのは、理解に基づく修行における明快さだ。分裂や争いへ導く必要はないのだ。もし私が、ある指導者や伝統について批判的だと思う生徒がいたら、私に聞けばいい。他の伝統に対する私の意見を生徒が聞けば、私は自分の考えは述べるが、自分が正しくて他人の伝統は間違っているなどと言うつもりはない。私は自分が学んできたことを教えているだけで、自分自身の体験や私の師から学んだことに基づく私の見解しか提供できない。私自身の教えは他の宗派や師への反論に基づくものではない。

結局のところ、私を批判した指導者は自分自身の最悪の敵となった。外見は修行僧のように私を批判していたのだが、閉じた扉の陰で、様々なおかしな行為を女性たちにしていたのだ。それを知った私は「なんとバカげたことだ!」と思った。そうした行為は、まったくもって偽善的で偽物だ。僧位があり、誰かの生まれ変わりだとか、公の場では自分が規律正しい修行僧だと人々を納得させながら、衣を変えると女性たちにつきまとい、様々なことをする。それは他人に苦悩を与えたり仏教徒の間に波紋を投げかけることがないように気づかう本物のラマの振る舞いではない。

さらに、決して修行僧などではなかったこの指導者は、私のことを「あなたはすべての生きものにとって有害だ」とまで言っていたのだ。彼は公の場でもそう言っていた。私は批判を気にはしないが、そうした偽善は懸念する。

彼はこう言った。

「もちろん、教えてもいい。あなたにカルマムードラを教える資格があることはわかっている。自分の生徒に教えるのはいいが、少人数のグループを山中の修行場、隠れ家に連れていけ」

それが彼のアドバイスだった。伝統的にはそうした方法でカルマムードラが伝授されてきたのは事実だが、必ずしもそれが適切、または可能ではない、という私の意見は次章で述べる。

この逸話から言えるのは、指導者、とくに男性の指導者のなかには、自己中心的でよこしまな理由から秘密を守りたがる人たちもいるということだ。


カルマムードラは伝統的に、かなり男性本意な見方で語られてきた。歴史的にはカルマムードラは男性のために開発されたため、目標の多くは男性向けだ。その理由のひとつは、かつては男性の修行者が圧倒的に多かったという単純なものだろう。というのも、チベット社会は男女平等ではなく、密教の修行を求める女性たちには特別な障壁や障害があったからだ。

しかし、よく調べれば、カルマムードラは女性向け、男性向け、さらには性転換した人などあらゆる人向けで、ひとりでもパートナーとでも、性交の一種を修行としておこなえる方法がある。ただ、様々なジェンダーのからだで健康や快楽のためにカルマムードラを修行できるとはいえ、男性優先の見方が強いことは否めない（註釈3）。

こうしたジェンダーの偏向はあるものの、チベットには密教の修行を成し遂げた女性修行者の例もある。このような女性のお手本は極めて重要だ。

密教の修行によって最初に仏陀になれたチベット人、最初にスピリチュアルな解脱を成し遂げたのはイエシ・ツォギャルだとチベット人は信じている。イエシ・ツォギャルはゾクチェン（アティ・ヨーガ）も修行していたが、彼女の修行の基盤はカルマムードラで、カルマムードラによって彼女は解脱できたのだ。グル・パドマサンバヴァがチベットで多くの教えを残し、偉業を成し遂げたことはよく知られている。イエシ・ツォギャルはグル・パドマサンバヴァを師とし、チベットではその教えを強く代弁した。だが、イエシ・ツォギャルがグル・パドマサンバヴァのために成し遂げたことの多くはあまり知られていない。

こういうことわざがある。

「成功する男性の陰には必ず偉大な女性がいる」

チベットでパドマサンバヴァが大成功した背景には、イエシ・ツォギャルの貢献が大きく関わっていると言っても過言ではないだろう。彼女は真に偉大な人物だが、ここで彼女について述べているのは、彼女がチベットでカルマムードラを修行した初めての修行者だからだ。

彼女の物語と例は素晴らしく、重要である。パドマサンバヴァのカルマムードラのパートナーとしてヤブユム（男女尊が合体した歓喜仏（かんぎぶつ））で描かれている以外では、イエシ・ツォギャルは大きなパドマサンバヴァの横で書き物をしている女性として小さく描かれていることが多い。個人的には、多くの仏教の中心に、巨大なイエシ・ツォギャルがいて、その横に小さなパドマサンバヴァがいるところも見られたらと思っている。

カルマムードラは男女平等に修行できるということを認識しておくことは、極めて重要だ。チベットの密教は女性のエネルギーをとても重要視している。

タントラ仏教ではダーキニーという概念があるが、2種類のダーキニーがいる。「本源的智慧」のダーキニーと「カルマ」または「俗世的な」ダーキニーだ。智慧のダーキニーは悟りを開いた存在で、そのほかの女性は認識のレベルにかかわらずすべてカルマ・ダーキニーだ。

ネパールやインドの一部では、ダーキニーは人々に恐れられている。俗語で魔女を意味することもあるからだ。しかし、密教のダーキニーは完璧な修行者で悟りが開けた淑女たちだ。カルマムードラを修行した歴史上の女性について学べば、カルマムードラが男性による搾取だけではなく男女ともに恩恵が得られる修行であることがわかる。

最も有名なのはイェシ・ツォギャルだが、おそらく次に有名なのはマチク・ラブドゥンマだろう。イェシ・ツォギャルには子どもはいなかったが、マチク・ラブドゥンマには3人の子どもがいる。彼女はチューの修行で最も有名だが、カルマムードラの修行もしていた。だからマチク・ラブドゥンマが次に有名なカルマムードラのレディ・グルと考えることもできる。

もうひとり、19世紀に偉大な女性のカルマムードラ修行者、セラ・カンドロがいた。彼女は驚異的な修行者で、隠された仏法の宝の発見者と密教の予言で伝えられていた人物である。彼女が明らかにしたテルマ（埋蔵経典）であるカルマムードラに関する教えは、金剛乗（密教）の女神たるヴァジュラヴァラヒに関するもので、本当に驚異的な教えだ。なお、セラ・カンドロによるカルマムードラの教えの歌の翻訳は本書の付録（426ページ）に記した。

一部の学者のように、チベットの文化や歴史を見て「カルマムードラのような仏教修行は男尊女卑で有害だ」と見捨てることは容易だ。カルマムードラが濫用されてきたことも私たちは認識している。しかし、しっかり歴史を見てみれば、チベットでも少なくとも何人かの重要な学者や修行者や指導者が男女平等について懸念し、宗教的な理想と一般文化の関係について注意深く考えていたことは明らかだ。

カルマムードラを題材とした著書のなかで、ゲンドゥン・チョフェルは女性の地位向上を提唱している。彼は、古代ネパールでは女性が強姦された場合、その女性は後で強姦してくれたことを男性に感謝しなければならなかったと記している。彼はそうした病的で変態的な態度を非難し、男女平等の重要性について詳細に述べている。彼はフェミニストだといえるだろう。実際、彼のことをチベットで性の自由を求めた最初の旗手とするのは間違っていない。

もうひとり、エロティックなヨギとして有名なドゥクパ・クンレーの自伝には面白い逸話がある。そのほとんどはセックスに関してで、最も公に描かれたカルマムードラの話だ。彼の振る舞いや逸話はかなり奇妙で翻訳もしにくい。しかし、女性の大切さについて明確に述べている章もある。

金剛乗には14条ものタントラの根本の誓いがある（註釈4）。主な誓いのひとつは、男性は女性を侮辱したり、不当に扱ったり、いじめたり、冗談や悪口をひと言も口にしてはならない、というものだ。こうしたことが述べられているのは彼の著書のほんの一部だが、女性がいかに大切かを偉大で深遠な方法で表現している。

17世紀には、レルン・ジェペイ・ドルジェがカルマムードラの一番の推進者だった。重要なのは、彼がカルマムードラの教えを、女性を通して女性のために書いた、ということだ。実際、女性の弟子のひとりが彼に教えを請い、教えを広めたのだ。

レルンの修行とそのアプローチはとてもユニークだ。彼は極めてオープンに、カルマムードラは男女両方のための修行だとしたのだ。彼はもともとは修行僧で、過去の尊師の化身（生まれ変わり）と認定されたトゥルクだった。彼は自伝のなかで、驚異的な夢について述べている。夢のなかで守護尊やスピリットとよく一体になると書いているのだ。

レルンは超能力が発達していて、子どものころから未来が予知でき、未来に起こるであろう政治的な問題もスピリチュアルな問題も認識していた。子どものころから修行僧として訓練を受けていた彼が心変わりしたのも、ある夢を見たからだった。その夢のなかで、彼は智慧のダーキニーに会った。「若々しい太陽」という意味のニマ・シュヌという名で、彼女が夢で彼に教えを授け、ビジョンの宝を与えるダーキニーとなった。彼女がレルンに、性的ヨーガの修行をしないと様々な困難に遭い、若死にすることになると警告したのだ。そこで彼は、言われたとおりにして寿命を延ばし、カルマムードラの偉大なる師となった。レルンとニマ・シュヌは夢のなかでカルマムードラの修行をともにして、その結果、レルンの意識は一般的ではない方法で開かれた（註釈5）。

レルンの著述のスタイルは独特で、剥き出しだ。同様に、彼はセックスについてもかなり剥き出しに語った。ここで注目すべきは、レルンがカルマムードラを男性の弟子だけではなく女性の弟子にも教えたことだ。女性の弟子には女性向けの指示を与え、少なくともふたつの経典（スートラ）は女性の弟子の要請で書かれたもののようだ。

こうした女性の修行者の例や逸話を見れば、カルマムードラが男性のためだけのものではないことがわかるだろう。彼女たちの人生について学べば、カルマムードラが、男性が自分のために若い女性を利用する時に使う何か特別な秘密の修行ではないことが認識できる。イェシ・ツォギャルのような女性の修行者は、自分のための男性のパートナーを持ち、自身のスピリチュアルな、また性的な関係を持つ相手の条件を自分で設定していた。

こうした様々な可能性があるのに、カルマムードラの教えの大半がいまだに男性向けであることは興味深い。女性によって明らかにされた教えであっても、男性のからだや視点で書きかえられている。カルマムードラがもし男性用につくられたか、男性だけに奨励されるものなら、それは不完全な教えだというのが私自身の信条だ。カルマムードラがどうつくられたかをよく理解すれば、男性よりむしろ女性の生物的、性的な能力のほうに適していると思うのだ（詳細は第5章で述べる）。過去にはカルマムードラが男性向けだったとしても、そのアプローチは実際には女性のセクシャリティ、女性の性的なニーズや傾向にふさわしいものなのだ。

ニマ・シュヌ やマスター・レルンは、カルマムードラが女性のパワーの源になることを望んでいたのだろう。「タントラ・セックス」は男性の師による女性の搾取の手段となる必要はないのだ。

私がとても気に入っている尊師レルンの話がある。レルンの時代には彼の影響力は絶大で、当時のチベットの政治的指導者だったラツォング・カーンのいちばんのグルになった。レルンは偉大なるニンマのマスターでナインドローリング僧院の創始者、テルダク・リングパの弟子であり、その教えと修行を発展させた。テルダク・リングパにはミンギュ・パルドロンという名の娘がいた。彼女自身が偉大で多くの人から求められる法師だった。ダーキニーのミンギュ・パルドロンは禁欲主義で独身であり、ひとりでいることを選び、宗教の修行と幽居に専念した。が、ある情報源によれば、ある時マスター・レルンがやってきて、彼女に「あなたは私と一緒に修行し、スピリチュアルなパートナーかつカルマムードラのパートナーとして私の精神修行を助けることがカルマで定められている」と言った。しかし、ダーキニーのミンギュ・パルドロンはマスター・レルンの要請を断った。偉大なるゾクチェンの修行者としてマスター・レルンのような人物からの要請を断るのは、非常に大変なことだ。というのも、マスター・レルンは彼女の父やその活動にも関わり、チベットで最高位の政治家の師事も得ている人物だったからだ。

私はミンギュ・パルドロンのこの話が大好きだ。というのも、たとえ大物の法師、とくにマスター・レルンのように正当で素晴らしい修行者にタントラのセックスを求められても、彼女は同意しなかったからだ。

ミンギュ・パルドロンはマハムードラとゾクチェンに専念し独身で生きるほうを好んだ。もしかしたら彼女は、経典の見方にこだわりすぎて、レルンの行動が理解できなかったのかもしれない。が、私たちがどう想像しようが最も大事なのは、パワフルな男性を優先させるために彼女が目標を変えようとはしなかったということだ。ダーキニーのミンギュ・パルドロンにはレルンを拒否する強さがあったということで、これが重要な点だ。

カルマムードラには、ジェンダーや性嗜好にかかわらずすべての人が、ひとりで、またはパートナーとできる修行の方法がある。女性と男性のからだ、健康と快楽に平等に適用できるものだ。カルマムードラの内なる要素は、男性エネルギー、女性エネルギーと表現されることもある相互補填的なエネルギーを利用するが、どんな人も、こうしたエネルギーを内なる要素の一部として持っている。いままでは、カルマムードラの考え方は女性を搾取したりその力を失わせることに利用されてきたかもしれないが、今後もそうあるべきだという理由はない。過去には文化的な要因と偏見から、一部の修行者が優先されることはあったが、伝統という名でそれを継承すべき必要性はない。カルマムードラはすべての人に、自分の性質を知り、自分の欲望を昇華させるチャンスを与えてくれる。

【註釈3】カルマムードラの実践と性的指向およびジェンダーに関する詳細な議論については、第4章を参照。
【註釈4】仏教の誓いの詳細については、第2章を参照。
【註釈5】ニマ・シュヌによるカルマムードラに関する教示内容のひとつの翻訳は、夢のなかでビジョンを通してレルンに与えられたもので、付録に記した。

誤解6――カルマムードラは抽象的な殿上人にとってのスピリチュアルな修行で、私のような凡人には無関係だ

チベットの宗教美術を見ればわかるように、性的に一体化した男女の和合仏のイメージは重要で広く知られている。ヤブユムと呼ばれるこうしたイメージについて生徒が師に尋ねると、多くの場合、こうした絵画は実際のセックスやセクシャリティとは無関係だ、という答えが返ってくる。多くの師は、こうしたイメージは単なる象徴だ、と言う。異文化の表現だから文字のとおりに解釈する必要はないというのだ。実際の性交を意味するのではなく、諸仏や神々の性的な合体は慈愛と智慧の一体化、至福と空（くう）の一体化、男女のエネルギーの一体化などを意味するもので、つまりは不二二元論の表現で、その一体化はすべての現象の基盤である不二な現実を示しているのだ、と。そうした要素は確かにあるが、性交のイメージは単なる抽象的な象徴ではない。

ロンドンでカルマムードラについて講演した際に、質疑応答の時間に男性がマイクを持ち、チベットの歓喜仏はセクシャリティとはまったく無関係だと言った。そこで私はこう尋ねた。

「どうしてそうだとわかるのですか？」

「師についてチベット仏教を3年間学びましたが、性的に一体となったこうした仏陀はセクシャリティとはまったく無縁だと教えられたのです」

「あなたの先生は修行僧だったのですね？」と私が尋ねると、彼は頷いた。

「でもあなたは修行僧ではないのでしょう？」と聞くと頷いたので、この男性にはより広範囲に文献を読み学ぶように示唆した。彼は私の反応にちょっと驚いたようだった。

象徴的な意味では、こうした和合仏は慈愛と智慧の一体化を示す。確かに、慈愛と智慧の一体化、至福と空の一体化などはすべてカルマムードラの側面だが、カルマムードラ自体は性交に関係しているのだ。至高のヨーガ・タントラの真の修行者にとっては、チャクラサンヴァラ、カーラチャクラ、グヤサマジャ・タントラにおける歓喜仏は単なる象徴ではなく、それ以上のものだ。

ヤブユムの姿勢が描く慈愛と智慧の一体化を純粋な象徴にしてしまうのは非常に残念だ。ヤブユムが単なる具象で肉体的なセックスとは無関係だという先生の主張は、そうしたイメージが私たちについての私たちのためのものだという事実、人類についても人類のためのもので私たちの人生に関わるものであるという事実から、私たちの目をそむけさせてしまう。

これを理解することは重要だ。セックスは人間の人生の一部で、カルマムードラは日常的な私たちの性欲を利用して私たちを変革させるためのものだ。6つの仏法やナローパのヨーガといったことについて語られると、多くの人は「わあ、とっても変わっていて、なんだか本当に秘密でエキゾチックなもののようだ」と思いがちだ。しかし、あなたが本当に6つのヨーガに精通し、それを本当に理解していたら、こうしたヨーガは人間の生活、人間の意識に関するものであることがわかるだろう。それらは人類や人類がおかれた状態についてのもので、仏陀や悟りを開いた覚者のためのものではない。カルマムードラとタントラのイコノグラフィーは、からだを持つ私たちの体験の核心を突く。カルマムードラはとても深遠なる方法で、人類とその欲望に対処するものなのだ。

では、私たち人間の生活、私たちの状態とは何なのか？

朝起きて生活するなかで私たちは様々な体験、感情、信条を持つ。人や物事、他人や自分自身のある考え方に思い入れする。そのために、私たちにはイリューゾリー（幻の）ボディ・ヨーガがある。このヨーガは起きている時間のすべて、日中に思ったりしたりすることに対処するものだ。同様に、私たちの新陳代謝に関わる熱と生命力を生み出すためにするトゥンモ（内なる火のヨーガ）も、私たちが起きている時間に関わるものだ。

いっぽう、私たちが眠る時にはドリーム・ヨーガと、スリープ・ヨーガとも呼ばれるクリア・ライト・ヨーガがある。私たちが死ぬ時には、死と転生の間の状態であるバルドー・ヨーガと、死に際して意識を移行させるためのポワというヨーガがある。

私たちの生活には3つの時間帯がある。日中と夜間、そして死と死の過程とを結ぶ時間だ。これらはすべて人間の人生に関するものであり、諸仏や神々はそうしたすべてを超越した存在で、彼らは昼夜の入れ替わりも死も超越している。

6つのヨーガの教えが諸仏や神々に関するものだとしたら、どうして彼らはそんなものを必要とするのか？諸仏や神々は太陽も月も超越し、時空も超越した存在なのに、どうしてそんな教えがいるのか？こうしたヨーガは私たち人間のためのもので、カルマムードラの性的ヨーガもそれに何ら変わりはない。タントラの変革の基盤は私たち全員に共通のものだ。タントラ・ヨーガが、特別な魔法が使える少数の殿上人が何か特別なことや魔術をおこなうためのものだとするなら、私たちはこの重要な点を見失うことになる。密教を本当にあなたが理解しているなら、それがどれほどあなた自身に関わるもので、あなたの日常生活、あなたの意識、人生に関わるものかが理解できるはずだ。

誤解7——カルマムードラの修行ができる資格を持つ人はほとんどいない

カルマムードラに関する古典的、伝統的なアプローチでは、内なる火のヨーガであるトゥンモの修行の基盤がしっかりできてからでないと、カルマムードラの修行には入れないとされてきた。トゥンモをマスターすれば、人は自分の体温を上げられるようになり、大量の熱（と至福）を自在に生み出せるようになる。カルマムードラと同様にトゥンモをマスターするためには、宗派に属し、資格を持つ師のもとで学ぶことが必要だ。この伝統的な要項からすれば、カルマムードラの修行者はツァー・ルンとトゥルル・コルもマスターしなければならないことを意味する。ツァー・ルンは微細エネルギーの脈管と風（第3章で述べる）を使う高度な瞑想法で、トゥルル・コルはこうした修行に関わる特別な身体動作と呼吸法のエクササイズだ。

こうした方法はチベット仏教ではゾクリム、または至高のヨーガ・タントラの「究竟（くきょう）」、「完成過程」の一部を成すもので、修行者は自分が性的に一体化した歓喜仏だと観想し、高度な方法で微細エネルギーを操り、自分の身口意（しんくい）に変革をもたらす。究竟の過程をマスターするには、トゥンモとツァー・ルンの極端に特別な修行と、長期の幽居修行と、スピリチュアルな指導を得られるための時間と資金が必要だ。

歴史上では、こうしたテクニックを完璧にマスターできたのは、スピリチュアリティが極度に発達した数人のエリートのみである。そのため、いまのチベットの指導者の多くは、カルマムードラは大半の人々には手が届かないとする。この高度な修行をする資格がないか、あるいはそうしたカルマではないからだ。彼らによれば、一般の人は知識不足、経験不足、怠惰過ぎ、規律を守れない、忙し過ぎ、さらには貧し過ぎであり、すべての究竟の過程の幽居と必要な修行を完遂できないのだ。

さて、現代人の人生の基本的な障害とはどんなものだろう？　貧し過ぎるか、忙し過ぎるか、怠惰過ぎるか、気が散り過ぎて、精神修行に専念できない人は増加するいっぽうだ。

チベット医学の祖でユトク・ニンティクの教えの開祖である尊師、ユトク・ヨンテン・ゴンポは、未来に関するビジョンを見た。未来の人類はより効率的な教えを必要とし、伝統的な方法で修行する施設や余裕がない時代が来ることを予知し予言したのだ。

この尊師ユトクの偉大なる慈愛と利他の心のおかげで、ユトク・ニンティクではカルマムードラの修行法がふたつある。ひとつは、トゥンモ、ツァー・ルン、トゥルル・コルをしっかり事前にマスターする必要がある伝統的な修行法だ。もうひとつは、脈管や風のヨーガの修行の経験や訓練を受けていない人に適した方法だ。本書で紹介するのは後者の修行だ。

歴史を振り返れば、伝統的なカルマムードラの修行者のほとんどはトゥンモをまずマスターしていた。トゥンモはそれ自体が目的と恩恵を持つ独自の修行法だが、カルマムードラの準備にもなる。カルマムードラと同様、トゥンモもすべては至福と熱の一体化、デトロが目的だ。トゥンモの修行では白と赤のエネルギーの露、ティクレを操るが、これはカルマムードラの自己修養の方法（ラングル・タプデン）に酷似している。トゥンモも自分のからだを自分で鍛えるというカルマムードラと同様の自主トレーニングで、至福感と熱がうまく生み出せるようになったらカルマムードラをすればよい。

チベットには、トゥンモの修行だけしてカルマムードラは修行せず、トゥンモの段階に留まる人も多い。トゥンモは自己修養にはなるが、他人のからだを利用する方法（シェンル・タプデン）や修行や開拓法はない。だからトゥンモには限界がある。トゥンモの修行で自分のからだを鍛えれば、必然的にカルマムードラは修行しやすくなる。問題は、誰もが正しい順番といったことに囚われ、カルマムードラの修行法はひとつだけだ、またはそうあるべきだと思い込むことだ。

これに関するユトクの解説は完璧だ。

「あなたがトゥンモやツァー・ルンの修行をしたのなら素晴らしい。カルマムードラもそのやり方で修行すればよい。あなたがそうした修行を経ていなければ、それでもよし。ほかのやり方で修行すればよい。それは馬を新たに訓練する時と同様だ」

方法はふたつある。いつかは乗れるようになるように、その馬を一から順序どおりに訓練するか、あるいはすでに乗れる状態で再訓練するか、または自分の足で訓練するかだ。しかし、こうしたアプローチがあっても、人は「違う違う、馬に乗るにはこの訓練を１００日間受け、３年間幽居して、それから何ができ、その後にどうなるか……」などと考える。とても充実したアプローチではあるが、多くの人にとって乗馬の訓練は理論だけで終わってしまう。

ユトクもレルンも直接カルマムードラを教えた。あまり修行をしていない弟子に、複雑な多くの修行を強制はしなかったのだ。

今日ツァー・ルンとされているもののなかには、いくつか偽物もある。教えているのはチベット人である場合もそうでない場合もあるが、異なる伝統の修行から少しずつ取り入れて自分独自のアイデアでまとめられたものだ。ツァー・ルンの修行をしたいなら、正当な師から伝統的な方法で修行したほうがよい。

いずれにしろ、カルマムードラは非常に難しいとか、失われた修行だとか、実用的ではないなどと言われることには、私は戸惑いを感じる。カルマムードラはもちろん実用的だ！　特別な医学的な問題があったり、まったく性的でない人を除き、すべての人がセックスをおこなうかセックスを求める。それなら、性欲を利用し鍛錬する修行のカルマムードラが実用的でないわけはないだろう！

こうした誤解の悲しい帰結は、私たちにとってセックスは世俗的なものでしかない、と思い込むことであり、そうした考え方は馬鹿げている。一般的なセックスと性欲は私たちを俗世に留まらせるが、そうでないセックスの仕方もある。その方法を学べば、セックスの利用の仕方を変え、解脱へのチャンスと方法として活用できるのだ。

したがって、カルマムードラは性欲に満ちた人類にとって極めて重要だ。

密教では、人類は4種類の存在、言いかえれば意識の状態を経験すると教える。起きている状態、深い眠り（夢を見ていない）の状態、夢を見ている状態、そしてオルガズムを感じている状態だ。すでに述べたように、密教では自分自身の性質を理解し、自分を苦悩から助け、他者の助けになるためにこうしたそれぞれの意識の状態に働きかける修行が発達した。私たちは毎日起き、深く眠る。毎日夢を見るし、いまでは世界中で多くの人が様々なレベルでイリューゾリー・ボディ・ヨーガやトゥンモ、クリア・ライト・ヨーガやドリーム・ヨーガの修行をしている。毎日のように、人々が第4の意識の状態であるオルガズムを世界中で体験している。

それなら、カルマムードラも毎日修行してはどうだろう？ もうひとつチャンスが増えることになる。カルマムードラの目標は第4の意識の状態、言いかえれば精神状態に到達することで、起きている時にはイリューゾリー・ボディ・ヨーガをおこない、夢を見る時にはドリーム・ヨーガをおこなうのと同様だ。起きている状態でおこなう修行は数多くあるが、オルガズムの状態についてはほぼ無視され、軽視されてきた。

カルマムードラを通して私たちが体験するノンデュアリティ（不二）の偉大なる至福感と無心の境地は、私たち自身の一部だ。問題は、多くの人がセックスをしてオルガズムを得ても、そうした認識を得られないことで、だから人々はストレスや問題を溜めこむことになるのだ。カルマムードラについての情報を開示することに躊躇する人が多いなかで私が本書を出版したいと考えた理由のひとつは、人生の重要な一部であるこの第4の意識の状態から恩恵を得られるようになる助けとなるからだ。

意識の４つの状態			
起きている状態	深い眠りの状態 （夢を見ていない状態）	夢を見ている 状態	オルガズムを 感じている状態

本書を購入する人の多くは、こうした説明や解説の部分は飛ばして、幽居修行を含むすべての段階の修行をする覚悟なく、パートナーとのカルマムードラを試そうとするのだろうとも想像できる。が、私がカルマムードラに関して出版するか否かにかかわらず、人はセックスしてオルガズムを体験することに変わりはない。オルガズムの状態や性欲は常に私たちにとって存在するものなのだから、誓いを立てた修行者でない人にとっても、より賢い方法でオルガズムの状態から恩恵を得るための、カルマムードラの原則に基づいた方法に関する情報も得られたほうがよいはずだ。

ユトクの伝統は無宗派で、チベット仏教の新旧の学派の修行の組み合わせである。ユトク・ニンティクの伝統修行では、密教の重要な修行が簡潔に一緒に提供されるが、その流れとお互いの関係性は明快だ。それは究竟の過程ではとくに顕著で、ユトク・ニンティクではふたつに分けられている。ひとつめは、前述したナローパの６つのヨーガの修行だ。ふたつめは、カルマムードラとマハムードラというふたつのムードラだ。

ユトク・ニンティクの経典のカルマムードラの章は長いが、マハムードラの章はとても短い。とくに今日では、カルマムードラよりマハムードラのほうが学びやすくより多く議論され、教えられているのに、これはどういうことなの

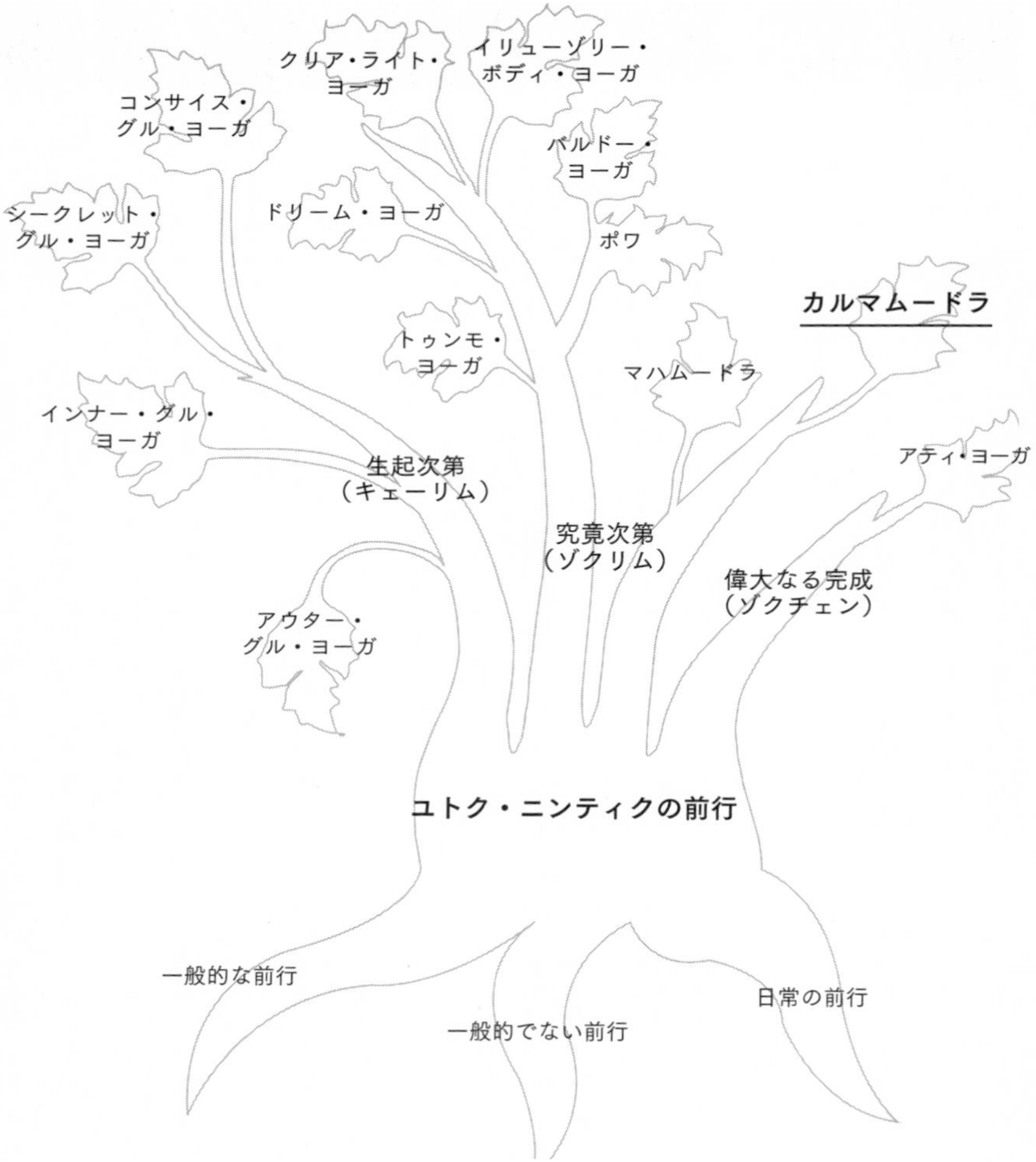

象徴として木の構造になぞらえ描かれたユトク・ニンティクの修行体系

この木の根は前行であり、そこから３つの主枝であるキェーリム（生起次第）、ゾクリム（２つの枝の６つのヨーガと２つのムードラからなる究竟次第の修行）とゾクチェン（偉大なる完成）が枝分かれして育つ。

か？　その理由は、偉大なインド人のタントラの師であるサラハが述べたように、「カルマムードラなしではマハムードラはあり得ない」からだ。サラハはマハムードラの祖父のような存在だから、彼が言うことは確かであることがわかる。ユトク・ニンティクの伝統修行ではこれはとても明らかだ！　ユトクは、性欲がなくなるまでカルマムードラを修行するようにと述べている。病気や老化で性欲がなくなったら、または僧か尼僧の場合には、マハムードラの修行をすべきだ、というのだ。

つまり密教においては、私たちは単なる抽象的なアイデアに基づくのではなく、自分の実際の能力と状況に応じて修行すべきだ、というのがユトクの教えのポイントだ。もし私たちにその能力（性的なエネルギーと性欲）があるのなら、それをカルマムードラに利用すべきなのだ。この驚くべき資源、チャンスを無駄にすべきではないのだ。カルマムードラに上達したら、それは結局はマハムードラなのだ。したがって、ユトクによる密教にはとても重要な心理的側面があり、その教えをありがたく理解する必要がある。

ユトクは医師だが、彼が天才的なのは、仏法の修行に医学のアプローチを導入したことだ。彼は患者や一般人に接していたから、医師として人の心理的な健康がとても重要なことを知っていた。心理面でも身体面でも健康で満足していなければ、仏法修行を真に発展させることはできない。だからユトクは異なるメンタリティやニーズに向く様々な修行法を開発したのだ。

長年にわたり、私はマハムードラとアティ・ヨーガを教えてくれと人々に請われてきた。しかし、マハムードラを実際に教えると、単純過ぎる、退屈だと感じる人が多かった。とくに若い世代の多くの人が瞑想は退屈だと思っており、実際にそうなることもあり得る。こうしたタイプの生徒にとっては、座って石のように動かず、何もせず何も考えないのは退屈で、その結果、修行がしっかりできず、内なる成長もなく、やる気もなくす。だから仏法を教える際には、生徒のメンタリティを理解することが極めて重要なのだ。「セックスについて語れば、たとえ僧や尼僧であっても、誰も退屈しない！」とユトクは述べている。その修行に飽きたり、怠ける人はいないのだ。瞑想に関しては、人によっては週3回では多過ぎる、と考える。しかしカルマムードラに関しては、あなたが怠惰な気分でいても、からだが目覚め、明らかに否定できない方法で「さあ、修行の時間だ！」と言うだろう。

これがユトクのアプローチの核心だろう。彼は医師としてセックスとカルマムードラを理解し、欲望は個人の心理学として理解しなければならないことを知っていた。

カルマムードラの修行で真っ先に学ぶのは、自分の欲望をどう活用できるかだ。性欲は人間にとって最もパワフルな欲望だ。生来のものなのだ。その欲望を抑圧するよりは、そのエネルギーがいかにパワフルかを認識すべきだろう。

ユトクの伝統修行では、「すばやい至福」、ジンラブ・ニュルワの真髄をとらえている。ユトク・ニンティクでは、ユトクは「すべての仏の化身」とされている。その教えは必須で簡潔で非常に大きな価値がある。なぜなら、密教の極めて広域な教えについていけない生徒が多いからで、そうなると修行は別種の幻想と苦闘に成り果ててしまう。ユトクの方法論は怠惰な人や多忙な人、または貧しい人向けであり、修行はおこなったが自分や人生を向上させられなかった、という言い訳は成立しない。私たちは自分にふさわしいレベルで修行し、成果を得るべきなのだ。

カルマムードラを通して、私たちは性のエネルギーをどう活用、変革できるのか、さらに自分の意識の別の側面をどう変革させられるのかが学べる。カルマムードラの明確に計画された修行の成果として、私たちは人生のすべての側面において至福、快感、喜びが体験できる。


ユトク独特の集約された学びやすい修行についてよく知らない人からは、私が教える修行法は、適切な禁欲と修行ができない現代の西洋人向けに単に省略された修行だと誤解されやすい。それは西洋人に限ったことでもないが、すばやく適用できる修行法は私が開発したものではない。ユトク自身の指示であり、それは彼の慈愛と透視能力から生まれたものだ。彼が、未来の修行者が直面する課題を理解していたのだ。西洋人に限らず、チベットでもアジアのほかの地域でも、世界中でも、チベット人の医師も含めて、伝統的な方法で修行する時間がとれないのが現実だ。私の友人のチベット人医師たちも、毎日のように患者の診察に忙殺され、家に帰るころには疲れ果て、怠惰になり、厳しい修行はしたがらない。

2001年に私は弟と一緒に、ユトク・ニンティクの本を西洋式の本として出版した。それまではこの教本は伝統的なチベットのべチャの形式しかなく、高価で、また持ち運ぶのも大変だった。つまり私は西洋人のためだけでなく、チベット人やそのほかの人々のためにもユトクの教えを推奨しようとしてきた。衰退する現代の状況は、チベット人にとってもそれ以外の人にとっても同様なのだ。

修行に真面目に取り組みたい人なら、年齢やジェンダー（性別）にかかわらずカルマムードラの修行はできる。よりシンプルで学びやすいユトクのカルマムードラなら、より簡単に学べ安全に修行できる。伝統的な教本のなかには、30歳や40歳を過ぎたらカルマムードラの修行には年をとり過ぎているとするものもある。尊師レルンもそう言ったが、この点のみでは、私は師に異論をはさみたい。古代にはこの年齢制限は理にかなっていたが、いまではこの考え方は時代遅れだ。

古代のチベットやインドでは30代、40代にはすでに孫がいて、概して精力も衰え、カルマムードラの修行には年をとり過ぎていた。昔は、栄養のある食べ物がいつもあるわけではなかったからだ。が、いまでは栄養豊富な食べ物は多く、30代、40代は人生の最盛期で、豊かで楽しめる体験も多いから、性欲がまったくなくなるまでカルマムードラは修行できる。そしてしっかり修行できていれば、性欲がなくなることにはならない。ユトクの教本でも、人は70歳になるまで、いまの基準ではさらに年とっても強い性欲を維持できるとしている。ユトク自身がかなり年とってから結婚し、子どもをもうけていた。

このことから思い出すのは、かつてチベットで私のカルマムードラの師と冗談を言い合っていた時のことだ。私は師にこう言った。

「教本によっては、30歳や40歳を過ぎたらカルマムードラの修行には年をとり過ぎている、と書いてありますよ。でも先生はもう70歳ですよ！」

すると師はこう言い返した。

「その教本を書いた師はたぶん勃起不全だったのだろう！」

あなたが健康なからだと心を持ち、性欲もあるなら、あなたにとってもカルマムードラは有益なはずだ。

本書の主な目的は、チベットのカルマムードラの修行とユトクのカルマムードラの修行を、「ヨギの修行」のアプローチをとらずに紹介することだ。すべての人の役に立つための本にしたいのだ。本書を通して、私は誰もがよりヘルシーにマインドフルに、深遠に自分のセクシャリティと性欲を活かせるようになるために役立つテクニックを、カルマムードラの修行から紹介していく。

本書では、ユトクの体系のほかの主な修行について、その詳細には触れない。ユトク・ニンティク全般について本格的に学び、修行したい人には、まず特別な前行と入門儀式、教えの直接の伝授が必要だ。これについてはまた第4章で述べる。

カルマムードラの未来

今日では、人類社会の発達の帰結としての修行僧のための僧院は減っている。過去には僧院の黄金期もあったかもしれないが、社会、文化と経済発展にともない、また人々の精神性の変化にともない、どんどん目立たない存在になっていった。多くの人にとっては出家は現実的な選択肢ではなくなり、そのうえ、人々の世俗的な執着と欲望は強まるいっぽうだ。こうしたことから、将来的にはさらに、俗社会での仏教修行とカップルでの修行がより重要性を増すだろう。カルマムードラは今後、必須の修行になるだろう。

マスター・レルンによれば、性欲は生来パワフルなものだからスピリチュアルな道の修行法のチャンスにできるのであり、カルマムードラは性欲を生かした楽しく簡単ですばやい修行法だ。こうした理由から、「ああ、カルマムードラは極秘だ」などと言っている時代ではないと私は考えるのだ。

カルマムードラを無視したり、気兼ねないディスカッションを拒んだりしている場合ではない。さもないと「カルマムードラは一般人の性生活には無関係だ！」といっぽうで主張しつつ、「君としたいこの性的なことは、カルマムードラだと確約する」などと言うグルも出てきてしまう。そうなれば、すでに惑いの多いこの時代に、さらに人々を困惑させることになる。身勝手な師が無責任に何でもやらかせることになってしまうのだ。

レルンの伝統とユトクの伝統は相性がよい。師ユトクと同様にレルンも、上級のテクニックの指導を受けていなくても気にすることはなく、カルマムードラを安全に実践することが可能だとしている。

この特別な伝統を学ぶべき時はいまだと私は信じる。欲望や性機能不全、苦悩が増加し続ける世界に私たちは生きている。だからこそこの修行がいま、そしてこれからの時代に必要なのだ。

第２章

スートラ（経典）とタントラ（密教）
——出家と変革

どんな仏教の修行をしていようが、
究極の目標はマインドの訓練と変革だ。
何をしていても内なる変化や内なる変革がなければ、
それは真の仏教修行とは言えない。

仏教徒の道とは

チベット（タントラ）仏教や金剛乗（バジュラヤーナ、註釈6）について書かれたり語られることは多いが、実際にはどんなものなのか？

仏教には、スートラの伝統とタントラの伝統という2つのシステム、系統の教えがある。スートラという言葉は一般的に、もとはシッダールタ・ゴータマという名の王子で26世紀以上も前にインドで木の下で悟りを開いたお釈迦様の、言葉や行動を記した経典を示したとされている。お釈迦様は、時には「歴史上の仏陀」とも呼ばれる。それは様々な仏教の伝統で重要視されるが、普通の人間の時間、空間、認識を超えた存在で、お釈迦様のような歴史上の人物ではない「宇宙の」仏陀と区別するためだ。

経典上では、仏陀はある時、仏法、言いかえれば仏教の教えの本質は何かを問われ、次のように語っている。

「できる限り、よいことをしなさい。
できる限り悪いことは避けなさい。
あなた自身のマインドを飼いならし、コントロールしなさい」

概して言えば、よいことをして、悪いことはせず、自分のマインドをコントロールするように、というのが仏教徒の伝統のすべてだ。マインドがすべての行動と反応、すべての善行と悪行の源だ。だから「完璧に自分のマインドを手懐ける」ことは仏教徒の伝統のなかでも最も重要なのだ。ほかの多くの宗教も道徳的によいことをし、不道徳なおこないは避けるように強調するし、何が美徳で何が悪徳なのかは世界中のスピリチュアルな伝統で共通だ。仏教が特別に寄与しているのは、どのように「あなたのマインドを手懐けるか」を極めて直接的に正確に説明していることだ。

その達成に向けて、仏教の伝統には、リラックスしてマインドを静めるための瞑想、マインドを忍耐強くするための瞑想、マインドを強化し集中力をつけるためのシャマタ瞑想、現象の基本的な性質を認知するための洞察であるヴィパッサナ瞑想、観想を伴う瞑想など、実に様々なタイプの瞑想がある。そうした瞑想のすべての目標は、あなたのマインドを手懐けることだ。

【註釈6】「バジュラヤーナ」(チベット仏教の金剛乗)はサンスクリット名で、チベット語ではドルジェ・テクパ。

内なる変革——仏教修行の根本的な目標

あなたがどんな仏教修行をしているにしても、その究極的な目標はマインドを訓練し変革することだ。

あなたは特別な仏教の儀式の修行や特定の瞑想を実践しているのかもしれない。何をしているにしろ、内なる変化、内なる変革がなければ、それは真の仏教修行ではない。内なる変革なしでは、自分を騙しているだけ、あるいは他人も騙している場合さえあるだろう。

「あなたが仏法を理解しても、仏法にはあなたが理解できない」

という格言がある。

たとえば、あなたは瞑想について多くを語れるかもしれないが、瞑想はあなたを知らない。それは、内なる変革が欠如しているということの一例だ。どれほどの知的な理解も、内なる鍛錬と変革の欠如を補うことはできない。

多くの宗教やスピリチュアルな伝統があるなかで仏教がユニークなのは、私たちの精神的な毒、個人の心理的な苦悩に対する正確な解毒剤を提供していることだ。世界中で無数の哲学や理論、思考のシステムが存在してきたが、それらが何らかの形で有益な内なる変革の助けにならなければ、役に立たず助けにもならない。

だから、「あなたのマインドを手懐ける」ためには、あなたのマインドと感情を変革するための正確な技法が必要なのだ。

人それぞれの仏教——毎日のミニ仏教体験

今日では、仏教の定義も多岐にわたる。「仏教は宗教ではない。哲学だ」とか「生き方だ」と言う人も多いし、いっぽうでは、「仏教は宗教だ」と言い張る人もいる。宗教的な人にとっては、仏教は完璧な宗教でもあり得るし、哲学者にとっては仏教は確かに哲学だ。個人的には私はこれを少し面白がっている。仏教は宗教ではなく哲学だと言う先生が、いまでは非常に多いのだ。しかし突き詰めてみると、そういう先生方は哲学者で、そうでない人は異なる見方で仏教を見て、異なる表現を使いたがる。

仏教には数多くの見方があると私は考えている。あなたが哲学者なら、それは素晴らしいことで、仏教は数多くの哲学を提供してくれるから、哲学といえる。しかしいっぽうでは、信心深い人にとっては仏教はもちろん宗教なのだ。信仰や祈りなどを実践することにも何ら問題はない。だが、あなたがセラピストや心理学者なら、そのように仏教をとらえることもできる。

事実、チベット医としての私が最も惹かれるのはこの要素で、私にとっては、人のマインドがどう働くかに注目する仏教は心理学として完璧だ。第14世ダライ・ラマ法王はしばしば、仏教は科学でもあると仰っているし、いまでは多くの科学者が、仏教は彼らの見方と互換性があると見ている。それは仏教が、原因と帰結、縁起という仏法の視点を提供しており、それは科学が主に気にかけることだからだ。科学を定義づけるなら、現象の原因と帰結を理解するのが科学だからだ。科学によれば奇跡は存在せず、すべてが説明可能だが、それはまさに仏法の教えで、すべては原因と帰結で説明できる。だから、あなたが科学者なら、仏教は科学でもあり、実際チベット仏教は「内なる科学」なのだ。

しかし、究極的にはあなたが仏教を宗教、哲学、心理学、または科学ととらえるにしても、最終的な目標には変わりがない。あなたがどんな立場をとろうとも、個人としてのあなたが目覚めなければならない。仏教は宗教的教義や修行だと考えている場合でも、最終的な目標は実体験でなければならない。自分自身で自己実現し、宗教的な信条からも目を覚ます必要がある。仏教は哲学だと考えていても同じで、目覚めなければならない。自分たちの理論に自分を見失ってしまう哲学者が多過ぎる。

今日の哲学者の多くはうつになっているとも聞いたことがある。実際の人生は理論どおりにはいかないというのが真実で、それは心理学についても同様だ。仏教を心理学と見るなら、それは究極的には精神的な問題や心理的な課題から私たちを救ってくれるような心理学でなければならず、単なる理論で終わってはならないのだ。

現代人の多くがうつに悩んでいるが、精神的な苦悩は、物事の性質に目覚められるか否かの問題である場合もある。突発的な新たな洞察や認識だけでうつが晴れることもあるのだ。幻想や幻惑から目覚めるといったような自己実現の瞬間は、つかの間の仏陀の境地のようなものともいえる。

究極的には、私たちも全面的な仏陀の境地にたどり着ける。ある日、私たちは目覚め、この人生さえも本質的には妄想のような錯覚に過ぎないことがわかるのだ。そうすれば私たちは自由になれる。お釈迦様の場合には、現実の人生から目覚めるまでに6年かかった。これは普通の夢に似ている。私たちは、時により様々なレベルの夢を見る。夢を見ては目を覚ます。本当に起きていると思っても、別の夢のなかにいるだけだったり、夢から覚めたと思ったらまだほかの夢のなかにいたりする。夢には複数の層があるのだ。

仏陀になり目覚める過程にも、異なる目覚めの層がある。とはいえ、あなたがうつで、その状態から目覚めて生来の安らぎと幸福の境地に移行できたら、あなたはすでにつかの間、仏陀の境地を体験したことになるのだ。もしあなたがそうしたつかの間の仏陀の境地を一度あるいは数回体験できたなら、不安症からも抜け出せるかもしれず、そうなればパニック障害も克服できるかもしれないのだ。

生まれたての赤ちゃんはしばしば小さな仏陀のようで、まったく恥も恐れも知らない。彼らが恥も恐れも知らないのは、まだどんな「ラブストーリー」もはじめておらず、自分自身の物語も持たず、その心には要求も欲求も不足も満足もないからだ。ごく幼い時には世界のすべてがおもちゃだ。何とでも遊べる。とても自由なのだ。

しかし、大人になると、私たちは世界にもて遊ばれてしまう。人生のおもちゃになってしまうのだ。仏教を実践するにはインテリでなければならないとか、とても信心深くなければならないと主張する人たちもいる。が、実際に重要なのは、自分がどう感じるか、自分の性向がどうであるかを見極められることなのだ。

仏教は、人によって異なる風景に見える景勝地のようなものだ。庭園、森林、美しいビーチ、そのほか想像できる限りの自然の景色。その場所をどう感じるかは私たち次第だ。ある特定の住処が我が家だと感じれば、それがマイホームになる。あなたがそう感じることで、その場所はあなたにとって美しい場所になるのだ。仏教を特定の型にはめて「これが仏教というものだ」と決める必要はない。

仏教のなかでこれがマイホームというものが見つかればいい。最も重要なのは、毎日、仏陀の境地を少しずつ達成でき、すべての人類の衝突のもとになる私たちの問題、不信、ミスコミュニケーション、誤解から目覚められると理解していることだ。ある日私たちがミスコミュニケーションや誤解から本当に目覚められれば、あらゆる問題は解決し、衝突はなくなる。これも小さな仏陀の境地の味わいだ。

だから、仏陀の境地を目指すにあたっては、それを俗世からの解脱、偉大なる唯一の目覚めとは考えないほうがよい。むしろ、小さな目覚めを求めミニ仏陀になることに日夜励むべきなのだ。

スートラとタントラ——両者における伝統の違い

スートラの伝統では僧院の戒律をもとに、仏陀の核となる教えの修得に専心する。禁欲的な独身の僧や尼僧になることにより、理想的には世俗の責任や気が散る要素を逃れ、美徳を養い悪徳を避け、苦悩の原因となるよくない感情や否定的な心境を抑えることが学べる。一般の人もそうした活動はできるが、僧と尼僧はマインドを手懐けるプロだ。

こうした理由から、今日の多くの人々は、僧と尼僧になることこそが仏教の醍醐味だと見ている。僧院と禁欲的な独身が仏教の主な要素であることに疑いはない。しかし、それが唯一の仏教の道というわけではない。スートラの厳しい出家と得度のほかにも、「ヴァジュラヤーナ」（金剛乗）とも呼ばれるタントラの伝統がある。

8世紀にインドからチベットに仏教がしっかり伝えられた時には、スートラとタントラの両方の伝統が伝来した。そのころまでには、インドでは仏教徒のタントラは独身の僧や尼僧にも、またナグパ、ナグマと呼ばれる独身主義ではなく僧院に属さないタントラの専門家にも実践されていた。チベット人がチベット仏教の父として崇めるパドマサンバヴァは、そうしたインドのナグパのひとりであった。私たちチベット人は「蓮生まれ」を意味するパドマサンバヴァを第二の仏陀とみなしているのだ。私たちは通常、パドマサンバヴァのことをグル・リンポチェと呼ぶが、これは「希少なグル」を意味するサンスクリット語とチベット語が混ざった尊称だ。

仏教徒のタントラに関連づけられる仏教の聖像や儀式や修行の技法は、一見すると予想外で、少々風変わりで、多くの人にとってはおどろおどろしくさえある。正しい理解がなければ、血を飲んでいたり、性交していたり、死体の上に立ちはだかるタントラの諸仏や神々の独特なイメージは誤解されやすい。その部分だけを取り出せば、そうしたことは独身主義とは矛盾するし、人々がスートラの伝統でイメージする、俗世から隔離され禁欲的な人々からはかけ離れている。

しかし、タントラこそが仏教の本質であると理解しておくことは重要だ。それはすべて、あなたのマインドを手懐け変革させるためなのだ。

タントラはしばしば、菩提心を育てることを核とする大乗仏教のとても直接的でパワフルな表現または自己実現だと見られている。タントラは、試行錯誤で効果が証明されてきた様々な方法を提供してくれる。そうした方法を利用すれば、人は仏陀の道ですばやく劇的な成果をあげられ、他者にも大いに有益となり得るのだ。

チベットの仏教徒の系統を理解するためには、タントラの概念を理解することが極めて重要だ。いままでは、とくに西洋では、タントラは単なるエキゾチックな「東洋」の性行為だと思われがちだ。実際には、インドとチベットのタントラの伝統は世代を超えて伝えられ、性だけでなく人生のすべての要素となり得る高域な修行にまたがっている。

結局のところ、タントラとはスピリチュアリティと気づきを人生のすべての側面に取り入れることなのだ。それは、タントラという言葉をチベット語で見てみれば歴然である。

サンスクリット語の「タントラ」のチベット語訳にはふたつの意味がある。ひとつは「糸」、「チェーン」、または「継続」を意味し、もうひとつは「教えの系統」を意味する。つまり、タントラの意味は密教の伝統における教えの伝達のシステムという考え方に直結しているのだ。

時を超えて継続する、というこの考え方はとても重要だ。ある教えが途切れのない系統から来たものなら、その教えの純粋性と独自性は守られていることになる。重要なのは、この「継続性」や「継続」は世代を超えて途切れることなく、師から弟子に受け継がれる知識の伝達を意味することだ。またそれは、起きている間、夢を見ている時、深い睡眠中、死ぬ時、そしてオルガズムの最中という、人の異なる意識の状態を通じて、純粋で統一された気づきとマインドフルネスを維持するという目標も意味している。

タントラを意味するチベット語には、「マントラ」（真言）という意味もある。タントラと同様にマントラという言葉にも多くの風変わりな説明がなされてきたが、このサンスクリット語の直接的な意味は「マインドを守るもの」だ。

マントラを唱え観想することは、マインドを集中し安定させるためのタントラの修行の重要なツールだ。私たちの注意を奪い、マインドの純粋な性質を認識しそこに留まることを妨げるすべての要素から、マントラは私たちのマインドを守ってくれる。マントラは、私たちのマインドの生来のクオリティと可能性に私たちをつなげてくれる。

したがって、タントラの意味は「伝達の系統」、またはマインドの性質に関する「正しくオーセンティックな教育」の教えの継続だと考えてよいのだ。

では、スートラとタントラのふたつの伝統またはその立場は、正確にはどう区別できるのだろうか？ヒンドゥ教徒と仏教徒の間で一般的な描写を見ると、タントラの伝統は乱交や純粋な放蕩に過ぎないようにも見える。セックスと欲望はタントラ修行のひとつの側面だが、タントラの伝統は単にセックスすることではまったくないということを理解しておくことが重要だ。

タントラとは、マインドに働きかけてマインドを変革するための特別なアプローチのことで、それはスートラのアプローチとは異なるものだ。そのシステムは独自のものであるものの、両者が核とする教義は同一で、目標も同じだ。

チベット仏教では僧や尼僧も独身を守りながらタントラのテクニックで修行できるが、それが適切だと知って困惑する人もいるかもしれない。また、在家の専門家やナグパ、ナグマがスートラの教えを完全に修得したりそれに専心することも、当然として受け入れられるし、極めて重要だ。

チベット仏教では、スートラとタントラの関係はドムパスムと呼ばれる「3つの誓い」で述べられている。この「3つの誓い」とは、解説を求める個人としての誓い、菩薩の誓い、「秘密のマントラ」またはタントラの誓いだ。個人の解脱への誓いは、僧院の誓いや、僧と尼僧の伝統的な行動規範であるヴィンナーヤと関係づけられることが多い。誓いとしては、スリランカ、カンボジア、タイやミャンマーで見受けられる仏教形式である南伝仏教と関連づけられることもある。

菩薩の誓いは、この世で菩薩のように行動するという個人の誓いのことで、それは自分のためだけではなく生きとし生ける者すべてを苦悩から解放することを目指すことを意味する。菩薩の誓いは、日本、中国、韓国、チベットで見受けられる仏教の形式である大乗仏教に関するものだ。

「秘密のマントラ」またはタントラの誓いは、タントラの道の一環として秘密または難解なヨーガ、瞑想、儀式の修行をおこなうという特別な誓いだ。チベット仏教では、タントラの誓いと修行は菩提心を極めようとするマハヤーナ（大乗）の仏教徒の意図から生まれたものだ。タントラの誓いは金剛乗（密教）の「不二のマインド」の乗り物と最も密接に関係しているが、ほかのふたつの誓いとも密接な関係にある。

チベット仏教では、僧院の僧も在家の修行者もタントラの技法を学ぶまでに3種類すべての誓いを済ませていることが条件となる。タントラの誓いをしても、独身が求められる僧や尼僧の個人の解脱への誓いが無効になったり、それが代用になることはない。

しかしナグパが僧ではなく家族がいても、彼らが基盤の戒めを守ろうとしておらずスートラの教えやモラルの美徳を気にかけていないということにはならない。偉大なるナグパでカルマムードラのマスターでもあるドゥドジョム・リンポチェは、こうした点について次のように説明している。

スートラとタントラの違い

スートラヤーナ（サンスクリット語） スートラの道または乗：Do（チベット語）
主に僧や尼僧など僧院の修行者が実践
密教―その修行には灌頂や入門儀式は不要
苦悩する感情を放棄する道
苦悩の原因を回避する（精神的な毒）
解毒剤による治癒（現代医学的アプローチ）
最高のムードラの修行としてのマハムードラ

タントラヤーナ / マントラヤーナ（サンスクリット語） タントラ /（秘密の）マントラの道または乗：Ngak（チベット語）
主に僧院に属さない在家の修行者が実践
密教―修行の効果を上げるには、灌頂／入門儀式が必要
感情的な変革への道
苦悩（精神的な毒）の原因に直接直面し、それを核変革する
「似たものが治癒になる」（ホメオパシー的なアプローチ）
最高のムードラの修行としてのカルマムードラ

「仏陀の教えという光明の光がチベットをその存在の根底から照らした時、僧院の僧長のシャンタラクシタ、タントラのマスターのパドマサンバヴァと仏法王のトゥリソン・デツェンは直々に、仏教徒の社会（サンガ）がふたつに分類されるよう判決した。剃髪した出家僧のスートラの社会と長髪のヨギ、ナグパとナグマの社会だ。これはよく知られた表現である〝捧げ物の対象となるサンガと王の崇拝の対象となるサンガというふたつのサンガ〟で、その伝統は現在まで続いている。着るものや彼らが示す外観や営む儀式の詳細には若干の違いはあるが、３種の誓いを尊重し、内なる自己実現に向けたスピリチュアリティの発達に向けてスートラとタントラを統合させて修行するという点では、ふたつのグループは同様だ」

（ドルジェ　１９７９）

不品行な行為と既婚の「修行僧」——修行と濫行の違い

最近では、どんな人にタントラを修行する資格があるのか、どんな人が適正に修行しているかに関する誤解が多い。様々な仏教の指導者がいて、その服装も様々で、西洋でもアジアでも多くの人はそれがどう彼らの誓いや行動と関連しているのかと困惑している。

チベット仏教では、修行の誓いにはふたつのレベルがある。ゲツァルとゲロングだ。ゲツァルマとも呼ばれるゲツァルは、ある程度の修行の誓いをした僧と尼僧を指し、ゲロング、ゲロンマはすべての誓いをした僧と尼僧のことである。重要なのは、ゲツァルとゲロングはどんな状況下でも決してセックスはしないと誓っていることだ。そうした誓いをした人はタントラも修行し、タントラの誓いもしている場合でも、誰かと肉体的な性行為は決してしてはならず、そうでなければ修行の誓いを適切に守っていないことになる。

最近の仏教指導者のなかには、自分は僧だと言いながら実際にはそうでない人が多いので、この点を理解しておくことは重要だ。そうした人々は僧衣はまとっているものの、その内実は女友達と性交渉を持ち、特別な性行為で祝福を授けられるといったことを女性たちに吹聴している。そうした指導者は自分たちの行為を隠そうとする。公には僧だと主張しつつ、内緒でセックスに耽り、多くの場合、その相手は自分の弟子だ。公的には僧として独身で通す修行の誓いを守っていると主張しながら、実は「タントラの僧」だから自分の行為はOKだとして、他人を性的に利用したり虐待することを正当化する。

こうした人々は様々なことを言って、特別な僧衣を着ているから自分のしていることはOKなのだと、女性たちに納得させようとする。彼らにとっては僧衣をまとうことは戦略に過ぎず、単なるショーに過ぎない。

これは、多くの人がいまだに仏教僧を崇める中国では顕著だ。公にはゲロングだと主張しながら内緒でセックスするのは、極めて誤った行為だ。こうした人々は、転生したラマ、トゥルクといった地位や名称を利用してそうした悪行をおこない、弟子を騙そうとする。チベット、中国、ブータン、ネパールやインド、そのほか多くの地域ではそうしたケースが増大している。

アジアのスピリチュアルな社会のなかでセックスにまつわるスキャンダルが起こっている。キリスト教の教会と同様に、セックスに関わる悪行は高位のラマの間でも珍しくはないのだ。

これが今日の深刻な問題だと考えているのは、私だけではない。14世ダライ・ラマ法王もこうした振る舞いの危険を指摘されている。

左記は、法王が2009年と2014年にラダックを訪問された際にこの件について述べられた記事の翻訳だ。こうした振る舞いがチベット仏教の出家僧と出家していない僧の間で許容されていると、はっきり述べられていることがわかるだろう。2009年には「在家僧でも出家僧でもない」仏教修行者、キャミン・セルミンの危険を指摘されている。

「出家僧の社会が（チベットでは）仏陀の教えの主な担い手になりました。それが男性であれ女性であれ、出家僧は卓越した行動規範を保つことが極めて重要です。〝僧や尼僧になれ〟と迫る税の徴収者がいるわけではないのです。自分で個人として選び決めたことです。自分で決めてその道に入ったからには、高水準で修行することがとても重要です。

しかし、多くの場合、修行僧になることには何の利益もありません。時には私たちは、着ているものから見れば僧だが、家族がいることからすれば一般人にも見える、在家僧でも出家僧でもない人に遭遇します。

どちらつかずのこうしたキャミン・セルミンはよくありません。

いっぽう、純粋な方法で修行するためには、僧長（シャンタラクシャシッタ）、タントラのマスター（パドマサンババヴァ）、仏法王（トゥリソン・デッェン王）が大昔に確立したふたつの宗教社会、いわゆる〝白い衣〟で柳の葉のような長髪（独身主義ではないタントラのヨギ、ナグパ）の社会か、（僧と尼僧からなる）〝サフラン色の衣の出家僧〟の社会のしきたりにそっていなければなりません。家族や子どもがいるなら白い衣で長髪の社会（ナグパとして修行する）に属するのが最善で、サフラン色の衣の出家僧の社会に留まりたければ、いったん出家したら修行の決まりと規律を適正に守らなければなりません。

したがって、みなさんのすべてがこのことについてしっかり考える必要があるのです。最高位のラマから修行する弟子の社会に至るまで、すべての人がこのことに注意することがとても重要です」

２０１４年の別の講演では、ダライ・ラマ法王は、修行僧の性的な悪行はタントラという口実で許されてはならないと説明している。

「過去にインドでは仏教徒社会の人々が物質欲を持ち、タントラの伝統を正しく守ることを怠ったために、仏教の教えが衰退してしまいました。そうした原因と状況は、まったく同様に私たちチベット人にも悪影響を与えます。

以前、私が友人たちに言ったように、尊敬されるラマや指導者が誓いにそむいた時には、人々は〝彼らはタントラの伴侶を得たのだ〟と言い、そのいっぽうで修行僧が誓いに逆らい一般人に戻った時には〝ドゥラロック〟（註釈7）と呼び、僧院から追い出しますが、こうした行為は間違っています。

究極的には、伴侶を得るのは特別で個別の状況で、通常ではありません。豚が子豚を産むように次から次へと赤ちゃんをつくるのでは、まったく意味をなしません。

ですから、私たちにとってそうした行為の口実として秘密のマントラやタントラを利用し、一般社会の人々が〝心配することはない。ラマはタントラの伴侶を得たのだ〟と言うのは許されないことなのです。

たとえば、インドにある尼僧の僧院で、私は〝仏教の教えに従ってここで奉仕する尼僧であることについて、最も驚異的で素晴らしいことは何か教えてください〟と尋ねたことがあります。すると尼僧たちは〝私たちの多くがラマのタントラの伴侶になれたことをとても幸運に思っています〟と言いました。ラマでいられず、その誓いを守れなかった人は、こうした尼僧とともにドゥラロックになったのです。

このように、修行者たちは正当化できる理由なしに、盲目的な信仰や迷信から〝帰依して（仏陀と仏法と信徒社会に）仏教徒になることを宣言します〟と言いつつ、間違ったままになります。

私はこのことについて実に正直に実直に申し上げます。ここにいらっしゃる多くの皆様は尼僧です。いずれにしろ、秘密のマントラが不貞やふしだらな行為に変わってしまえば、タントラの伝統の信用がなくなり、破廉恥なものになってしまうという大きな危険があるのです」

【註釈7】ドゥラロックはチベットでは元僧の総称だが、禁欲独身の誓いを破った僧を意味する場合が多く、蔑称的な響きがある。

私が時々教えにいくモンゴルやブリヤート共和国では、多くの「修行僧」が結婚している。こうした修行者は、地域社会ではただ「ラマ」―先生またはグル―と呼ばれているのが普通だ。彼らはほぼ全員が、こうした国々で主流の伝統仏教であるチベット仏教のゲルク派だ。

しかし、ゲルク派は僧院の伝統を強調するものの、正当な分類である独身主義ではないがタントラの誓いを経た「タントラの修行僧」、またはナグパを偽物視はしない。誰もがこうしたラマが結婚していることは知っている。こうした状況は、これらの国々が旧ソビエト連邦の支配下にあったという歴史の産物だ。ソビエト連邦時代には、仏教やその他の宗教全般が弾圧され、多くの僧が僧衣を脱がされた。

今日ではブリヤート共和国などには僧院はあまり発達していないために、公式行事や儀式をおこなう時には少し僧のように見える衣をまとうラマのような人々がいる。だが彼らは、それ以外の時には僧衣ではない普通の服に着替えて人生を送り、家族と暮らす。こうした先生たちは、普通の行事では一般人として振る舞い、社会に完全に融合している。厳密に言えば、こうした修行者はチベットでは、熱心な一般人を意味するゲニェンとして知られている。

こうしたラマは修行僧のようには見えるが、実際には修行の誓いを立てた僧ではなく、そう自認しているわけではないので、問題はない。

「美徳に向かう者」であるゲニェンの誓いを立てるには、仏陀、仏陀の教え、仏教徒社会（仏陀、仏法、サンガ）の三宝に帰依し、生涯にわたって仏教の基本である5つの教えを守ることを誓う。

①殺さない
②盗まない
③性的な過ちを犯さない（しかし、場合による）
④嘘をつかない
⑤酔わない

こうした誓いに、満月と新月の日に守るべき3つの誓いが加わることも多い。

⑥不適切な時間（午後の後半以降）に食べない
⑦踊ったり歌ったり、メイクアップやジュエリーその他の娯楽や装飾を避ける
⑧高い寝台に寝ない

こうした誓いを立てた熱心な一般人は、新月と満月の日には完全に性行為を避けることもある。

こうした一般人の弟子の誓いは、解脱を求める個人として様々な誓いの範疇に入れられることが多い。僧院の伝統が弱体化したモンゴルやブリヤート共和国のような国々では、ほかの地域では修行僧やナグパにより執りおこなわれる任務を、宗教の訓練を受けた既婚のゲニェンのラマが果たすこともある。

彼らが公衆の場で僧衣をまとった時には、地域社会の人々もそれを理解している。彼らは、実際には破っている誓いを守っている振りをして人を騙そうとすることはない。厳密に言えば、ゲニェンはゲツァルや

ゲロングと同じ僧衣をまとうことは許されない。モンゴルやシベリアの指導者たちは、彼らの宗教知識を示す公衆へのシグナルとして僧衣をユニフォーム代わりにまとうのだ。こうした場合には、僧院の伝統がすでに地域の状況に合わせて変化しているわけだ。

ナグパの誓いと社会的地位を示す特別な装いもある。フルタイムの村の儀式の専門家であるチベットのナグパは白い衣、赤と白のショールを常にまとえるが、それ以外のナグパとナグマは儀式の時だけナグパの衣をまとう。ナグパが儀式以外の仕事もするような場合には、一般人の服を着てもよいのだ。

インドの亡命者の社会では、ナグパの社会はより小規模で、あまり知られも理解されもしていないこともある。そのため、常にナグパの衣をまとっている人は、時にはからかわれたり批判されたりしかねない。この批判は極めて理不尽で、結局のところ、もしナグパが彼らにふさわしいユニフォームを「見せびらかして」いるなら、すべての僧も尼僧も僧衣を見せびらかしていることになるのではないか？　インドでは、そうした社会の意見と批判が強い。

ダライ・ラマ法王が示唆されたように、僧衣を脱いだ人々、「元修行僧」には偏見がつきものだ。インドや西洋諸国で、過ちで誓いを破ったわけではなく、正当に誓いを撤回し、僧衣を脱いだチベットの修行僧は、一般人に戻ったことを家族に伝えることを恥とする。地域のほかのチベット人に批判されるのを恐れて、本当は結婚して子どもがいても、長年修行僧の振りをしている場合もある。

西洋に移住し僧衣を脱いだがチベットの家族を訪ねる時には僧衣を着直す、という修行僧も、私は何人か知っている。こうした修行僧は悪人ではなく、間違ったことをしたわけではないが、他人から審判を受けるのが怖いのだ。

したがって、タントラとスートラの違いを正確に理解することは、多くの理由から極めて重要だ。タントラとスートラの修行と誓いがどう異なり、どう組み合わされるのかをよりよく理解できれば、教えや自分自身が被害を受けたり、乱用、虐待されることを避けやすくなる。

回避対変移――タントラの有毒な道と「類が類を治す」アプローチ

もし異性愛の尼僧がとても魅力的な男性を見たり、異性愛の男性がとても魅力的な女性を密かに見たら、スートラの道では、自分が欲望を感じた相手はとても高齢で臭いか吐き気をもよおすような存在、あるいは死体か骸骨だと想像しなければならないと教える。

こうした否定的な考えで精神的に追い込む方策は欲望を減じさせ、その体験は一時的な現象で、肉体や衝動もつかの間のものであることを思い出させる役に立つ。これは精神力で欲望、とくに性欲を止めるための、とても有名なスートラヤーナの方法の例だ。この一般的な例についての話を聞いたことがあるが、それを聞くと明らかなことがある。

あるチベットの修行僧のラマは、何人かの生徒に欲望について教えていた際、聴衆のひとりから「あなたは女性に欲望を感じた時にはどうするのか」と聞かれた。修行僧は「その女性が高齢で臭いと想像する」と答えた。この法話には多くの外国人の女性が出席していて、女性蔑視のようなその発言にとても憤慨し、次のように反論した。

「私たちは美しい淑女ですよ!? どうして私たちのことを年寄りで臭いと考えるのですか!?」

尊敬する師がそうした不気味な見方で自分たちを見ていることに彼女らは怒っていたのだ。しかし、修行僧はどうして苦情を言われるのか理解できなかった。彼にとってはまったく自然な見方だったからだ。これは単に、スートラヤーナ仏教の伝統だったのだ。これは文化の違いがとくに災いとなった一例である。

この修行僧に対して怒りを感じた淑女のひとりが私のところに来て、彼の発言について文句を言った。彼女はひどく気を取り乱していて、何らかの説明を聞きたがっていた。私はちょっと緊張してしまった！ありがたいことに、説明は至極簡単だった。「心配はいりませんよ」と私は言った。

「彼はスートラヤーナについて語っていただけですから。タントラではまったくその逆！タントラでは、たとえばあなたが60歳だとしたら、タントラの修行によってあなたは20歳くらいに見られるようになりますよ。タントラの修行者はあなたのシワは見ませんから、どうぞご心配なく！」

その女性は驚いた顔で私を見た。

「まあ、ご冗談ですか？」

「違いますとも！本当にそのとおりなのです」と私は言った。

欲望の対処――スピリチュアリティ、抑圧、病気

若いころ、女性についてそれはひどいことが書いてあるスートラの経典を読んだことがあるが、私はまったくそれが好きになれなかった。気分を害された。究極的には、私たちはみな母親から生まれるのだ、というのが若かった私の論理だった。だから、もし女性が本当にそんなに不純で劣っているなら自分たちの生まれも否定的なものになるはずだ。結局のところ、どんな男も男から生まれるわけではない。

こうした経典が修行僧のためのもので、その目的は女性に欲望を感じさせないようにするためだと知って納得するまで、私はそうした見方に困惑し、心を痛めていた。もちろん、そうした戦略がいつも効果を表すわけではないのが問題で、必ずしも修行僧の欲望を阻止できるわけではない。修行僧に戒律を与えるアプローチは過去には効果があったかもしれないが、今日ではそうして女性を蔑視しても男性の欲望は抑えられるものではないことを示す例は多い。

性的なヨギのドゥクパ・クンレーは、チベットの僧院では15世紀ごろから同性愛が蔓延していたことについて語り、このことを指摘していた。

「あなたは女性は嫌いだと言うかもしれないが、本当はほかの修行僧の〝穴〟が好きなだけなのだ！」

こうした冗談を言いながら、ドゥクパ・クンレーは公の場でチベット人が普段は口にしないことを述べたが、彼の言うとおりで、欲望がもっと複雑なのは明らかである。女性が汚く腐っていると想像すれば、

時には異性愛の修行僧の欲は抑えられるかもしれないが、必ずしもすべての修行僧が異性愛者というわけではないし、こうした方法があっても、独身の誓いを破って女性と関係を持つ修行僧の数を見れば、欲望に対処しようとしたり否定するだけでは十分でないことは歴然としている。

禁欲独身を誓った宗教の修行者が自分の性欲のコントロールの仕方を知らなければ、様々な問題や本当の病気の原因になる。性欲の抑圧は人を狂気に走らせかねない。スピリチュアリティ、抑制、瞑想、思いやりや愛について限りなく語り続けることができても、欲望に取り憑かれてそれをどうすることもできなければ、何も助けにはならない。もし人が自分の欲望をどう扱うか知らず、それについて瞑想することもできなければ、禁欲独身主義は抑圧になる。

あまりに多くの子どもたちが、幼児を性の対象とする性倒錯者によって性的虐待を受けている。深刻な虐待の話も聞こえてくる。様々な状況で恐ろしい虐待の例がある。キリスト教ではバチカンと子ども虐待に関する議論が多くなされているが、チベット仏教の僧院では同様の出来事についてはあまり語られていない。子どもの虐待では子どもには選択肢はなく、彼らは被害者だ。そうした事態が発生した時には、公の場でしっかり議論する必要があるのだ。虐待にさらされやすい幼い修行僧や子どもたちはしっかり守らなければならない。

性虐待はどんなものも恐ろしい。多大なる苦悩とトラウマをもたらす。私は医師として、幼いころから性的虐待を受けてきたたくさんの子どもたちを診てきたが、彼らは膨大なトラウマを抱えている。幼児を対象とする性倒錯者自身が性虐待の被害者であることもある。

重大なのは、同性愛と幼児を対象とする性倒錯はまったくの無縁だということを理解しておくことだ。ゲイやレズビアンであることは個人のプライバシーであり性向だ。どんな宗教も文化もそれについて審判を下すべきではないと私は思う。誰を愛するかは個人の自由であるべきで、それはあなたの愛、あなたの性向、あなたの人生、あなたの親愛なのだ。

人からよく同性愛について私がどう考えているかを聞かれる。あなたの性生活、性向はあなたの問題で、私の問題ではない。誰もが自由に私生活を送る権利を私は尊重する。同性愛はまったく正当な社会における生き方だ。しかし、性的虐待や幼児対象の性倒錯はまったくの別問題である。そうした人は病気、精神疾患を患っているのだろう。彼らも苦悩しているのだから、彼らに審判を下そうとは思わないが、彼らの恐ろしい振る舞いの原因は憂慮している。

ここで鍵となるのは、欲望の否定と抑圧の否定的な帰結だ。

セックスは文化的にとても微妙なテーマだから、ちょっと口にするだけで様々な弁解や、どちらかといえば否定的な反応を引き起こしがちだ。そしてスピリチュアルな修行とセックスが組み合わされたら、そうした考えは即座に拒否されることが多い。人々の最初の反応はまずショックと疑いだ。これは興味深いことである。というのも、私生活では誰もがセックスが好きだからだ。グルと弟子との間でセックス・スキャンダルがあったり、宗教施設内で性的虐待が起こるから、スピリチュアリティとセックスが組み合わさるとろくなことにならない、という声も出るのだろう。しかしセクシャリティを否定的に考えれば考えるほど、人々はそれを抑圧しがちで、状況はさらに悪化する。

強い性欲を体験したことがある人なら、その欲望のパワーを理解しているだろう。

南アジアで出会った40代か50代前半に見える尼僧から、自分はマラの悪魔（これらはチベット語ではデュッドと呼ばれる）に取り憑かれていると聞かされたことがある。彼女は私にエクソシズムをしてくれないかと尋ねた。私はワクワクして「もちろん！」と答えた。

「さて、尼僧から悪魔を引き出せるとは、たいしたことだ」

彼女は通訳が必要だと言って消えた。少したって彼女が戻ってきたので、「で、悪魔はどうしてる？」と聞くと、

「そう、このモンスター、マラはとてもパワフルで、私の体内に入ると、あらゆるところに強い興奮を感じます。おっぱいや、おわかりでしょう、あそこも。エネルギーが動き回るんです！」

その悪魔に圧倒されると自分を制御できなくなり、自分自身をなんとか守らなくてはと感じる、と彼女は言った。「それで、どうするの？」と私が聞くと、彼女は情けなさそうに言った。

「あ、本当に私はよくないわ。あれをしなければならないのです！」

そこで私は聞き直した。

「何をするのですか？　悪魔を止める何らかの戦略があるのですか？」

「はい」と彼女は答えた。

「そう？　それはなんですか？」と再び尋ねると、ようやく彼女は答えた。

「自慰行為をするのです」

するとどうなるかを尋ねると、「悪魔は消えますが、翌週また現れます」と彼女は言った。つまり、その悪魔は基本的には毎週彼女を訪れているわけだ。悪魔からのプレッシャーに負けまいとするがあまり、自分の指を縛ったこともあるが、それでもだめだったと彼女は語った。

結局のところ、綿密で時間もかかるエクソシズムの儀式を行う必要はなかったのだ。私は彼女に言った。

「それは悪魔ではないですよ。なぜ、そう思ったのですか？　あなたが言っているのは単なる性欲で、それは正常なものです。あなたが尼僧だということは知っていますが、あなたには人間の肉体があり、それはあなたの自然な人間としての欲望なのです」

しかし彼女は耳を貸そうとしなかった。

「いえ、いえ、いえ、これはマラです。悪魔のせいで私は自慰行為をしなければならず、いつも後悔するのです」


この尼僧は少なくとも翌週までは、多大なる罪の意識を感じていた。そして悪魔が戻ってくるとしばらくは彼女の罪は消えるが、彼女はその過程を繰り返さなければならなかった。この女性は本当に苦しんでいた。瞑想しようとしたが、この問題に気を取られ過ぎていた。

密教ではあなたの言っていることは問題ではないのだ、と私は彼女に説明しようとした。カルマムードラか内なる炎の瞑想、トゥンモの修行をして欲望を処理すれば何も問題ないと彼女に言った。自分の性のエネルギーを呼吸とともに上下させて全身に拡散できる修行者も、私は何人か知っている。そうすることで、彼らは自分の性的欲求不満からの大きな解放が得られる。通常のようなオルガズムは得られなくても、感覚的な圧迫からは逃れられ、何日も極めて幸せでいられる。

こうした方法を私は尼僧に伝えようとしたが、彼女の耳には届かなかった。彼女はスートラのアプローチにこだわり過ぎていたのだ。

自分の師に相談はしたのかと私は尋ねた。

「はい、これは明らかにマラです!」

おそらく自分自身も性欲に抗えない辛さを知っている彼女の師から、彼女はそう言われたのだろう。彼女は師にどうしたらよいか教えを乞うた。その状況をどうしようもなくなったのだ。師は彼女に次のように言った。

「解決策はない。年をとればマラは消えるだろう。それまでは般若心経を唱えなさい」

悪魔による圧迫というこの尼僧の話からわかることは多い。タントラの象徴的言語では、私たちが被る欲望、感情や精神状態は「内なる悪魔」や「毒」と称されたり見られたりする。それを毒と呼ぼうが悪魔と呼ぼうが、私たちの欲望はパワフルで危険だ。性欲は、自分や他人の人生に対してとても否定的な影響を与えかねない。制御できなくなり、自分や他人の苦悩になりかねない。

私たちの社会ではセックスは時に禁じられた言葉で、セックスとそのパワーを受け入れ正直に直截に語ることは、社会の多くの部分や人々に拒否されてきた。しかし、そうした拒絶がレイプ、性奴隷の売買、子どもの虐待といった恐ろしいことを生み出す暗い力へとセックスを変貌させる助けになってしまう。そうしたことを防止するためにも、一般人がセックスとセクシャリティについてより認識し理解することは非常に重要なのだ。

組織的な性虐待について糾弾された時、宗教のリーダーは「ああ、それは内部の問題で、一般の法律で判断されるべきでない」と言ったりする。しかし、宗教人による虐待行為は、虐待される側に恐ろしいほどの打撃を与える。抵抗できない子どもがターゲットであれば、なおさらだ。

私の患者には、カソリックの神父たちの手による虐待の体験によって、マインドを完全に破壊されてしまった男性がいる。自分の性のエネルギーと欲望のコントロールの仕方を知らない愚かな男たちが、この少年を破壊したのだ。神父たちは、単に何らかの性的な喜びを求めたか、不満や攻撃心を数回発散したかったのだろう。そのことで、当時7、8歳の幼い少年の人生は完全に破壊された。

この少年はもはや、ほとんど機能しなくなっていた。パニック障害をはじめ、多くの恐ろしい症状に悩まされていた。彼は入退院を繰り返しており、誰もがそれは神父によるレイプが原因だったことを知っていた。だから、レイプや性奴隷の売買を防ぎ、子どもたちを守るという見地からも性教育は重要だ。もちろん、誰もがどこでもカルマムードラを修行すべきだと言っているわけではないが、そのほかの方法でも、思春期の少年少女や大人、とくに男性に対して、健康的なセクシャリティについて教育することはとても重要だ。男性の弱点のひとつなのだ。

私たちは、社会の最も上層ですら性的虐待や性暴力が文化的に支持され容認されている社会に暮らしている。だからこの問題はとくに重要だ。

僧も尼僧も含め、人間のほとんど誰もがセックス好きだ。ダライ・ラマ法王でさえ、女性が好きか、女性に対する欲望があるか聞かれた時には「もちろん、私にも欲望はありますとも！」と仰った。「時々普通の女性を夢で見ると、とても素敵で欲望の対象になり得ると思いますが、夢のなかでも自分が修行僧であることを思い出すので、欲望はあってもそうした夢の女性に触れはしません」

法王は、インタビュアーにそう説明した。

ダライ・ラマは偉大なマスターで、チベット仏教における修行僧として最高の振る舞いを示すお方だ。彼は自分の性的な衝動と欲望への対処の仕方を知っており、どう健康的に禁欲的な独身を守れるかを理解している。そうしたエネルギーへの対処法を知っているのだ。

お釈迦様でさえ、王子として、夫として、父として豪奢な暮らしをしていた時には性欲があった。しかし、王宮を出て6年間、断食その他の修行をしながら森を放浪している間に、心理的、生理的な機能を完全に変え、すべての欲望や渇望から解放された。

チベットのタントラの伝統では、ジャナムードラ、または「叡智の封印」と呼ばれる特別な性のヨーガの修行を知っていれば、性的欲望からもたやすく自分を解放できるとされる。

これはチベット仏教の修行僧たちも禁欲独身の誓いを破らずに修行できるタイプのカルマムードラだ。

想像上のパートナー、ジャナムードラの愛人を利用してタントラの瞑想の修行を積んだ僧や尼僧は、自分の性的なエネルギーと欲望に完璧に対処できる。精神的なジャナムードラのパートナーと修行する場合には、呼吸と観想により意図的にこのエネルギーを増加、拡大させる。肉体的なセックスによって得るオルガズムのソフトなバージョンのようなものだ。このような方法で性のエネルギーを減らし、その焦点を変えれば、修行僧はよりたやすく対処でき、より有益にそのエネルギーが使える。

ジャナムードラなしではこのエネルギーに対処するのは非常に困難で、すでに述べたように、彼らのエネルギーは有害な方向に流れかねない。宗教の修行者にこうした方法や選択肢がなければ、彼らは「自分には強い欲望があるが、この欲望は罪だ！」と考えるかもしれない。そして、自分には立派な修行僧になれる望みがないと感じ、自分を恥じるかもしれない。助けを求めて祈ったり、あるいは罰を乞うかもしれない。しかし、より高位のパワーが彼らを罰したとしても、彼らの欲望はなくなりはしない。

タントラ仏教における肉食、飲酒、セックス、そして「怒り」の振る舞いに関する「クレイジーな智慧」

密教では毒を薬に変えるという考え方の一環、または祝福の源として、修行者は時々、祈りとマントラで甘露に変えられた少量の肉やアルコールを飲食する。スートラの見方からすれば、この極めて世俗的、あるいは不純な「物質」とされるものの摂取や、タントラの道におけるセックスや怒りの振る舞いは誤解されやすいものなので、少し明らかにしておきたい。

肉食や飲酒、セックスはタントラの誓いの核心だと思っている人もいるし、そうしたことをひどい悪行だと言う人もいる。タントラの教本や偉大なタントラのマスターの論評によれば、肉、アルコール、女性に頼らなければならないという教えもあれば、そうしたことは完全に断つべきだという教えもある。だから、多くの人が間違った考えを持つのだが、詳細に調べてみれば、明らかな理解に達することができる。

スートラの伝統で修行僧の誓いをした人は概して、肉、アルコール、女性は絶たなければならないが、タントラの伝統ではこうしたことに頼るという誓いがある、と教えられてきた。

最も重要なのは、禁欲独身主義ではないタントラの修行者は彼らの誓いを正しく守っているということだ。それは特別な時と特定の条件下で、よりマインドフルに少量の肉とアルコールを接取し、セックスするが、自分のためにそれらを欲するのは彼らの誓いではないということだ。タントラだとして肉を過剰摂取するのは、動物の生命にも自分の健康にも有害だ。タントラだとして、俗世の執着と欲望からアルコールや薬物を無節操に貪欲に過剰摂取すれば、人によっては依存症になりかねない。

実際には自己中心的で有害な意図を持ちながら、タントラだとしてセックスするのは、性的虐待以外の何ものでもない。性的虐待の多くは男性が女性や子どもを犠牲にするものだが、男性同士、女性から男性や子ども、大人の女性同士、男性でも女性でもないとする人々の間でも起こり得る。

最近、密教の修行者のよくない振る舞いについて話題になる際には、「クレイジーな智慧」という言葉を耳にしがちだ。それは今日よく聞く表現で、師が生徒に性的な強要をしたり、肉体的または言葉の上で虐待したり、クレイジーな行動をとる時には、その師はよくない振る舞いをしているように見えるだけで、実際にはその師は仏陀であり、動機は思いやりで、私たちのカルマと物の見方をクレイジーな智慧で清めることで私たちを助けているのだ、と人々は言うだろう。

このクレイジーな智慧という考え方は一般的なものではなく、マハシッダその他の偉大なタントラの聖人による、時として攻撃的またはショッキングな行動に関係している。生徒とセックスするラマに限らず、生徒を殴ったり精神的に拷問する師に関しても同様だ。

つい最近ブータンを訪ねた際に、生徒たちを散々殴ったラマについて聞いた。なかには、その師はかなり自己実現した人物で、生徒を殴ったりショッキングな方法をとるのは生徒のカルマを清め、覚醒させようと助けているのだからよいのだ、と言う人々もいたが、多くの人は好ましく思っていないようだった。多くの意見の相違や困惑があるのだ。

歴史上では「クレイジーなラマ」は、トゥルシュック・キ・チュパと呼ばれる特別なしつけの「処罰」をした。これは上級のタントラの修行で、通常は汚れた、または有害だとされる物質と振る舞いで修行者の自己実現、不二で純粋な気づき、または「一なるものの味わい」を定着させる（註釈8）。その状態では、純粋か不純かといったことを超越してすべての経験が至福に昇格するのだ。歴史的には、ラマは自分の人生の特別な時期に特別な場所に籠もってしばらく修行に集中する際、この規律あるいは修行を実践した。

残念なことに、「クレイジーな智慧」という言葉がいまでは一般化し過ぎている。人々はあたかも密教のグルがすべての法律や誓い、道徳的なおこないに関するすべての仏陀の教えを破ることを許し、その行動の帰結も問わないのがチベット文化の特徴だとして、グルのどんな悪い振る舞いも説明する言葉として「クレイジーな智慧」を使っているのだ！

今日では人々は、カルマムードラのマスターであるドゥクパ・クンレーのように有名でクレイジーな智慧を持つラマの、非常識で攻撃的な振る舞いについて、そうしたラマは二元的な見方を超越しているから、どんな通常の分類にも予測にもあてはまらない、と説明しようとする。しかし私が序章で指摘したように、ほとんどのマスターにはクレイジーな智慧の方法を使う十分な資格はなく、ほとんどの弟子も同様にそのレベルには至っておらず、そうした方法が効果を表し有益になるための信心も拠りどころもない。

チベットには仏陀や悟りを開いた師が思いやりの意図でおこなう振る舞いを示すガン・ラ・ガンドルという言葉がある。これは「どんな存在も手懐ける」といった意味で、他者のマインドをしつけ、彼らを悩ませる感情をなだめ、先に進めるためにはどんな方法もいとわない、ということだ。ラマがよくない振る舞いをした時には、人はこうした「熟練したやり方」や「必要とあれば何でも」といったことを言いたがる。

しかし、ガン・ラ・ガンドルとは、最も有益な効果があるように必要な状況や状態を利用する、ということだ。「必要なことは何でもする」は、どんなチャンスにもクレイジーな智慧を利用するという意味ではないのだ。ほとんどとまではいかなくても多くのケースでは、社会の一般的な法律を尊重し、一般的で常識的な社会の見方や倫理観に従うべきなのだ。熟練した師であるということは、人々の精神性や理解力に合わせてクリエイティブに対処するということだ。道徳や法を破るということではなく、社会とその価値観に合う方法で教えるということなのだ。

密教の真の道は変革への道だ。つまりすべてが変革でき、どんな状況も利用できることになる。熟練した師なら、その存在のレベルに合わせて生徒を導き助けられる。常に制約や限界をプッシュするのではなく、そのなかで指導できるはずだ。関連法を守りながら変革を遂げられるはずだ。

最も重要なのは、たとえ密教の一環として論理や常識には沿えない場合でも、自分たちのマインドや見方といった内的なレベルで、内輪からルールを破るか超越することだ。それは一般社会のルールを表立って破ることよりずっと重要だ。公式の規則や常識を破ることは誰にでもできるが、内なるレベルでそうした規制から自分を解放することはより困難で、重要だ。たとえあなたに社会の制約があっても、実際に刑務所にいるとしても、内側、精神的には自由でいられる。

グル・リンポチェは自分や他者のマインドを服従させるために様々な荒々しい方法を使ったが、原因と結果の尊重であるカルマ（ネガティブな行動がネガティブな帰結を招くという意）の理解に基づく彼の倫理的な行動の誓いは「詳細」で、または「粉」のようにきめ細やかだった。つまり、真のヨギやヨギーニはすべてのレベルで存在する法律を理解し、受け入れ尊重するということだ。

ヨギのなかには、自分のタントラの誓いや修行を公的な振る舞いや外見を通しては明かさない隠れヨギ、秘密のヨギもいる。外見や日常的な行動を見れば、彼らはごく普通で目立たない。この章ですでに述べたように、常にタントラの衣を着て用具も持ち、その社会的地位や役割を示しているヨギも多い。どちらのスタイルも正当だ。しかしチベット人にとっては、ヨギでいるから常にクレイジーな智慧を実践しているわけではないというのが重要な点なのだ。悪い振る舞いと同義語ではないのだ。ヨギといえばいつもすべての法律やルールに反対しているわけではない。

究極的には、グルがある振る舞いを要求したり行動する際には、その状況に応じてその師や自分たちの修行や誓い、献身とつき合わせて、注意深く考慮する必要がある。

過去数年、ラマによる虐待に関する糾弾が多かった。もちろん、糾弾された時にはすべての角度からその状況を検証する必要がある。その糾弾が誤解に基づくこともあり得るし、その話自体がでっち上げだったり事実ではなかった場合もあるからだ。しかし、実際に生徒を虐待しておきながら、糾弾も何もされないままになっている師が多いのも事実である。

だからこそ、クレイジーな智慧の間違った利用はやめるべき時なのだ。クレイジーな智慧は誓いを破ったり悪い振る舞いをする口実にはならない。

【註釈8】チベット語ではロ・シック。とくにタントラ仏教とマハムードラの修行で悟りを開いた人が得る非二元な境地のこと。一なるものの味わいを得た人は現象のすべてを仏性への道として同等に慈しむ。したがって、そうした人にとっては善悪も快不快もない。すべてはあるがままの無常で空（くう）で同等の至福の味わいと認識するのだ。

修行僧のなかのタントラのヨギ
——私の師であるアク・ラモ・ジャップの話と今日における出家の意味

スートラとタントラの立場の違いは私の師のひとり、アク・ラモ・ジャップの人生の物語からもわかる（註釈9）。

アク・ラモ・ジャップは真の遊牧民で、決して靴は履かず、街の道路でも裸足で通した。彼は知識人として著名だったので、私の故郷の大学が教授として招聘（へい）した。彼は来ることに承知はしたが、遊牧民の習慣は守り続けた。大学は彼に住む家を与えたが、彼は遊牧民の地域で育ちひとつの家に定住したことはなかったので、外で寝るほうを好んだ。大学の職員が彼にソファを与えたが、彼はテントで育ったので、ソファはカップや調理具などの物置となり、彼は床に座った。

彼は真に偉大な導師だった。私は若いころから彼に学んでいたが、その教えをとても楽しんだ。彼のクラスではノートを開く必要がまったくなかったからだ。彼のすべての教えは、想像と空想の活用と、現実の人生からの例で、実に巧みに知識を伝えた。彼は禁欲独身ではないナグパで、カルマムードラの修行のエキスパートだった。

しかし、彼が常に修行僧とは異なるヨギの道を確信していたわけではなかった。若いころには、彼はとても著名な修行僧の導師の弟子だったのだ。

ある日、この修行僧の導師はすべての弟子に修行僧になるよう要請したが、ラモ・ジャップは固辞した。道師は「なぜ修行僧になりたくないのか？」とラモ・ジャップに尋ね、こう問い正した。

「ほかには誰も断っていない。お前にとってもそれが重要だ！」

ラモ・ジャップはその導師に真実を告げた。

「師匠、私は正直に言います。あなたを欺きたくないからです。本当にあなたが私に修行僧になってほしければそうしますが、私は自分自身を熟知しています。1カ月以内に私は一般人に戻ってしまうでしょう。性欲が強過ぎてコントロールできないのです。禁欲独身の人生は送れません！」

当時、ラモ・ジャップはとても若かったので、その修行僧の導師はそれを聞いてあっけにとられた。

「修行僧にならないのなら、お前はもう教えを受けることはできない」

そう言って、道師は彼を追い出したのだ。

ラモ・ジャップはこの導師から本当に学びたかったので、毎日、教えが授けられる部屋の窓の外に座った。それを長い間続けた。彼はとても賢くよい生徒だったが、修行僧にはなりたくなかったのだ。彼の導師はチベット語と文法の知識で有名だったので、導師に習えなければ、ラモ・ジャップにとってはよりよい教育を得るチャンスを逃すことになる。

ラモ・ジャップは、「当時は本当に意気消沈したが、自分の性欲はパワフルで強過ぎるとその時には思ったのだ」と語った。もし修行僧になっても、自分の欲を隠して秘密裏にセックスするか誓いを破ることになるので、それはよくないと彼は考えたのだ。

しかし、彼の性欲がどれだけパワフルでも、彼の知識への欲も同様に強かった。ラモ・ジャップが窓の外に座ってこっそり自分のクラスを聴講していたことにもちろん気づいていた導師は、結局は彼になかに入るように言った。そして再度「修行僧になるか？」と彼に聞いたが、彼は再び固辞した。しばらく黙っていた導師は、「わかった、わかった。それなら修行僧にはなるな。しかし、少なくともナグパ、またはヨギにはなるべきだ」と言った。そうして導師はラモ・ジャップにヨギの名を与え、その後は歴史に残るとおりだ。

ラモ・ジャップは立派なヨギ、カルマムードラの修行者となり、そのカルマムードラの修行のおかげで70歳を過ぎてもバイタリティとエネルギーに満ちていた。またその立場から、自分の導師がゲルク派の指導者だったにもかかわらず、彼はニンマ派に従うことになった。ニンマ派のほうが、禁欲独身ではない修行についてより多く語っているからだ。そうした点では、彼はマスター・レルンにも少し似ている。

レルン・ジェペイ・ドルジェは、悪人だ、クレイジーだ、教えを誤解し衰退させているなどなど、他人から厳しく批判されていた。ドンカー・チベット語辞典の編者は、レルンについてとてもひどい解説もしている（註釈10）。

しかし私は、マスター・レルンの話がとても好きだ。チベットでカルマムードラをしっかり公にした人物だからだ。それはジュ・ミパムもゲンドゥン・チョフェルもしなかったことだ。その両者もカルマムードラに関する本を出版し、ある程度の議論は招いたが、カルマムードラをオープンな話題にしたのはレルンだった。より正確に言えば、ダーキニー・ニマ・シェヌ自身がそうしたのだ。

彼女はレルンに、次のように語った。
「人間の欲望と人間一般について考えてみれば、人には多くの欲望があるが、それをどうしたらよいか知らないでいるのだ」

自著のなかでレルンは、欲望についてのこのダーキニーの教えを明快にすぐれた洞察で推し進めた。ニマ・シェヌは私たち人間を「欲望の動物」と呼んだ。犬は食べ物は欲するが、よい服を欲したり、有名になりたがったりはしない。人間は欲望でいっぱいだとニマ・シェヌが言ったのは、そういう意味だ。あまりに欲望が多過ぎて、どうしたらいいかわからない。人間は多くの様々な欲望を体験するが、最も強い欲望のひとつは性欲だと彼女は指摘した。そのために、彼女は「自分の欲望にどう対処するかを教えに出かけ、カルマムードラを教えなさい」とレルンに指示した。そして彼はそれを実行した。

チベットは主に僧院社会だからそれが容易ではないことを、彼は理解していた。しかし、修行の主義やシステムが支配的であるにもかかわらず、非禁欲独身の伝統もあった。だから、レルンはその夢を見た時に、修行僧でいる自分に対して「お前は何をしているのだ！」と言い、赤と黄色の僧衣を脱ぎ、白いナグパの衣をまとった。頭を剃るのをやめて髪を長く伸ばし、ナグパになった。レルンが教えたのは真の教えだったが、ゲルク派の僧院の高僧からは批判された。彼らにとっては修行主義は重要であるため、それも当然だった。

今日私たちが自分自身や今日の問題について語る際には、レルンのように自分の時代には既成概念を破っていたマスターのユニークなアプローチや教えが最適だ。仏教の教えは薬で、私たちの欲は病気のようなものだ。カルマムードラによって、私たちの欲望という病気は完璧な薬を受け取ることができるのだ。もちろん、ほかの真の薬もあるが、それらは別の特定の問題に効く。欲望という問題の薬にはならないのだ。医学上は、心臓に問題があれば、胃の薬ではなく心臓の薬が必要である。しかし、スピリチュアリティに関しては、なぜかまったく反対のことが教えられがちだ。それは、心臓に問題があるのに「胃」の薬を飲めと言われるようなものだ！　性欲で満ちていても、それをオープンに議論することは不適切で、その問題とは無関係のスピリチュアルな薬を使うように言われる。

時には先生は「伝統なのだから、こうしなければならない」と、それを正当化しようとする。しかし、考えてみれば、それは馬鹿げたアプローチだ。レルンとニマ・シェヌの教えをありがたがる私としては、いまこそレルンのオープンで実用的で性差別のない伝統を復活させるべきだと思う。

修行僧も非禁欲独身のタントラのヨギ、ナグパも、仏陀の出家の道を誓う人々だ。ヨギのなかには世俗的な行為にまだ関わっているかに見える人がいても、彼らの出家は真実であり続けられる。それは、出家とは世界や自分自身の経験との関係において自分自身の立場を変えることだからだ。世界、物事の究極の性質についてのより明快な理解に基づき、生き方、反応の仕方を変えることなのだ。だからこそ、仏教の修行をしたければマインドの性質は至福＝空（くう）であることを理解することが極めて重要なのだ。至福に満ちた空というマインドの性質を理解する時には、私たちの通常のマインドのすべての毒に飲み込まれることも重要だ。

私たちすべてが通常の生活やマインドから出家する必要があるが、今日ではそれは必ずしも自分の仕事や家族や俗世の暮らしを放棄しなければならないということではない。結局のところ、今日、放浪するヨギのライフスタイルをすべて実行したら、ホームレスかクレイジーだと思われ、刑務所行きになってしまうかもしれない。今日ではそうした自由なヒッピー・スタイルは通用しないのだ。だから、このことについては考え過ぎるなと私は生徒に言う。彼らの出家が十分かどうかを気にすることも、ミラルパのような過去の偉大なヨギと自分を比較して心配することも、必要ないのだ。

普通の生活から出家することの本当の意味は何だろう？

もはや普通の生活やその問題は信じず、それにとらわれないということだ。たとえば、うつ状態から出家するということだ。今日の私たちの多くにとって、それは不可能に思われる。しかし、仏教はストレスや不安から出家する道を提供してくれるのだ。それはサムサーラ（輪廻）、俗世で、それが私たちのストレスと不安のもとで、サムサーラがあなたにパニック障害を与えているのだ！

しかし、ミラルパのようにならなくてもサムサーラから出家する方法はある。人は「ああ、家も家族も捨てなければならない！」とすべてを放棄しなければならないと考えるようだが、私たちのスピリチュアリティやマインドが今日どう働くかは、過去とは違ってきている。

ミラルパのような数百年前の修行者は、極めて強靭なマインドを持っていた。そうした類の出家を実現し、それをうまくできたが、私たちのマインドはそんなに強くない。

過去の修行者には、私たちのようなストレスやうつはなかったのかもしれない。あるいは現代人の俗世は昔とは少し異なるか、異なる意味合いを持っていたのかもしれない。出家に関してよく耳にするが、実際にはどれだけ現実的に放棄できるのか？　何を放棄するのが必須なのか？　家族か？　それとも放棄すべきはストレスやうつなのか？

出家については、新たなよりよい見方、21世紀流の見方をしたほうがいいだろう。私はこの概念が好きだ。ダライ・ラマ法王は今日の仏教の修行の仕方について、よく語られている。私たちは論理と教えの意味が理解でき、ただ盲目的に伝統に従うのではなく現状に合わせて教えを適用できる「21世紀の仏教徒」になるべきだ、と。私はこの考え方が大好きだ。ダライ・ラマ法王のお考えは、理解しながら修行することを私たちに奨励してくれる。つまり、今日、出家をどう解釈するかも考えてみる必要があるということだ。

私たちは新たな世紀を生きる新たな修行者だ。新たなメンタリティと新たな問題を抱えた新しい人間なのだ。

【註釈9】アク・ラモ・ジャップのダルマ名はツェフング・ラニョン・ロルパツェル（「ツェフングの彼、狂気の神の遊び心のあるディスプレイ」の創造的な表現）であり、彼の教師の名前はチサル・ロドゥロ・ギャッツォ。

【註釈10】この項目の一部には、「彼はゲツァルとゲロングの修道僧の誓いを立てたが、後に多くの女性に依存した（カルマムードラのパートナーである）彼は、完全な透視力を持ち、タントラの熟達者またはシッダであったと言われている」とある。この編者は続けて、レルン・リンポチェが「まったく異なるニンマとゲルクの教えを混同し」、「パートナーを使っておこなうべき医療と修行を説明した何巻もの教本をつくった」と糾弾している。

薬としての毒――タントラと欲望の変革との関係性

すでに述べたように、仏教哲学ではすべての苦しみの源は私たち自身のマインドだ。つまり、すべての存在は3つの主な精神的「毒」の結果として苦しみ、惑わされると仏教は教える。その毒とは無知・迷い、執着・欲望、そして怒り・憎しみだ。注意深く見れば、無知、欲望、怒りという三毒が私たちの心理的な病や痛みのもとであることがわかる。

この現実に仏陀が「毒」という言葉を使っているのはとても賢い。私たちの精神的な苦しみを「毒」と表現するのは、その毒がある種の「ダークなエネルギー」であるとか、またはその毒は救いようがなくネガティブであるとか、その毒に関するすべてがダークで悪魔的だというわけではない。毒は危険で、致死につながる場合もあるが、極めて役立つ薬でもあるのだ。その使い方さえ知れば、毒にはあらゆるよい効果があるし、様々な有益な側面があるのだ。有毒物質は薬の主要成分のひとつだ。

いっぽう、薬も使い方を間違えれば毒になる。間違った問題への間違った薬は毒だ。抗生物質もある種の毒だが、適切な目的と適切なタイミングで使えばよい薬となり様々な病気を治してくれる。タントラでは、特別な熟練した方法で内なる毒を叡智に変革する。不純なものを取り入れて純粋にするのだ。

私たちのあるがままの身口意の現実に正直に関わることにより、その基本的な仏性を発見すれば、一見すると否定的あるいは魔的な要素も自己実現した私たち自身の純粋で役立つ表現に昇華できるのだ。

今日最もよく使われる言葉のひとつは「ストレス」だ。なぜ人はストレスを溜めるのか？　ストレスの主な原因は欲望と執着だ。

今日の世界では一般的に人は100のことを1日で成し遂げようとしている、と私はよく言う。なぜか？　その理由は欲望だ。しかし無知から、普通はそれが不可能なことに気づかない。

では、この人の欲望が欲求不満になった帰結は？　怒りだ。その怒りと不満が、今度はその人をうつにするか憤怒させ攻撃的にする。この観点から見れば、今日の主な問題のひとつであるストレスは精神的な三毒に深くつながっていることがわかる。だから、その三毒の解決法を探せば、それはすべての精神的な病のベストな解決策になる。

このように見ていけば、なぜ仏教では私たちの苦しみと問題を、まずは内なる心理的な立場からマインドのレベルで評価することを奨励するのかがわかる。主に人や出来事といった外界の状況により苦しみは生まれるが、それが原因となる害は私たちのマインドの状態に関わっていることには間違いはない。医療では病気になってからその症状のみに対処するよりは、病気になる前にその原因に対処するほうがずっといい。同様にこの三毒に関してもその根に直接働きかける必要があるのだ。

適切な訓練を受けていれば、強い悪影響がある感情、強力な毒も、薬として使える。激怒して「殺してやる！　本当に腹立つ。ああー」と感じる時には、分析してみればその怒りの本質はある種の生命力の熱であることがわかる。

私は怒りを感じたら、その熱とエネルギーに注目して呼吸でそのエネルギーを私の赤いティクレ（雫）

に落としてから、頭頂部まで引き上げる（このカルマムードラ式の呼吸法は第4章で説明する）。あなたがカルマムードラのマスターなら、激怒を感じるたびにそれを至福に変革できる。ひどく怒りを感じたら、その熱とエネルギーを驚異的なオルガズムへと変えるのだ！

おかしく聞こえるかもしれないが、これは真実だ。このアプローチなら私たちは自分のマインドの内側に行きあれこれ分析する必要はない。「これはよい、これは悪い」などということではないのだ。そうではなく、受け入れて湧き上がってくるものは何でも利用するのだ。湧き上がるものは何であれ、使えるエネルギーだ。

私はローマの空港でアムステルダム行きの飛行機に乗りそこねたことがある。「ストレスがどんなものか私には本当はわからない。経験したことがないからだ」と私はよく人に言うが、その日、飛行機を逃した時には自分のなかに湧き上がるものを感じた。熱くすばやい熱のようなものだった。

私は自分が飛行機を逃したことを受け入れた後に、座って、この感覚を瞑想した。そして、それが好きだと気づいた。それはよいものだった。ほぼ自動的なトゥンモ、内なる熱のヨーガのようなものだった。カルマムードラにとっては、これ以上よいものはなかった。つまり、私がその「ストレスの熱」に留まっていたら、私は自分を拷問にかけ、私のマインドは明快には機能しなかっただろうが、この感覚にカルマムードラの至福の熱のアプローチをとってみたら、私はそれをとても気に入ったのだ。

最初はあちこち駆け巡って、飛行機の便をなんとかすべきかと考えたが、椅子にただ座って呼吸し、その感情に注目したら、本当にそれが気に入ったのだ。そしてパニックが去った時に「ストレスよ、戻ってこい。好きだよ」と言ったが、それは二度と戻ってこなかった。

この修行が示すのは、すべてはエネルギーだということだ。怒り、嫉妬、プライドといった感情もすべてエネルギーだ。たとえ、怒りその他の「悪い」感情だとしても、それらを湧き上がらせれば、幸福な帰結に終わるのだ。これがカルマムードラのすべてだ。「怒るな、その感情は持つな」とは言わない。その代わりに自分の感情のマスターとなり、そうしたエネルギーに働きかけ、それを利用することができると認識する。それが密教の本質だ。

密教は不滅の車輪だ。不滅とはどういうことか？　不二のマインドは不滅だ。何も至福を破壊することはできない。苦しみ、痛み、怒り、嫉妬、プライドその他のすべての毒は比較にならない。だからこそ密教、言いかえればタントラ仏教は、私たちの感情を変革することを私たちに許し、極めて洗練されて正確な教えと方法を提供しているのだ。この内なる錬金術が密教のすべてだ。

悲しかったり落ち込んだ時、あなたのマインドやエネルギーが落ち込んだ時、絶望とネガティブな気持ちで圧迫された時には、こうした修行があなたを引き上げてくれる。あなたの感情が変革し、希望と喜び、至福が戻ってくる。

私たちにはとても多くの毒があるが、水銀のように、私たちはそれを純粋にし、精製し、薬に変えることができる。これをチベットでは、体験を修行の道にするという意味のラムケル、またはラムケルワと言う。私なら、年中無休の持ち運び可能な瞑想、と翻訳したいところだ。

ニンマとサルマ――古い学派と新しい学派

タントラの教えがどう整理され教えられ修行として実践されているのかを理解するには、チベット仏教の様々な学派の違いを理解しておくことが重要だ。

チベット仏教はふたつのグループに分類される。「古い」翻訳の学派と、「新しい」翻訳の学派の系統だ（チベット語ではニンマとサルマ）。この分類は歴史上のものだ。チベットでは密教の最古の学派はニンマ派、または「太古の者たちの学派」だ。チベットにタントラの教えが最初に来た時には、サンスクリット語からチベット語への訳し方、そしてその整理や分類の仕方は、その数世紀後にインドから新たな指導者たちが波のようにチベットに押し寄せ仏教を広めた時の方法とは少し異なっていた。新しい主な学派はカギュ派、サキヤ派とゲルク派で、それぞれにはさらに内部での分派があった。たとえばカギュには12派、または12の系統がある。サキヤは2派、ゲルクの修行者は1派だけだ。

本書がベースとしているユトク・ニンティクにみられるマスター・ユトクの教えは、多くの点でチベット仏教の学派の違いを超えたものだが、9乗のニンマ派の流儀（古い翻訳の学派）にならっている。このシステムではカルマムードラはアヌ・ヨーガと呼ばれ、上から2番めの乗だ。アヌ・ヨーガはゾクチェン

9つのヤーナ

ニンマ学派では、特別な9乗にしたがって、スートラおよびタントラの教えを系統化している。

<table>
<tr><th colspan="3">スートラヤーナ</th><th colspan="6">タントラヤーナ</th></tr>
<tr><td colspan="3">源から導く3つのアウター・ヤーナ
例:「苦しみ」の源から導くアウター・ヤーナに関する3つのヤーナと特性のピタカ</td><td colspan="3">ヴェーダの修行法
例:ヴェーダの修行法にインナー乗に関する3つのヤーナとタントラの3つのアウター・クラス</td><td colspan="3">パワフルな変革法の3つのヤーナ
例:パワフルな変革法の秘密の乗の3つのヤーナとタントラの3つのアウター・クラス</td></tr>
<tr><td>基本の乗</td><td colspan="2">大乗仏教</td><td colspan="6">密教</td></tr>
<tr><td colspan="3">出家の道</td><td colspan="3">清めの道</td><td colspan="3">変革の道</td></tr>
<tr><td>①
シャラヴァーカ・ヤーナ</td><td>②
プラテカブッダ・ヤーナ</td><td>③
ボディサトヴ・ヤーナ</td><td>④
クリア・タントラのヤーナ</td><td>⑤
チャルヤ・タントラのヤーナ</td><td>⑥
ヨーガ・タントラのヤーナ</td><td>⑦
マハ・ヨーガのヤーナ</td><td>⑧
アヌ・ヨーガのヤーナ</td><td>⑨
アティ・ヨーガのヤーナ</td></tr>
</table>

の教え、または偉大なる完成の教えと呼ばれるアティ・ヨーガの次にあたる。これらの乗は距離を隔てているが、ニンマ派には、アヌ・ヨーガの修行はアティ・ヨーガに含められるというマスターもいる。したがってニンマ派はカルマムードラを極めて重要な教えだと見ていることがわかる。

より上級のタントラのヨーガの修行の分類法は、ニンマ派とサルマの学派では若干異なる。ニンマ派のシステムでは9乗のうちの上位3乗、マハ・ヨーガ、アヌ・ヨーガとアティ・ヨーガは「インナー・ヨーガ」と呼ばれる。

いっぽう、サルマの学派では通常、タントラには4級ある。初級から3級、クリア・タントラ、チャルヤ・タントラ、ヨーガ・タントラは「低級」のタントラで、最後の4級はアヌタラ・ヨーガ・タントラ、または「至上の」、「比類なき」、「最高のヨーガ・タントラ」だ。アヌタラ・ヨーガ・タントラ、または最高のヨーガ・タントラの修行は、ニンマ派の3つのインナー・ヨーガと類似し同格だ。

しかし、分類法はどうであれ、これらはすべて身口意（身体、言葉／エネルギー、マインド）に働きかけるタントラのヨーガのテクニックで、タントラ仏教では最高の変革の形だ。最高のヨーガは私たちの精神の課題と毒に直接、とても深遠で洗練された方法で働きかける。3つのより低級なタントラではより間接的に毒に対処するいっぽう、最高のヨーガのタントラでは真っ向から立ち向かう。弓矢が的を射るようなもので、目標に直行する。だからこそ、こうしたタントラの教えと教本は「最高」とか「比類なき」と称されるのだ。

132ページの表を見れば明らかなように、古い学派にはアウター（外側）とインナー（内側）のタントラがあり、新しい学派には上と下のタントラがある。クリアの低い、またはアウターの「ヴェーダのような」タントラ、チャルヤとヨーガはヒンドゥ教にも存在する。端的に言えば、クリアとチャルヤのタントラは外側のスペースがとても重要だとして神殿や寺院をとても素敵できれいにする。からだも洗い、からだも儀式も清潔にする。3つのアウター・タントラの最初では、すべてが外側だ。これは、外側がすべてよく整然としていればそれが内なる清潔や落ち着きにも役立つという考えからだ。アウター・タントラの初級はすべて外側の側面なので、教本では完璧な曼荼羅の構築法、神殿のつくり方など様々な外的な技法が書かれている。

アウター・タントラの2級では、外側の要因はさほど重要ではなく、マインドも重要だと教える。祭壇や寺院はさほど完璧でなくても、マインドと振る舞いが重要だというわけだ。そしてヨーガ・タントラの第3の分類では半分半分で、家や祭壇もマインドや内なる状態も比較的クリーンだ。

アヌタラ・ヨーガでは少し事情は異なる。アヌタラ・ヨーガ・タントラにはふたつの主な修行または要素がある。まずおこなう修行はキエーリムと呼ばれる生起次第で、これは、瞑想の対象とする特定のタントラの諸仏や神々、守護尊のイメージに、自分をいかに創造しなおすかに関わっている。

次におこなう修行はゾクリムと呼ばれる究竟次第（くきょうしだい）だ。ナローパの6つのヨーガは究竟次第の修行で、こうしたすべてには微細な風、脈管、エネルギーの雫とチャクラが関わる。それが究竟次第の主要な要素なのだ。

そしてカルマムードラがある。ニンマ派ではカルマムードラはアヌ・ヨーガと呼ばれ、前述のように3つのインナー・ヨーガのひとつだ。しかし、新しい学派では、カルマムードラはアヌタラ・ヨーガにのみ見受けられる。

したがって、新学派の究竟次第についての言及に沿えば、カルマムードラは最高の修行のひとつで、とても上級の修行だ。新学派がカルマムードラを特に極秘の教えとしており、その教えを受ける人がごく稀なのも、そうした理由による。新学派はカルマムードラを特上級の教えとみなすので、非常に長い時間のかかる前行を要するのだ。

ニンマ派でもカルマムードラの一部として長い前行を求めるが、この学派の修行者の多くは禁欲独身ではなく結婚して家族もいるので、ニンマ派では若干異なるカルマムードラのテクニックが発達した。ニンマ派でも、カルマムードラは一度の人生で完全な仏陀の境地に到達できる最高の修行のひとつと認識されているが、異なる能力の修行者のための様々なカルマムードラの修行も伝統としてきた。ユトク・ニンティクにおける教えもその一例だ。

こうした最高のタントラの教えでは、私たちには自分たちの問題や可能性を知る必要があるとされる。アヌタラ・ヨーガでも私たちの問題を特定することが求められる。私たちには、眠り過ぎる、考え過ぎる、あるいは性欲や嫉妬心、困惑や怒り、プライドがあり過ぎるのかもしれない、といったようにだ。

しかしアヌタラ・ヨーガでは、私たちが通常問題だと考えることは実際にはまったく問題でなく、むしろ私たちの才能または可能性だととらえる。もし性欲が旺盛過ぎるならそれはよいことで、それはあなたの才能だ。アヌタラ・ヨーガのタントラではそうしたエネルギーや欲望を乱用するのではなく、巧みに利用し、自分のスピリチュアルな修行にすばやい結果をもたらす。アヌタラ・ヨーガのタントラは熟練した医師のようなもので、各人を分析してそのユニークな才能を理解し、それから診断し、それに対処する。内なる、または外側のスペースや状態の清潔度はさほど問題ではなく、あなたは自分独自の才能に注目し、それに働きかければよい。

だから私は、アヌタラ・ヨーガのタントラを本当に知り理解しているなら、それは常にあなたにとっては朗報だ、とよく言う。

自分は悪い、弱い、ネガティブだなどと、あなたはいつも感じていたかもしれない。しかし、アヌタラ・ヨーガはそうした弱点に本当に力を与える。あなたは弱くないこと、あなたのそうした部分は悪くないこと、そして正しく理解すれば役に立つしよいものであることをあなたに示してくれる。それは至上の、または最高のタントラと呼ばれるが、それは何も除外しない。すべての人間の感情や体験もそこには含まれる。クリアやチャルヤのタントラの教えでは、セクシャリティは「だめ、だめ、だめ、それはとても悪いものだ！」とされる。

はじめのアウター・タントラでは「だめ、だめ！」と言い、ヨーガ・タントラでは「もしかしたら。でもしないほうがよい」と言う。しかし最高のヨーガ・タントラでは、「あなたに欲望があるなら、いけない理由はないでしょう？」と言う。これがアヌタラ・ヨーガ・タントラのユニークな点だ。

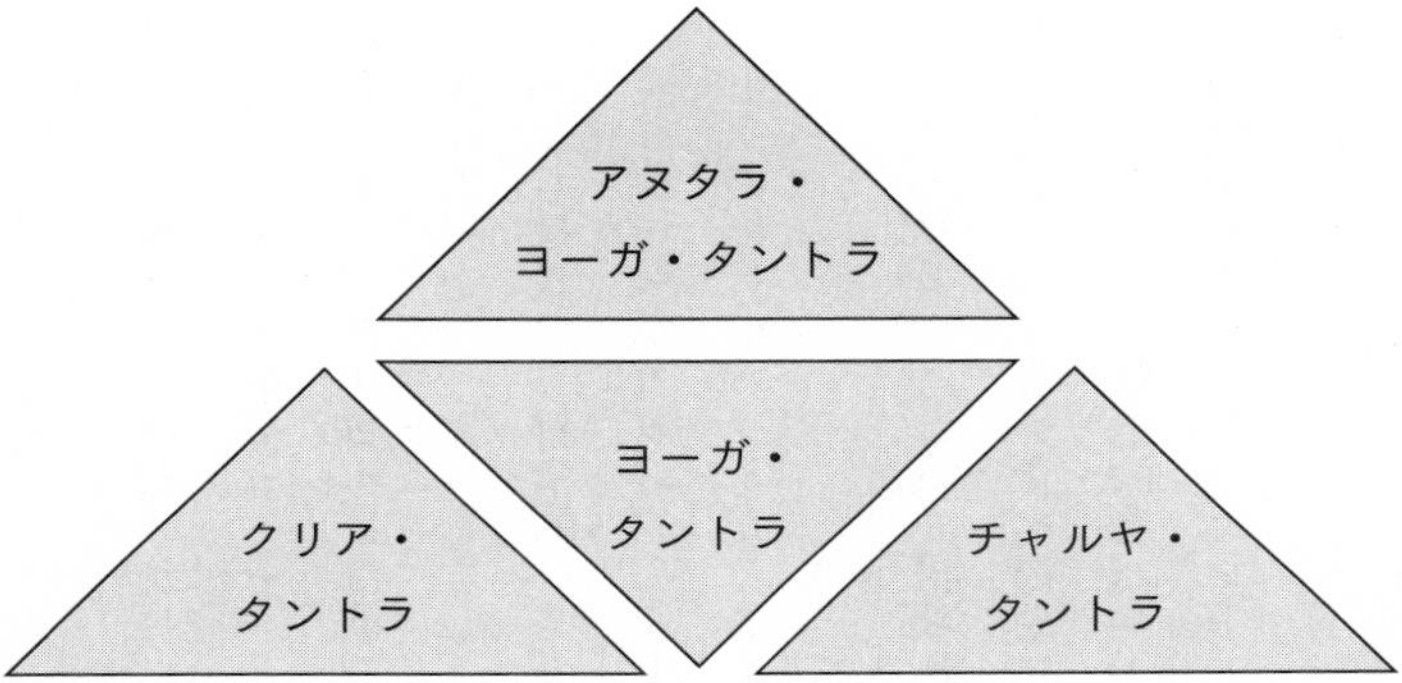

サルマ学派によるタントラの４つのクラス

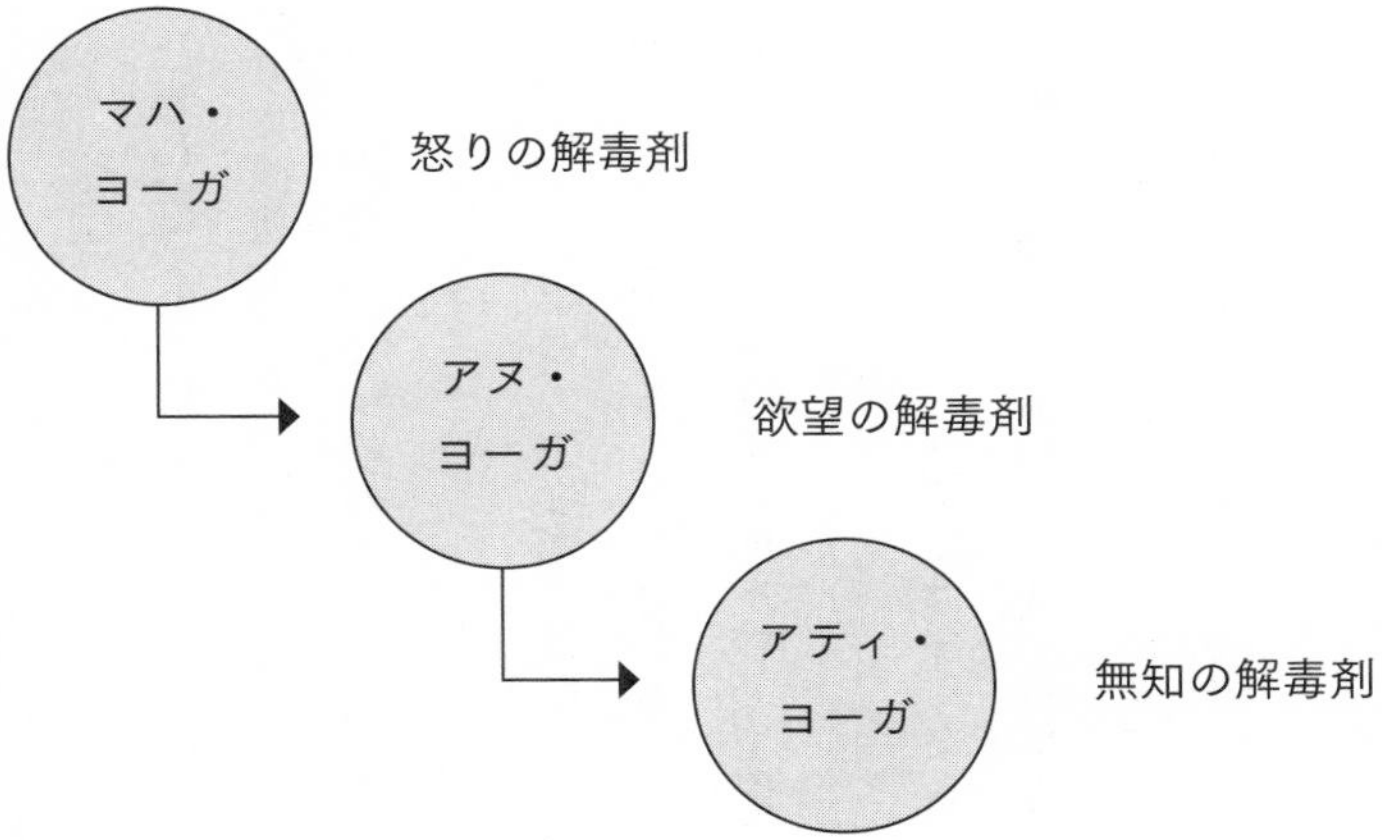

ニンマ学派による精神的三毒の解毒剤としての
３つのインナー・ヨーガ

マハ、アヌ、アティ——3つのインナー・ヨーガ

ニンマ派の3つのインナー・ヨーガは内なる三毒に呼応している。最初のインナー・ヨーガ、マハ・ヨーガは怒りに直接効く対処薬で、怒りにどう対処するかを教える。ふたつめのアヌ・ヨーガは欲望と執着に直接効く対処薬で、3つめのアティ・ヨーガは無知の対処薬また は療法だ。

私たちは誰でも日常的にこの三毒を体験するが、個人によって主な毒は異なる。したがって、怒りやすいタイプ、強欲なタイプ、より困惑したタイプの3つに分類することもできる。これが最高のヨーガ・タントラの修行のパワーだ。あなたの人生や状況に応じて精神的な毒に的を絞って働きかける方法なのだ。

アヌ・ヨーガについて語られるのは、欲望についての対処だ。欲望には様々なものがある。よい服を着たいという欲、よい食べ物やワインへの食欲、高級車や豪邸、金銭、名誉、パワー、それにはスピリチュアルなパワーも政治的なパワーもあるだろう。こうしたすべてが欲望で、欲望につぐ欲望だ。非常に数多くの欲望がある。チョコレート欲、喫煙欲、旅行への欲、愛欲、幸福欲、調和への欲、満足したい欲、健康と円満への欲。

もちろんすべての欲望が悪いわけではない。多くの前向きな欲もあるが、私たちがすべての欲望を満たすことは不可能だ。人のマインドはとても大きく、しかし、この終わりなき渇望のために、決して満たさ

れることはない。

私がよくあげるのは、歴史上おそらく最強の軍事リーダーであり世界の征服者だったチンギス・カンの例だ。人生を終えるまでに彼はこの星のほぼ3分の1を所有したが、なんと死の直前に、総指揮官にもっと戦って征服するよう命じたのだ。チンギス・カンが最悪、または最も強欲な人物だったと言うつもりはないが(私の祖母はモンゴル人で、私にも少しはモンゴル人のプライドがある!)、重要なのは、どれだけチンギス・カンが偉大か強大であっても、人間であることに変わりはなく、彼の主な毒は欲望だったということだ。

欲望は最初は控えめだが、雪だるまのように膨らむ。もし私たちに家がまったくなければ、はじめはただ小さな家を欲しがるが、小さな家が得られたら、すぐにそれでは十分でなくなり、より大きなよりよい家が絶対に必要だと思うようになる。そしてより大きな家が持てたら突然、その地域全体が欲しくなる。ついには自分の地域では満足できなくなる。ほかの地域のほうがより大きくよく見えるからで、今度は村全体、町、ついにはその都市全体が欲しくなる。

欲しい、と思うこうした気持ちはすべて、人間の欲望に駆られたものだ。私たちの欲望にどう対処すればよいかわからなければ、この雪だるま効果は私たちに災難をもたらすことになる。どんどん問題の深みにはまっていくのだ。

あふれるほど多くの欲望があるなかで、性欲は最大の欲望だ。偉大な王様もその性欲のために王国をすべて失いかねない。王には王国を支配する力があるかもしれないが、自分の性欲とその欲望の対象の圧倒的なパワーにより、何か馬鹿なことをしてすべてを失うことにもなる。チンギス・カンのようにパワフルな人物でさえ、性欲のためにすべてのパワー、世界の3分の1を失いかねないのだ。それが真実だと信じられない人は、それはあなたが「欲望」の分類に属さず、怒りか困惑の分類に属するからというだけのことだ！

もちろん、誰もが強い性欲を持っているわけではない。女性の多くはオルガズムを体験したこともないし、女性の大半は性欲がほとんどないという研究結果もある。主な欲望は食べ物とか、娯楽、服といったものにあるという人は女性にも男性にも多いだろう。

自分の才能を発見する
——タントラの修行法はひとつではなく、個人ごとにアレンジできる

シャマタ（静寂に留まる）、ヴィパッサナー（洞察）のようなスートラの伝統に関わる瞑想は素晴らしい修行だが、一般的過ぎる場合もある。静かにするようにと言われても決して静かにできない人もいるのだ。必死でシャマタ瞑想をしようとしても、どうしてもできない。いっぽう、シャマタは簡単で役に立ち、

できない人がいるというのは不思議だと感じる人たちもいる。

しかし、自分を落ち着かせようとする努力はまったく役に立たないという人がいるのも事実だ。そうした人たちは欲求不満になり、「シャマタの修行はやめた。一生懸命試したが、何も起こらなかった！　もうたぶん鎮静剤を飲むしかない！」と言う。これは冗談ではない。実際にそんなケースもあるのだ。

瞑想は薬のようなものだ。すべての薬が誰にでも効くわけではない。効く薬もあれば効かない薬もあり、それには様々な理由がある。ヴィパッサナーに関してもそれは同様だ。自分のマインドを見て、内なる明晰さを分析し認知しようと本当に努力しても、どうしてもできない人たちもいる。その理由は、私たちはみな異なる人間だからで、誰もが異なる精神性、人格を持ち、だから密教、言いかえればタントラが出現するのだ。タントラはより個人に合わせたもので、より個別で的を絞った瞑想のテクニックを提供する。シャマタとヴィパッサナーが今日の多くの人々にとって本当によいことは言うまでもないが、密教瞑想のほうが効果的な場合もあると私は考えている。個人に焦点を置いているからだ。

チベット人は伝統的に、タントラには「多くの方法」があり、簡単にでき、あなたにスマートになることを求め、自分の知性を使うものだと言う。多くの人々が瞑想するために座る時には、呼吸で心を静めようとするが、うまくいかず、次に何か外側のものに注目することで心を静めようとするがうまくいかず、何をやってもうまくいかず、ついにはただ「ああ、もう心を静めたくない。気を違えたい！　マッドネスが必要だ！」と言う。

こうした人々はやがて「もうやめた」と決心するが、皮肉なことに、決心した途端「心が静まった！」という場合も時にはあるのだ。それは睡眠と同じだ。時には眠れないことがある。どうしても眠りたくて眠ろうと努力するが、やがて諦めて、「よし、わかった！　もう寝たくない。瞑想する！」と自分に言う。そして瞑想をはじめると眠りこけてしまう。

シャマタのような瞑想のテクニックに関する個人的な体験は人それぞれで、だからこそ密教がとても重要であり必要なのだ。

密教は個人にふさわしい様々な方法を提供する。

たとえば、密教ではマントラを唱えたり歌うことについて多く語っている。マントラのチャンティングは典型的なタントラの瞑想法だ。ただ静かに瞑想しているとあなたのマインドは忙しくなりがちで静まらないが、歌いはじめれば、あなたのマインドはそれに注目しすぐに静まる。これは「チャントによる黙考」というものだ。

同様に密教では、あなたのマインドに「リラックスしろ。何も考えるな」と言う代わりに「考えろ、想像しろ、空想しろ」と言う。多くの瞑想修行では「考えるな！」（想像するな！）、「夢を見るな！」と言う。「するな、するな、するな」だ。しかし、密教はある意味で「やれ、やれ、やれ！」と言う。

もしあなたが何らかの活動が好きで、それをひいきにしているなら、あなたはそれを上手に完全にするだろう。もしもあなたのマインドが考え過ぎているなら、それがあなたのマインドにとっては自然な性質であることを理解し、考えることをあなたのマインドに許す必要がある。マインドの静め方を知らないのが問題とは限らず、より完全に、過剰なまでに考えるようマインドをプッシュしていないのが問題なのかもしれないのだ。
おかしなことに、あなたのマインドにもっともっと考えろとプッシュすれば、あなたのマインドはやがてはその許容量を消費しきってしまう。

私たちのマインドは小さな赤ちゃんに少し似ている。あなたが赤ちゃんを座らせようとしたり、黙らせようとしたり、立たせようとした時から問題がはじまる。どんなに説明しようとしても正当化しようとしても、私たちのマインドは本当に赤ちゃんのようで、特別なプランやプログラムに従っているわけではない。あっちに行ったりこっちに行ったりするが、本当の問題は私たちが赤ちゃんに「走るな。触るな。行くな。遊ぶな。だめ、だめ」と言った時にはじまる。そうすると、もちろん、赤ちゃんはもっとやりたがるのだ。あなたが赤ちゃんを野放しにして、したい放題にしておけば、赤ちゃんは疲れて戻ってきて寝てしまう。
私たちのマインドもまったく同様なので、だからこそ密教は私たちのマインドに働きかける方法を巧みに教えてくれる。

マインドに働きかけることは、ただコントロールできるか否かではない。マスターできるかどうかという問題だ。あなたのマインドに考えたいだけ考えさせながら、それをマスターすることもできるし、あなたのマインドに怒らせることさえできる。あなたのマインドを怒りを使って訓練することもできる。そうすれば瞑想は怒りを止めたり、阻止することではなく、より力づけられるように怒りを処理し、それに働きかけるために利用できるのだ。

密教で語られる体験のタイプは何か一般的なエクササイズではなく、一人ひとりの個人的な体験と自己実現だ。一人ひとりが物事を違うふうに体験できる。

たとえば、眠ることにとても才能がある人もいて、睡眠中に瞑想のパワーを体験するかもしれない。だからドリーム・ヨーガとスリープ・ヨーガがあるのだ。

ここで、双子の兄弟がいると仮定しよう。そのひとりは寝るのが好きで、とても眠るのが上手で、一度も起きずに何時間でも眠れ、たくさんの夢を見る。しかし、もうひとりは眠るのが嫌いかもしれない。時間の無駄だと考えるからで、なるべくたくさん起きて世界をしっかり体験したいので、寝るのはなるべく短い時間に留めたいのだ。

双子は同じ家族から生まれ、同い年で、育った背景も教育も同じで外見まで同じだが、ふたりは異なる精神性を持っている。シャマタのような瞑想のアプローチでは、「あなたが眠りたくても眠りたくなくても、このアプローチを使え」と言うのだ。誰もが同じ方法を使い、訓練も同等だ。

よりスートラ的なアプローチの修行僧や尼僧の訓練は少し軍隊の訓練のようで、誰もが訓練を受けなければならず、誰もが平等に肩書や地位を得るが、それだけだ。自分の状態はそこには持ち込まない。

タントラのアプローチでは、そうした個人の状態がとても重要だ。

もし双子の兄弟のひとりが眠るのが好きで夢を覚えていられるならドリーム・ヨーガを実践すべきで、

夢は覚えていないなら深い眠り、クリア・ライト・ヨーガを実践すべきだ。

いっぽう、起きて探索し体験することが好きなら、ふたつめの日中のヨーガ、イリューゾリー・ボディ・ヨーガを実践すればよい。このヨーガは人生をどう体験するかというもので、あなたの起きている自分自身のためのヨーガだ。これが密教の核心だ。

私たちが起きている時には、起きている「私」がここに存在するが、眠って夢を見ている時には、その夢のなかには別の「私」が存在する。私たちは常に自分自身という考え方を持つが、私たちの意識の状態が変わると、自分の「私」、自身として異なる人物と自分を同一化する。時には「私」はここにいて、起きている人生では自分のからだのなかに私はいるようだが、私たちの思考のなかには別の「私」がいる。その「私」が走り回る時には様々な問題に陥る。そしてもうひとりの「私」のことは完全に忘れてしまう。私たちの頭のなかに棲む自身が問題を起こすからだ！

この「私」はしっかりと瞑想の姿勢で座っているが、私たちの思考のなかにいるもうひとりの愚かな自身は、様々な厄介ごとに巻き込まれている。夢のなかでも同様で、夢のような状態でも、私たちは問題に巻き込まれることもある。ひとりの「私」はベッドに横たわり眠り、いびきをかき、いい調子でいるが、ほかの誰かが夢のなかで「私が、私の、私自身……」と言い、様々な物語を展開するのだ！

これを私たちはイリューゾリー・ボディ・ヨーガ（幻のからだのヨーガ）と言う。

自身に対する私たちの認知は移ろい、陽炎のようなもので、私たちのからだへの認知も移ろい、陽炎のようなもので、私たちの思考のなかで駆け回る自身も幻で、夢のなかの自分も幻だ。だから起きている世界を探索し体験するのが好きな人は、イリューゾリー・ボディ・ヨーガによって自分のなかにある「幻の自分」の性質に気づき、自分を見失わずに済むのだ。

つまりは、ひとつの瞑想で個性が異なる双子は訓練できないということだ。ふたりとも、それぞれ自分にふさわしい道やアプローチを見つけられるし、見つけるべきなのだ。密教は「難しくはない、多くの方法」のアプローチとして知られている。

今日、瞑想を試した多くの人々が瞑想はとても難しいことを発見している。それは何故か？　もし誰かが睡眠障害で、不眠症に苦しんでいたら、もちろん眠る瞑想は困難だ。無理に眠ろうとしたら、様々な抵抗に遭う。困難とはそういうことで、自分の性向に逆らうということなのだ。

もし双子のひとりが眠るのが大嫌いなのに、誰かが彼に「眠らなければならない。スリープ・ヨーガをしなければならない」と言ったら、もちろん彼にとってはそれは困難だ。だが、双子のもうひとりは眠るのをやめることのほうが困難だ。

したがって、密教では、もしあなたがよく眠るなら、瞑想に睡眠を統合させればよいとする。起きて人生を探索するのが好きなら、それを統合すればよい。その結果にまったく変わりはない。ひとりは眠りを通して目覚め、もうひとりは起きている人生を通して目覚めるのだ。

多くの人が「ああ、瞑想がよいのは知っているが、難し過ぎる」と言う。それは確かで、生徒は快適ではない姿勢で長い間静かに座り続けなければならないことを学ぶ。もちろん、それは困難だ！　それはあなたの性向がどうであるかにはおかまいなしの一般的な訓練だ。

しかしあなたが密教の修行をするなら、自分の性向や好みがどんなものなのかを見極める必要がある。あなたに合わない瞑想法を強要されることはないのだ。瞑想が難しいと考える人が多いのは、あれこれ瞑想法を強要され、瞑想の燃え尽き、スピリチュアルな消耗、スピリチュアルなパニック障害になるからだ！

「瞑想」と聞いただけで怯える人までいる。

「いや、瞑想は勘弁！　息もできない！」

そういうこともあり得るし、実際に体験している人も多いのだ。

密教の瞑想法は個人の知性や才能に合わせられるようになっており、自分が賢いことを認識するためのものだ。

密教によれば、ある意味では私たちはみな賢く、愚かな人はいない。あなたは芸術や芸術的な活動に関してはとても賢いかもしれないが、数学に関してはとても愚かかもしれない。数学の能力だけであなたの知性を判断することはできない。ただあなたに向いていないだけなのだ。あなたに向いているのは芸術で、芸術に関してはあなたはとても優れ、天才だ！

だから、そうした意味では誰もが賢く、知的で、誰もが天才だ。あるいは、ただ考えることにとても才能がある人もいる。そうした人は何についても考え、決して考えを止めない！　もちろん、彼は瞑想しなければ自分のすべての考えに埋没し、それも問題となる。しかし、彼らが考える才能を瞑想修行に統合できれば、それにより目覚め、解脱できるのだ。

なかには怒ることに才能がある人もいる。

私には96歳のイタリア人の知り合いがいる。私の生徒のなかで最年長で、とても強く、体格もいい。彼は私のところに来て、健康上の問題があると言った。彼は「私の一番の問題は怒りなのです」と言った。「誰に怒るのですか?」と聞くと、「妻に対してです!」と答えた。奥さんはどこにいるのかと聞くと、とても怒って「妻は死んだんです!」と言った。彼の妻は30年前に亡くなったのだが、彼はいまだに怒っていたのだ。妻に対するすべての怒りから、「お前が死んだから、私は死にたくない! だから、食事に気をつけ、運動もする!」というようなわけで、おかげで実際に彼は寿命を延ばしたのだ。

私は「なんと面白いことか!」と思った。それは彼の才能だった。

最初、私は彼にこう言った。

「どうもあなたには奥さんに絡んだトラウマがあるようですね。ただ手放してください」

すると彼は「嫌だ、手放すことなどできない! 無理だ!」と言った。

「よろしい。では、怒りが増すように、怒りのマントラを差し上げましょう」

「ああ、それは素晴らしい!」

彼は私の提案を快く受け入れた。

そこで私は、攻撃的に唱えることになっている憤怒仏ハヤグリヴァのマントラを教え、彼はそれがたいへん気に入った。このマントラでは「フルフル！」というマントラの音節を繰り返すのだが、イタリア人の彼にはそれがキュロ、イタリア語の「ケツの穴」に聞こえることから、彼は余計怒りを精妙にすることができた。

このアプローチにより、彼はとても特別な瞑想に近い体験ができたと私は考えている。もし怒りを否定しろとか止めろと私が彼に言っていたら、彼にはもっとよくなかっただろう。心臓発作さえ起こしていたかもしれない。

同様に、嫉妬する才能がすごい人もいる。嫉妬はとても邪魔な感情だが、それを上手に使い統合できれば、いつか、自分の嫉妬心に感謝できるだろう。嫉妬心が湧くことを悪く感じたり罪に感じたりはせずに、本当にありがたいと感じられるのだ！

「わあ、嫉妬心よ、ありがとう！　あなたのおかげですべてが理解できた。自分のマインドや感情がどう働くかがわかった！」

自分は瞑想できるほど賢くない、とは誰も考えてはいけない。必要なのは、どの毒または苦しみとなる感情を自分が本当に得意としているのかを突きとめることだけだ。

興味深いことに、密教の瞑想法の多くは子どもにもよく向いている。子どもたちは公式に指導を受けなくても、なんとかこうした瞑想法のどれかを自分で修行できるようなのだ。たとえば、子どもの多くは悪夢を見るが、夢のなかで目を覚まし、その悪夢に対処できる。半覚醒になって自分の夢を変革できるのだ。

それはまさにドリーム・ヨーガが私たちに教えてくれることなのだ。

このように、真のスピリチュアリティや真の知性ということになると、私たちは人間の資質として自分の一部としているようだ。それは本能的な叡智や知識のようなもので、生まれつきの知性のようなものだ。問題が起きるのはその後の場合が多く、学校に行きだすと常識や公式な教育、社会に洗脳されてしまう。そして自分の内なるスピリチュアルなパワーと能力、知性を本当に失い、それでうつになるのだ。

欲望の解毒剤と無知の解毒剤
——カルマムードラ、マハムードラと修行の道での進歩

先に述べたように、ユトク・ニンティクではふたつの異なるムードラ、言いかえれば「印」を学ぶ。「偉大なる至福の下の門」のテクノロジーの道であるカルマムードラと、「偉大なる解脱への上の門」の道であるマハムードラだ。つまりオルガズムが嫌いだったり、性欲が減退していて至福が生み出せないか、性的でない修行僧か尼僧でも絶望を感じる必要はないということだ。

別の方法として、「硬いものを割って進む」マハムードラのテクチューの修行があるとユトクは説明している。これは高齢者や性欲が減退した人、または性機能不全者向きだ。マハムードラとアティ・ヨーガ（ゾ

クチェン）も高齢者に向いている。もしかしたらあなたが言うように、高齢者の特技は、考え過ぎたり誰彼かまわず他人の心配までするこ とかもしれないからだ。

カルマムードラの燃料にはたくさんの欲望が必要なように、マハムードラとアティ・ヨーガにはたくさんの思考が必要なのだ。マハムードラはまさにこうした過剰な概念化を割って進むもので、とても優雅なアプローチだ。あなたが考えごとをし過ぎるならマハムードラ、欲望があり過ぎるならカルマムードラをすればよい。両方あるなら両方すればよい。

これらはとても異教的なようだが、極めてシンプルで実用的だ。それはあなたの人生の状況に応じてできるからだ。朝出かける前にマハムードラをして、カルマムードラは夜寝室でやればよいのだ！

このふたつの道、言いかえれば「印」は、あなたのマインドを変革する別々のふたつの方法だ。そのひとつのカルマムードラは直接、ティクレ、チャクラと金剛身のそのほかの要素を直接頼りにする。そしてマハムードラはティクレが分泌できなくなってもできるもので、文字どおり、「偉大なる印」のサイン、ジェスチャー、また私に言わせれば「大きな平手打ち」で、概念的なマインドの二元性と困惑から、あなたを飛び出させる。

マハムードラとアティ・ヨーガの説明には、通常は様々な複雑でテクニカルな描写が用いられる。「無形性」、「非概念化」などといったことが語られ、とても困惑しやすい。しかし、端的に言えば、最も裸の形としては、マハムードラは思考を使い、思考に働きかけるタイプの瞑想だ。私たちの多くは何かにつけて必要以上に考えるが、この瞑想はそうした状態にどう対処するかを教えてくれる。

マハムードラは「考え過ぎるな！」とは言わない。「どうぞ、考えてください、想像してください！」と言う。マハムードラでは物事をコントロールするのをやめ、あなたのマインドをアクティブにさせるが、そうすればその思考を通じて、あなたは「非概念化」を理解することになる。

あなたが心配し過ぎたり、トラウマについて考えたり空想し過ぎたり、考え過ぎで苦しんでいるなら、マハムードラの修行をすればよい。そうすれば、あなたの思考や考えることは問題ではなくなり、チャンスになる。解脱への可能性を与えてくれるものになるのだ。マハムードラではあなたの思考を利用してあなたを思考から解放する。そしてあなたが真にその修行を理解できたら、よりたくさん考えようとしても、それから自分が解放されたことに気づく。

だから、マハムードラの最後の段階は「瞑想なし」を意味するゴム・メイと呼ばれるのだ。


密教で異なる修行の鍵となるポイントは、本質的な要素を理解することで、これはとても重要だ。

マハムードラとアティ・ヨーガについてはたくさんの本を読むことができる。ただ、マハムードラの分類について、といったことを何百ページも読むことはできるが、かえって見失い、「本が語るマハムードラ」のエキスパートにはなれるが、そのほかはあまりわからないといったことになりかねない。マハムードラはかなり理論的でもあるが、その本質的な要素は、思考について、つまりすべては過去、現在、未来の思考についてだということだ。そうしたすべてについて考え過ぎ、とらわれてしまうと、私たちは自分を見失い、問題となる。

しかしマハムードラによれば、私たちの考えはスーパーパワーのようなもので、私たちは自分自身のマインドに考えさせマインドフルにあるようにすべきで、気づきを持つ必要がある。私たちのマインドが考えたがらなくてもプッシュすべきで、怒り、恐れ、心配といったすべての感情を体験すべきだとする。マインドがすべて体験してしまえば、リラックスできるのだ。それは、10年間、アルコールや薬物、パーティ、幸福、絶望などすべて手にできるものは試しそれに耽っていた人が、10年後に「なんとばかな。もうやめた」と言うようなものだ。

もちろん、マハムードラはあなたに、無制限に喫煙し、飲み、薬を口に放り込めと言っているわけではない。しかし、私たちの依存癖や何かに耽るおこないは、思考や感情に関係している。マハムードラは「偉大なる印」ですべてを包括する基本的な気づきで、それには私たちの概念的人生のすべての側面が含まれる。私たちの思考、感情、概念が、私たちを縛り続けているすべてから私たちを解放してくれる方法なのだ。

アティ・ヨーガ、またの名をゾクチェンと、マハムードラとの違いについてよく聞かれる。このふたつの違いについての説明の多くは、宗派、チベット仏教の学派の違い、そして歴史に注目している。しかし、端的に言えば、テクチューと呼ばれる「(思考の)硬さを切り開く」アティ・ヨーガの最初の「無形」の段階は、ほぼ100%、マハムードラと同じだ。

アティ・ヨーガのテクチューとマハムードラは主に方法と用語が異なり、マハムードラには次の4種類のヨーガがある。
①単一の焦点のヨーガ
②非具体的なヨーガ
③ひとつのテイストのヨーガ
④瞑想を伴わないヨーガ

いっぽう、アティ・ヨーガには次の4ステップまたは4段階がある。
①思考とマインドの非存在または空
②ユニークさ
③すべてにわたる
④すべての突発的で、完全な、自然に完遂される

アティ・ヨーガがマハムードラからそれるのは、トゥゲルと呼ばれる後半の段階だ。アティ・ヨーガのこの「形」の段階は光と暗闇の瞑想で、暗闇での集中的なリトリートも含まれる。これらの修行はマハムードラにはなく、アティ・ヨーガ独特だ。したがって、マハムードラとアティ・ヨーガの基礎は同じだが、テクニックに関してはアティ・ヨーガには余分なものがある。

トゥゲルとは「頭蓋骨を通り過ぎる」という意味で、この修行は「虹のからだ」の修得と関係している。トゥゲルでは私たちの頭のチャクラ、金剛身（微細エネルギー体）のなかにあるすべては、ビジョンとして私

たちの前に出現する。アティ・ヨーガによりあなたの第3の目、内なるビジョンの「叡智」の目に見えるものは、私たちのふたつの肉体の目でも見られるようになる。すべてが空に出現し、内側でも見え外界にも投映できるのだ。これらはすべて光の性質と関係しており、だからアティ・ヨーガの最後の段階は人間の肉体、形が純粋な光、虹に変革するという「虹のからだ」、または「光のからだ」と呼ばれるものなのだ。

つまり、アティ・ヨーガまたはマハムードラの修行をして、そのどちらかがとてもうまくできれば、ほかの系統の修行をしても、とてもうまくいくということになる。

カルマムードラは性欲がとても強い人に向く薬だ。しかし、これらの修行はまったく切り離されているわけではなく、アヌ・ヨーガからアティ・ヨーガに移行する方法もある。レブコン僧院のカルマムードラのマスターたちはそうしたし、いまでもそうしている。ふたつの道が完全には分かれていないアティ・ヨーガのスタイルの修行をするのだ（註釈11）。

このように、異なるヨーガの間には互換性があり、統合可能である点が重要だ。たとえばあなたがドリーム・ヨーガをマスターして、その修行が何たるかを真に理解したら、上級のカルマムードラの修行の一部であるイリューゾリー・ボディ（幻のからだ）もすでに理解したことになる。異なるタイプのヨーガがお互いの助けになっているのだ。同様に、あなたがもしトゥンモがとても得意なら、ドリーム・ヨーガは自動的についてくる。

だから、あるレベルでは、カルマムードラ、マハムードラといった6種類のヨーガはかなり系統立っていて、段階があり、秩序があるそれぞれ独自の修行のようだが、それはその必要があって統合されているのだ。それらはすべてあなた自身のマインドについてのもので、すべてはクリア・ライトのマインドを実現して維持する方法で、すべては共通の気づきの基礎で統合されている。そうであるなら、どうやって私たちはマインドの一部を切り離せようか?

とはいえ、こうしたヨーガはアプローチや立ち位置が異なるので、混乱する修行者も出てくる。マハムードラとアティ・ヨーガの教えでは、身口意、言いかえれば脈管、風(気)、雫(ツァー、ルン、ティクレ)を清めるための修行は心配しなくてよいともいわれる。その理由は、これらはそうしたことを超越した究極の教えだからで、マハムードラとアティ・ヨーガはほかのすべての方法をおこなう必要をなくす、と聞くこともあるだろう。こうした教えは極めてシンプルだが、そのために、修得しにくい。

マハムードラとアティ・ヨーガに関して言われることで私が気に入っているのは、「シンプリシティは究極の複雑性、または洗練」だ。これはまさに真実だが、そのシンプリシティを見失い、マハムードラとアティ・ヨーガの本質的なポイントを理解しそこなえば、それはとても危険だ。

最近では多くの人がマハムードラとアティ・ヨーガを誤解している。少しマハムードラ、またはゾクチェンの修行をしただけで、自分はすべての分類を超越し、良し悪しや日常的な道徳はあてはまらないと考える。偉大なる印、または偉大なる完成についての漠然とした知的理解があるというだけで、カルマから完全に解放された、と考えるのだ。私は世界中でそういう人たちに出会ってきた。

「私はゾクチェンを修行している！　マハムードラを知っている！　ほかには何もいらない！」

これは本当に恐るべき状況で、過去にも多くのマハムードラとアティ・ヨーガのマスターが警告している。彼らはこう言う。「アティ・ヨーガの見方を自分の振る舞い、自分の思いやりから切り離してはいけない」と。マハムードラやアティ・ヨーガについて語ればどんな行為もでき、動物、さらには人さえ殺せると考えるかもしれない！

「マハムードラを知っているから、お前を撃てる！」

だから、それは恐るべきことで、その準備のない人にはマハムードラは教えないほうがましだ、とさえ思えてくる。マハムードラの教えを少しだけ受けて、その微妙な部分や究極のポイントを理解しそこなえば、様々な奇想天外な結論に至り、自分を惑わすことになってしまう。

このような危険もはらんでいるマハムードラやアティ・ヨーガの教えが広まることは、何ら問題視されていない。そのいっぽうで、カルマムードラについては公の場で語ることさえはばかられるというのは、実に奇妙だ。

ユトクが述べていたように、若い時にはカルマムードラを中心とし、後にマハムードラに向かえばよいと私は思う。その理由は、単に若い世代のほうが性欲が強いということではなく、カルマムードラのアプローチは経験に基づいたものなので、いくら早道とはいえ、マハムードラよりはかなりゆっくりと実感を伴う道であり、だからこそずっと安全だと思うからだ。

本書で紹介するカルマムードラの瞑想は、シャマタ瞑想のような、より馴染みがある極めてマインド中心の仏教の瞑想法とは、ある重要な点で対照的だ。シャマタでは、自分の修行がどの程度進んだかはとても判断しにくい。進歩の評価が難しいのだ。

あなたの体験をどう表現するか、精神集中のクオリティを的確に師に伝えるのは難しい。あなたの師は必ずしもテレパシーであなたのマインドが読め、あなたの修行の進み具合を確認できるわけではない。瞑想では自分のレベルを知り、自分自身に理不尽な期待をしたり幻想を持たないことがとても重要だ。スポーツやその他の身体活動と同様で、自分の能力を評価でき、修行のどこに自分がいるのかがわからなければならない。

多くのマスターは、「その考え方は馬鹿げている。自分の瞑想を評価したり審判したりすべきではなく、結果や進歩に執着せずにただ修行しろ」と言うかもしれない。それはよいアドバイスだ。しかし、密教は特殊で、困惑や幻想や曖昧さの余地なく、極めて正確に自分の進歩が測れる。だから、タントラの道は「すばやい道」と一般に言われるのだ。スートラの道はよりゆっくりで、至福や明快さの瞑想体験にはさほどこだわらない。またそうした体験のメカニズムを詳細に説明しようとはしない。

先に私は「ポータブルな年中無休の瞑想」と書いたが、それは瞑想体験を日常生活に取り入れるということだ。こうした密教の修行はすばやく便利なタイプの錬金術だ。夜中に目が覚めて悲しくなるようなことがあっても、それがベストな修行の時間になる。悲しい気持ちをとらえて、そのエネルギーを至福と喜びに変える。あなたのマインドをユトクの種字、フム（ཧཱུྃ）のトルコ石色の光に変え、こう言う。

「私のマインドはトルコ石の色のフムだ。私のマインドは幸福だ。――私のマインドのベースにある性質は悲しみではなく喜び、至福だ」

心を乱す感情の本質をとらえて、そのエネルギーを至福と無私の空に変えられれば、それはあなたの瞑想がしっかり地につき、安定した証拠だ。こうした証拠なしでは、古参の「経験者」にはなれても、エゴに満ちた、道を誤った修行者でしかない。

問題は、私たちの瞑想が効を奏しているかどうかの明らかな証拠がないことだ。純粋な経験を積むほうがずっとよく、からっぽの言葉を数千語並べても役には立たない。あなたの悲しさを変革できたら、それは瞑想が役に立っている証拠だ。


科学者はホルモンと意識の関係を完全には理解していないし、オルガズム、時にカルマムードラで起こるような微細なオルガズムの状態も完全には理解していない。個人でおこなう瞑想で体験する至福に満足して、パートナーと関わる必要性は感じない修行者もいる。

スートラのシステムでは、シャマタやヴィパッサナーの修行でマインドとボディの至福が高度に洗練された状態を体験できる可能性も説明しているが、そうした体験の性質や要素は詳細には説明されていない。いっぽう、密教はそうしたことについては多くの技術的な詳細と教示を提供している。

こうしたふたつのアプローチとふたつの異なる方法をリンクさせれば、目的に近づくことができる。スートラのアプローチは手をすり合わせてから物を手に抱えて温めるようなものだ。ゆっくりとした確かな温め方だ。いっぽう、タントラのアプローチは物を直接火の前に置くようなもので、炎は目の前にあるから、必要な温度になるよう、いくらでも物を近づけて温められる。

先述したように、究極的には、真の鍵となるポイントは次のとおりだ。

● どちらの方法があなたにとっては本当に実用的か？
● アティ・ヨーガの修行を本当に真面目にできるのか？
● 実際のアティ・ヨーガを毎日実践しているのか、していないのか？
● マハムードラを本当に真面目にできるのか？
● ひとつのヨーガについてあなたは本当に毎日修行していて、それに本当につながっているのか否か？

多くの人はマハムードラやその他のヨーガを修行している、または修行したいと言うが、本当にはつながっていない。カルマムードラの特徴のひとつは、体現化した感情や至福に強く焦点を絞っていることだ。これはほぼ万人がありがたがることだ。こうしたことに関しては、あなたは怠惰にはならない。しばしばあなたのからだ自体が修行するよう思い出させ、修行するように奨励する。これが、カルマムードラが「容易」な道と称されるもうひとつの理由だ。

あなたにはよい、そして強い動機がある。ほかの修行においても同様だが、ボディ（からだ）とマインド（心）が疲れた時には修行しないことだ。しかし、あなたの肉体が目覚め、興奮していたら、そしてあなたのからだが必要としていたら、修行すればするほど上達し、結果もすぐに出る。

こうした、目に見え証明できる類の進歩が、タントラ仏教では重要な側面だ。死に際してからだが虹色の光に変わるとされる偉大な変身の「虹のからだ」を成し遂げたユトクのようなチベットのマスターは、こうしたスピリチュアルな達成について公の場で語っている。

マスター・ユトクは亡くなる前にわざわざ弟子と大勢の人を集め、彼らの前で自分が修得したものを見せた。最後の教えの歌を歌った後、光になって消えたのだ。もし当時カメラが存在したら、この出来事を記録できていただろう。カメラがなかったのはまったくもって残念で、もし撮影できていたらハリウッド映画以上に見ごたえがあっただろう。「虹のからだ」のライブストリーミング！

このアイデアには顔をしかめる人もいるかもしれない。もちろん、普通は「虹のからだ」の過程は秘密で、修行のマスターのテントのなかに置かれる。その過程を阻害される恐れがあるからだ（註釈12）。そしてごく少数の人しか変化の過程は見ることができない。ほとんどの「虹のからだ」の逸話では、「虹のからだ」の修得は秘密だが、ユトクは自信があったから自分の変身を公衆に見せることにして実際に成し遂げた。当時、彼が公然と「虹のからだ」になったことを攻撃する人はいなかったが、当時はジャーナリストもいなかったからだ！

伝統的には、リトリートの間に何か外見上の兆しが見える。4日しか持たないはずのランプのバターが12日間以上持ったとか、リトリートの部屋によい線香の香りが漂うといったことだ。

何年も前に私がチベットでチューレンと呼ばれるエリクシル（霊薬）を抽出するリトリートをしていた

時には、私は標高5千メートルの洞窟にいたが、その間じゅう、外界からのいろいろな香りや音のしるしがあった。美味しそうな香りがして、岩から音が聞こえたのだ。もちろん、私は幸せだったが、そうしたことが重要なのではない。重要なのはより内なるしるしだ。重要なのは精神的な変化だ。重要なしるしはマインドのなかで常に若々しく幸福に感じられることだ。精神的な若返りを体験し、あなたのマインドは古びて問題だらけではなくなる。

今日の私たちは、外的なしるしを一生懸命探すべきではない。「ああ、私はあの瞑想をして、特別なしるしがあった。特別な動物の予言があった」といったようにだ。

ベストな瞑想には内なるしるしがある。あなたは瞑想修行を経ることで、自分自身のマインドをトリックにかけ、マインドや感情を変えられることを直接認識するのだ。

つまり私が言いたいのは、自分の進歩がチェックでき、瞑想が本当に重要だと感じられるように進歩を測れることがとても重要だということだ。どれだけ地に足がついているか、そして、修行の効果を測れることがとても重要だ。ただ、無数のマントラを復唱しても、五体投地をしても、さらには奇跡的な外側のしるしを体験しても意味がなく、実際には何も啓示されないのだ。だからこの密教の方法や修行はとても特別なのだ。

シャマタ瞑想の場合、いくら自分がだるくなっても眠たくなっても、統合失調気味になっても、精神的な安定と「安らぎ」を成し遂げたと自分で自分を説得してしまいやすい。しかし、カルマムードラのようなタントラでは、物事はもっと形にしたり観察することができる。性的な欲望があり、興奮するか、または性欲があるかないかだ。からだが熱く感じるか、感じないかだ。自分が進歩したかどうかははっきり言えるだろう。自分が進歩したか、自分の肉体、筋肉、エネルギーのコントロールの仕方を開発したか、マインドと至福をマスターできたかが、はっきりとわかるのだ。

【註釈11】偉大な師、トクデン・シャキャ・シュリによるアティ・アヌ・ヨーガを含む修行法の翻訳は付録を参照。

【註釈12】「虹のからだ」の成就には主に3つのタイプがある。より偉大なる転移では、からだが完全に光に溶け、何の痕跡も残さない。ユトクの場合のように、これはかなり迅速なプロセスだ。ふたつめのタイプは光に溶けても、からだの一部、指の爪、髪や靴などが残る。3つめのタイプは、からだが死後（通常は約1週間にわたって）縮小し、幼児や大きな猫ほどの大きさになる。この場合、頭はもとのサイズのまま残る。「転移」に備えて瞑想している間、または医学物理学的基準では人のからだが生命を失った後の死の延長過程に、その人のからだ、またはその周辺の空間に干渉すると、溶解が完全に止まったり、不完全になってしまう。これが、修行者の死体に近づくことが伝統的に制限されている理由だ。「虹のからだ」の例は、数十年前にもチベットで記録されている。詳細は、『Tiso』（２０１６）を参照。

世俗的なセックスと叡智のセックス

カーマスートラとカルマムードラの目標と利点

出家とヨギの訓練についての議論が、私たちを「世俗的なセックス 対 叡智のセックス」の話題に引き戻してくれる。

第1章で、カルマムードラとカーマスートラを完全に混同している人が多いことは述べた。カーマスートラは人々が信じているようなスピリチュアルな、または「タントラ」のセックスではなく、「非宗教的」な教えだ。カーマスートラの教えはおそらくかなり古代からあるものだが、紀元後2世紀の学者で詩人のヴァツァヤーナがサンスクリット語で最もよく知られていたものを編集したものだ。カーマスートラでは8つの修行が拡大され、全部で64の修行になっている。

いっぽう、カルマムードラはインド人のタントラのマスター、パドマサンバヴァが8世紀にチベットにもたらした修行だ。チベットにパドマサンバヴァが来る以前には、カルマムードラはインドのビハー

カーマスートラとカルマムードラの主な違い

カーマスートラの目標と利点	カルマムードラの目標と利点
世俗的な楽しみと喜び	バランスの調整 （カルマの風を叡智の風に変えることによって）
心理的なバランス	クリア・ライト（光明）の体験
パートナーとの関係の改善	ネガティブな、または有害な環境の変革
身体的健康	スピリチュアルな悟り
社会での地位の向上と安定	マインドの真の性質の認識と「虹のからだ」の成就

ル州にあった偉大な仏教大学のナーランダで僧院の伝統修行の一環となっていた。カルマムードラはそこで学ばれた最も重要なタントラの教本の重要な要素だったのだ。

しかし同時に、カーマスートラのスタイルの教示もチベットで長い歴史を持つことも私たちは知っている。カーマスートラの教えの修行は、チベットではカルマムードラの重要な一部だったのだ（註釈13）。

【註釈13】詳細は、ジュ・ミパムのカーマスートラのテキストの重要性とチベットのテンギュル語のカーマストラの資料が存在することについて述べた、チベット研究者サラ・ジャコビーの最近の記事、または正典解説のコレクションの英訳を参照（ジャコビー２０１７）。

古代のインドでは、カーマスートラまたの名をカマシャストラは、普通の、言いかえれば世俗的なセックスへのアプローチだった。チベット語ではカーマスートラの直訳は「欲望の論文」で、その起源は欲望の神、シヴァだと言われる。

すでに述べたように、カーマスートラの主なテーマは「欲望の64の技術」だ。これらは8つの分類に分かれている。抱擁、キス、ひっかく、噛む、交合（挿入）、呻く、女性器への刺激またはゲーム、女性による男性との刺激とゲームで、そのそれぞれがさらに8分類されて64種類となる。これらがインドのカーマスートラのルーツだ。

今日、多くの人は、カーマスートラはただの不自然な体位で退屈だと思っている。もちろん、こうした教えの絵画は様々な体位を見せているが、これらの究極のポイント、つまりカーマスートラの真意はセクシャリティの理解だ。人間関係について理解すること、魅力、感覚、人の関わり合い、そして思考や感じ方について理解することだ。カーマスートラは心理学、医学の伝統、そして人間関係の育成、実際の日常生活での男女の問題の解決法などに関わるものだ。カーマスートラの中心となっている教本はおそらく2500年前のものだが、今日でもカーマスートラは普及し続け、国境を越えて世界に広がっている。

カーマスートラの影響は、世界中で感じられる。こうしたインド式タントラの修行者は今日でも少しは存在するが、非仏教のタントラの伝統的な教えのほとんどの部分はかなり多様化し、ほかの宗教とミックスされた感もある。こうした伝統の衰退と変化の結果、その修行に関する明確な解説の情報源は見つけにくい。

しかし、インドの高名な仏教徒のナグパのなかには直接口伝で教えを伝達された人もおり、そうした教えは今日まで師から弟子に伝達され続けている。

中国では、漢の皇帝が性交は宗教行為だと認め、とくに道教では挿入性交を伴う明らかな修行がある。いわゆる「ベッドルームのアート」である房中術は、ふたつの性器が一体になることによる至福と、とくに高齢の男性の修行者がシッディ（悟り）や不老長寿の超能力を若い女性とのセックスでいかにして得られるか解説している。

主な修行では、からだの生命の風のバランスをとり、マインドをリラックスさせる、言いかえれば緩めることが必要だ。より具体的には、性交中に男性は女性の本質たるエッセンスを吸い上げるのだ。それはティクレを吸い上げるのに似ている。性交中に射精せずに、男性の白い性エネルギーをキープする複数の方法もある。たとえば下部の脈管（会陰のあたりなど）を圧迫するといった方法だ。

いずれにしろ、こうした方法のすべての起源は中国の道教であることは極めて明らかだ。

残念なことに儒教が広まり、道教の性的な修行は衰退し、多くのできの悪い修行者が現れるようになった。その主な理由のひとつは、儒教が性交を何か不純なものとみなしたからで、その結果、その修行は中止され、禁止されたのだ。

日本でも性的な洗練と性的な探索が国じゅうに広まった。普通は売春婦ではないが、高度なホステスの訓練を受けた芸者の若い女性による、特徴的な古代の性交描写もある。秀でた歌や舞踊の訓練により男性を喜ばせる専門家のこうした少女や若い女性が、何世紀にもわたって存在し、もともとの目的ではなかったが、性交の技術の訓練も受けていた。

女性のセックス労働者は世界最古のビジネスのひとつであることを考えれば、そのための高度な訓練を受けていたり、その資格が認められれば、それは「伝統」の仕事であり、汚いと見られるよりは尊敬されるべきだろう。

女性のセックス労働者が不純なら、彼女たちとセックスする男性も不純なはずで、そうなればいまの世のなかで「純粋」といえる男性は数少ないだろう！ 性病予防対策がとられている合法的な性に関わる仕事は、まったく正当なビジネスだ。セックス労働者やその仕事を見下したり粗末に扱う理由はない。タントラの伝統と同様に、プロのセックス労働者のなかにも多くのダーキニーが隠れているかもしれないのだ。セックス労働者であってもなくても、誰も女性を侮蔑すべきではない。女性はすべてリクマ、叡智の汚れなき気づきの体現なのだ。

西洋諸国のなかでは、性革命の中心となったのはフランスで、性や欲望に関連する革命的な活動の多くがフランスで生まれた。

西洋諸国は多くの面で政治的、文化的な革命を経てきた。オーストリアでは、心理学の祖ともされるジグムント・フロイト（1856-1939）の著書『心理学と性の解放』の影響で、いわゆる「性革命」が1910年までに起こり、この性革命「性の解放」がとくに1960年から1980年にかけて広まった。

この性革命の主な目的は、文化や宗教の制約から性を超越させ、婚前性交、避妊や不妊手術、公共の場で裸体になること、自慰、大人の玩具の使用、オーラルセックスやアナルセックス、性労働の合法化、同性愛、そしてセックスに関する公での議論のタブー視をやめ、支援することだ。これ以降、セックスやセクシャリティに関する映画や本などはマッシュルームのように増殖し、いたるところに広まった。

今日では、セックスやセクシャリティに関する映画や本は明らかに商品化されている。そうした制作物の主な目的は営利だ。しかし性革命に引き続き、西洋諸国での性行動はとても解放的でリラックスし、いくら禁止してもそうしたことに反論しても性の解放を止められないことを、キリスト教の権威者たちは学んだ。

今日では西洋の多くの人々が、ニューエイジブームやネオ・タントラの情報源からタントラ・セックスについて見聞きしている。そうしたものの多くは、インドやチベット、中国の伝統宗教の考え方や修行を情報源としているが、そのそれぞれが込み入った歴史と伝統の継承を経てきたものだ。

こうした類のニューエイジのタントラを教える人々は、彼らの修行は古代からのもの、または西洋以外を情報源としていると主張しているが、その多くは伝統的なヒンドゥ教や仏教のタントラ（アジア全域のより大きな宗教的、文化的影響の一部）だけでなく、むしろ西洋の性の魔法の伝統（主に性のエネルギーとオルガズムにより現実を操作することを目的とし、主にビクトリア朝時代にまとめられた西洋の秘伝主義により発達）の影響を大きく受けている。ネオ・タントラの修行はもっぱら「聖なるセックス」というようなものと性的なセルフヘルプについてのものだ。

ニューエイジのタントラの教えには、主にチャクラや微細エネルギーが中心のものもある。たいがいは、こうしたものは様々なものの寄せ集めだ。そうした教えのすべてが悪いというわけではなく、多くの善良な人々によって実践され、その役に立っている。

しかし、私は通常は生徒たちに、いわゆるタントラとか神聖なスピリチュアルな伝統と呼ばれるものに関しては、その様々な特徴や歴史、意図について理解する努力をすべきで、ごちゃ混ぜは避けるようにと伝えている。

異なる修行や伝統の教えや伝授を受けるのはいいが、それぞれ個別に修行すべきなのだ。別の伝統から部分部分を取り出して混ぜれば困惑し、問題を招くだけだから、隔離しておくのだ。同じ宗派の教えや伝統であっても、ひとつのリトリートで複数の教本を混ぜて使うのはよくない。瞑想や儀式でよい結果を得るためには、別々におこなうほうがよいのだ。

カーマスートラはタントラの教えではないことは理解しておくべきだ。ティクレを引き上げる方法やチャクラを刺激する方法などは含まれない。チベットのカルマムードラの鍵であり、またインドの伝統のアウター&インナー・タントラにも見受けられる至福―空の始原的な叡智を生み出す修行もない。私がカーマスートラの教えは「世俗的」でスピリチュアルではないというのは、それが世俗的な欲望の育成と洗練を主な目的とし、一般世帯や修行僧以外の人々に愛、結婚、快感といったものへのアドバイスを提供しているからだ。

古代のインドの考え方では、人生には個人がフルに生き社会の調和に貢献するために追うべき4つの主な道がある。このインドのシステムによれば、追うべきものはダルマ、アルサ、カーマ、モクシャだ。ここでは、ダルマは仏陀の教えのことではなく、道徳的なおこない、義務、倫理のことだ。アルサは商業、ビジネス、権力、物質的成功で、カーマは前述したように「欲望」で、4つのうち最後のひとつのモクシャは「解放」で、人間の存在の究極的なゴール――スピリチュアルな解放、または世俗的な執着、幻想、苦しみからの解放だ。

ビジネス、結婚や人間関係における成功といった世俗の人生上の目的や洗練がスピリチュアルな解放の上に置かれているとしても、こうしたこともスピリチュアルな成就への道を拓く役に立つことがあることは重要な点だ。

カーマスートラの教えの中心は無宗教で、世俗的な懸念や苦悩を超えて仏性を実現させる仏教の教えではないが、チベットの伝統ではカルマムードラの重要な一部になった。

第1章で述べたように、偉大なチベットの学者、ジュ・ミパム・ナムギャル・ギャッツォ（1846-1912）は、『世界の誰もが愛する宝、欲望の宝』（註釈14）と呼ばれる独自のカーマスートラの教本を19世紀に編纂した。この教本は、ミパムがカーマスートラとカルマムードラの原則と修行を統合した、という点で重要だ。この教本のなかで彼は、異なる性交の体位を描写した後で次のように述べている。

「欲望や興奮を誘うこうした多くの方法をしっかり活用することで、あなたのからだは潤い、比較にならない至福が体験できる。あなたの脈管を従え、風、言いかえればルンを征服し、至福の始原的な叡智を発見するだろう。カルマムードラのこうした実践的で秘伝の教示を得れば、あなたは自分の脈管の詰まりを解消できる。

しかし、こうした方法を知らずに性交すれば、人体を成立させるエネルギーのようなものであるルン（風の要素を持つ気）、ティーパ（火の要素を持つ胆汁、血液）、ペーケン（地と水の要素を持つ血液）が不調和を起こし、ルンの病気を招く。

こうした理由から、〝一体化の世俗的な方法〟（カーマスートラ）に熟練した後には〝一体化への叡智の方法〟（カルマムードラ）を利用するとよい」（ミパム 1984）

私が初めてマスター・ミパムの教えに出会った時には、私はとても若かった。「どうしてそんなことが可能なのか」と私は思った。彼には同意できなかった。なぜ世俗的なセックスと涅槃的なセックスをこのように組み合わせられるのか理解できなかった。

しかし、後になって私がより学び、修行し、さらに習ったことで、彼が言っていたことが真実だと理解した。カルマムードラを修行するには性体験が必要で、欲望と人間関係に対するより深い理解が必要なのだ。カーマスートラがとても重要だと私が考えるのは、通常のセクシャリティには誤解がつきものだからだ。

カーマスートラは、もともとは一般人向けにセックスの喜びと理解を増すことを目的としたものだ。好むか好まざるかにかかわらず、セクシャリティは私たちの人生の一部であることを認識して、それなら楽しみ洗練させよう、というのがカーマスートラだ。それならそれをオープンな話題としてアイデアを分かち合おうではないか？

レルン、ジュ・ミパム、ゲンドゥン・チョフェルは、いずれも独自の方法で世俗的なセックスとスピリチュアルなセックスを統合するアプローチを開発した。ゲンドゥン・チョフェルのカーマスートラは、主に世俗的な視点からセックスを説明し、その基礎となる64の欲望の技術を利用して書かれているが、そのテキストには自分自身の体験からの記述や意見も含まれている。彼の本のベースがインドのカーマスートラであることは明確で、彼の宝はセックスへの世俗的なアプローチであることも彼は明記している。

とはいえ、彼の本には秘密のマントラからの見方もいくつか述べられている（たとえば、カラチャクラ・タントラの修行法の項目からの引用もある）。しかし、少しは秘密のマントラ寄りの引用があるとはいえ、彼は本のなかでは公には秘密のマントラであることは明かしていないし、タントラの教本やタントラの瞑想法の詳細も明かしていない。

この状況は少々おかしい。ジュ・ミパムのテキストは、事実上は初の真にチベットのカーマスートラのテキストだが、カーマスートラとカルマムードラを統合したナグパによる秘密の修行は、実際にはゲンドゥン・チョフェルの後年のテキストが現れた後に広まった。カーマスートラとタントラのカルマムードラの方法が関連しており、矛盾なしにどう統合できるかを真に語ったのはゲンドゥン・チョフェルよりジュ・ミパムだったことを考えれば、これは皮肉だ。

ジュ・ミパムは一般庶民に関わる64の技法を述べ、チベット医学の伝統から生まれた媚薬の処方箋も記載し、ラのエネルギーのマッサージで快感を高める方法も説明した。こうした類のマッサージは私たちの意識の微細な要素、言いかえれば、月暦に従って体内を循環する生命エネルギーであるあなたのラのエネルギーを増大させられるのだ。

性欲が欠如しているのは、ラのエネルギーの詰まりが原因である場合もある。ラのマッサージは、極めてソフトなタッチと種字の復唱によりこのエネルギーを刺激して詰まりを解くもので、至福と性欲を生み出す役に立つとしてその利用を勧めている。

カルマムードラは伝統的なタントラ仏教の教えで、それがどういう意味かを理解することが重要だ。同時にそれは、カルマムードラが私たちの日常的な世俗の生活や関係と無関係だという意味ではない。

私が会うチベット仏教の生徒たちは、「真のカルマムードラには世俗的な欲望や日常的な欲望は皆無なはずなのに、なぜ世俗的なセックスや関心と関係があるのか」と言って私に反論する。もちろん、あるレベルではこうした生徒たちの意見が正しく、それはほかのチベット・ヨーガをめぐる状況でも同様だ。真のゾクチェン、マハムードラなら、真の6ヨーガ、キェーリムなら、世俗や世俗的な執着や考え方から完璧に解放されていなければならず、そうした種類の瞑想の体験を世俗と混同してはならない、という。まったく同じ問題だ。

しかし、ここで注意すべきことがある。

「でも、こうしたヨーガをするためには世俗や世俗的欲望から解放されていなければならないなら、通常の欲望がなくなるまでカルマムードラができないなら、すべての現象を二元性を超越した〝ひとつ味〟として体験できるまで待たなければならないなら、なぜその修行をする必要があるのか？　自己実現のレベルにあるなら、なぜ修行する必要があるのか？」

それはこんな感じだ。もちろん、あなたが自己実現を成し遂げそれを安定させたなら、事実上は修行しなくても、すべては同じだ。

しかし覚えておくべきは、カルマムードラは単に性欲に関するものではなく、様々な種類の欲望に関するもの、ということだ。修行僧を見てみればよい。瞑想は上手かもしれないが、最も上等な食べ物しか食べたがらず、最高の服などの物質や体験への欲望でいっぱいの人もいる。欲望には多くのレベルがあるが、性欲はその根本となる欲望のひとつだから、それを変革できれば、ほかのすべての欲望を根こそぎにするようなものなのだ。

私たちは食べている時、飲んでいる時、眠っている時、普通の日常生活を送っている時にも、欲望を持って生きている。欲望なしでどうやって生きられるか？

たとえば誰かが、「ああ、私はマハムードラの修行をしている。ゾクチェンの修行をしている。カルマムードラの準備はできていない」と言うとする。これは単にカルマムードラやマハムードラ、ゾクチェンを誤解しているに過ぎない。

たとえばあなたが、ゾクチェンの修行者でパートナーと性関係にある一般人だとする。ではどうするか？

あなたはそれでもあなたのマインドの性質の純粋な気づきであるリクパ、あなたの仏性を保てるか？　あなたはただ「ああ、これは俗世、これは普通のセックスで、私のリクパは忘れた。失礼！」とは言えない。アティ・ヨーガ、言いかえればゾクチェンの見方はすべてを含んでいる。あなたがリクパとセックスしたら、セックスを通して生まれた偉大なる至福と欲望はリクパの一部だ。

ドリーム・ヨーガをする人は、ルーシッドドリーム、不二のものではなく、「普通」の夢を見る可能性にとらわれがちだ。または訓練中にその両方を少し体験したかもしれない。しかし、カルマムードラに限っては、人々は焦る。それは、カルマムードラにはセックスとパートナーが関係するため、人々にとっては微妙なテーマだからだ。しかしその修行の内側を見れば、そうしたものなのだ。あなたに純粋な気づきがあるかないかだ。

最近では誰もが、マインドフルな食事、ウォーキング、睡眠などについて語るが、ではマインドフルな「セックス」はどうだろうか？「いや、ダメダメダメ！　セックスはマインドフルではない！　いや、それはダメだ！　それは俗世だ！」といった反応の仕方もある。しかし、現実的に理論上はウォーキングも食事も俗世だ。修行者としては暮らしのどの部分が俗世ではないといえるのか？　では、セックスや性的ヨーガの修行は別でなければならないのか？

こうした反論や不快感のベース、すべてのパラノイアのもとは、カルマムードラがセックスと関連しているというシンプルな事実で、セックスについて語ることには文化的な敏感さや居心地の悪さがあり、それがダブルスタンダードや抑圧を招くのだ。

しかし、すでに語ったように、こうしたことを抑圧しようとしたり否定しようとしてもうまくはいかないのだ。

私が「一般の人々」向けにカルマの教えを出版したら、グル・リンポチェとイェシ・ツォギャルの話を読んで、心のなかでは「ああ、カルマムードラは完全な自己実現、不死と悟りをもたらす！　いま私にはカルマムードラがあるから、もう私は仏陀だ、不死だ、特別なパワーがある。世俗的なものは超越した！」と考えるだろう。しかし、こうした人々こそが、ほかのどんなタントラのヨーガの修行でも様々な主張をするのだ。

彼らはこう言うかもしれない。

「ああ、私はマハムードラを修行しているから、私はすべてを超越し、誰よりも上だ！」

通常、どんな修行でもそれが成功していれば、人はよりシンプルで、より慎ましく、幸福になる。そうしたことを言う人は自分自身の進歩の誤りを指摘することになる。

自分がする修行の目標と結果を注意深く明確に見極めることが重要だ。毎日の修行によって即座に得られる結果と究極的な目標の両方に留意しなければならない。

修行にはふたつの要素がある。一般的な、一時的または仮の目標である普通の目標と、完全に仏性を実現させるという究極の目標だ。カルマムードラに関して言えば、普通の目標とその結果は、あなたがより健康でより幸福でより長く生きることだ。なぜならこの修行が多くのティクレの変革を引き起こすからであり、それにより私たちの体内物質は変化し、変革する。つまり、私たちのスピリチュアルな体験の多くは、体内やからだを通してのものなのだ。

あなたはよりよいセックスができ、人生で出会う人とよりよい関係が持てる。いっぽう、ストレスと不安症は消える。カルマムードラの修行はマインドを癒す効果が高いのだ。カルマムードラを通してあなたはよりリラックスし、マインドはクリアになり、より幸福に感じるようになる。こうしたすべてはカルマムードラのより一般的で日常的な結果だ。どれも有益なものだ。

しかし、この修行のより高い目標は、リクパを達成し、仏性を直接認知することだ。この目標はマハムードラの目標とまったく同じだ。マハムードラは上部の門の完璧な解放の道で、カルマムードラは下部の門の至福の道だが、その結果は同じだ。最終的な目標は、仏陀になり、リクパを認識し、そこに休むことだから、まったく同じなのだ。同様にアティ・ヨーガに従ってあなたが修行しているとしても、その目標は同じだ。

ゲンドゥン・チョフェルは、セックスとセクシャリティについての本を書いた主な理由はカーマスートラとカルマムードラの違いを明らかにすることだとしている。

カーマスートラについて彼が書いた主な理由のひとつは、一般の人の興味を誘い、より一般に広まるようにするためだったと私は思う。カーマスートラは一般的で無宗教の教えだから、タントラの修行のような灌頂や特別な教えの伝達はカーマスートラにはない。ジュ・ミパムの教本とは異なり、ゲンドゥン・チョフェルにはカルマムードラの教示はないのだ。

ゲンドゥン・チョフェルの本はチベットではベストセラーになったが、僧院では禁書になっている。ゲンドゥン・チョフェルの名を出すと修行僧は嫌がる。マスター・ミパム以上にセックス・マニュアルをチベットで一般化したからで、彼の本を読んでいるところを見つかったら僧院から追い出されてしまう、と恐れているのだ！

冗談はさておき、性交や性欲についてざっくばらんに公共の場で話すのは難しいこともある。

私が若いころには、私自身も、実際には多くの苦闘があった。時々私が「私の小さなチベット脳」と呼ぶものだ。時々、深い考えや歴史的考察、または個人的な見方で文化の常識にとらわれてしまうと、その虜になってしまいかねない。

いまでは年もとり、様々なこともわかってきたので、私には元囚人のような解放感がある。セックスについて正直に語ることは人々にとって有益で、カルマムードラのとても重要な要素だ。だから、今日、私はより自由にこうしたことを語っているのだ。

【註釈14】チベット語は「död pay tsen chö jigten kuntu gawey ter」。

第3章

タントラの微細な解剖学

私たちのマインドだけに働きかけるのでは足らないこともある。
しっかり変革するには、
自分の身体と脈管も利用しなければならないのだ。
ヨーガ、五体投地、巡回祈祷も身体と脈管に働きかけるものだ。

本当のあなた——ヨーガと金剛身

タントラ仏教、言いかえれば密教では、ヨーガは極めて重要である。三毒の根本原因に直接働きかけ、私たちのマインドを変革するための主要な方法なのだ。

サンスクリット語のヨーガのチベット語訳はナウジョルワで、人間の変革と可能性という意味をよく伝えている。ヨーガとは、最も究極的な存在の性質、または基本的な状態（ナウ）と一体になる（ジョルワ）ことだ。ヨーガの修行を通して、私たちは普通のマインドとからだを究極のビジョンに変革する。その真の可能性を実現するのだ。

タントラの教えによれば、人の肉体の下層には微細な脈管のネットワークである金剛身（エネルギー体）があり、脈管には風（気）が流れている。タントラでは、金剛身を発見する方法として肉体を使う。だから、からだを動かすヨーガをするのだ。肉体のすべての構成要素を使って、私たちの究極の真の形である金剛身を発見する。

普段私たちが使うマインドのなか、または下層には、究極的なマインドがある。瞑想する時には、私たちは呼び方はともあれ、始原的、または究極的な性質を認識する。いっぽう、普段のマインドに閉じ込められると、ストレス、うつ、パニック障害などになりやすくなる。こうしたすべては、巨大な内なる「悪魔」だ。

こうした大きな悪魔に伝統的なチベットの名前を私が使っても読者にはわからないだろうが、こうした内なる悪魔については心理学の用語を使ったほうがわかりやすいかもしれない。一般的な人間が持つこのような問題は、普段のマインドに固執することから生まれる。

しかし、金剛身を発見するために私たちが肉体を使えるように、私たちの究極の性質を発見するために普段の思考や欲望を使うこともできるのだ。

身体的なヨーガの修行は、チベットではよくトゥルル・コルと呼ばれる。「魔法の車輪」といった意味だ。他国の人には少し変に聞こえるかもしれないが、私たち自身のからだが車輪、動く機械で、私たちのからだは何か魔法のようなものになる可能性を秘めていると理解すれば、なるほどと思うかもしれない。しかし、いまここでは、この言葉を魔法や超常的な意味ではなく普通の意味で使う。アブソリュート・ウォッカが極限の蒸留酒をキャッチフレーズにしているようなものかもしれない。私たちの普段の肉体とマインドはじゃがいもで、それが透明な極端に精製されたウォッカになるのだ。

伝統的な究竟次第のヨギの修行ではレキ・ルン、私たちの「カルマ」の、言いかえれば「世俗的な」微細な風、言いかえればエネルギーは、呼吸法と観想によりイェシ・ルン、「智慧」の風に変革される。カルマの風を智慧の風に変革することにより私たちの普段のからだを金剛身に変革するのがヨーガで、こうした理由から密教ではツァー・ルン、脈管—風の修行はとても重要なのだ。

カルマムードラでは私たちのからだ、マインドと微細エネルギーを特別な方法で利用して育成する。マハムードラとゾクチェンのテクチューの修行では、その焦点はただマインド、精神的な側面のみだ。前章で述べたように、カルマムードラとマハムードラの目標は同じだが、カルマムードラでは身体を無視しない。密教全般、とくにカルマムードラはからだと身体感覚、微細エネルギーを利用する。セックスを利用するが、それは単なる性交ではなく、シンプルで実証的に証明可能な次の問題に関わっている。

あなたのそのからだの究極的な性質はどんなものか？
痛みなのか、それとも至福なのか？
あなたのマインドの性質は？
あなたは何者なのか？

密教では、からだとマインドの性質はともに至福だと教える。それは小さな子どもを見ればわかる。彼らの体験はすべてオープンで、幸福で、楽しさに満ちている。初めて痛みを体験した時でさえ、彼らの体験は新鮮で直接的だ。あまり箱に閉じ込められてはいない。慢性痛や不快感は後からやってくる。それらは私たちのからだやマインドのパターンとして、長い時間をかけて構築される。

金剛身の隠された深遠な説明は、少し異なることを私たちに教えてくれる。その真実とはこういうことだ。私たちは至福に生まれ、至福に生き、至福に死ぬのだ。

ツァー、ルン、ティクレ

エネルギーに働きかける――脈管と風

訓練されていない通常のマインドを、クレイジーな、または悪質な王様だと見ることもできる。この王様はからだや呼吸のような奴隷にはなりたくないが、自分自身の奴隷になっている。

ヨギの修行で、私たちは自分の身（からだ）、口（言葉、エネルギー）、意（マインド）を訓練し、清め、変革させることができる。タントラ仏教のヨーガでは最初に身体に相応する脈管、ツァーに働きかける。これらはコントロールしやすく、より身体的な方法に反応しやすい。チャクラ（チベット語ではコルロ）、「車輪」とも呼ばれ、こうした脈管の集結地（ツァー・コル）で文字どおり「脈管の車輪」だ。

チベット仏教のタントラ・ヨーガには主なチャクラが5つある。これらは頭頂部、喉、ハートのまんなか（乳首の間）、おへそ、泌尿器にあるルートのチャクラに観想できる。内なる熱のヨーガ、トゥンモは、脈管のねじれであるツァドゥを解くために最もよい修行のひとつだ。

ツァー・ルンの修行には主なエクササイズが7つある。ふたつの準備運動と5つの主な脈管解放エクササイズだ。ツァー・ルンの修行は3つの主な過程に分類できる。脈管のつまりやねじれを解く、ルンの流れを改善する、そしてルンを変革する過程だ。

トゥンモは脈管のねじれを解き、その後の修行への道をクリアにするための最もよい修行のひとつとされている。それを焦点としたものではないが、五体投地といったほかの修行にも脈管を開く効果はある。私は生徒や患者に、五体投地を日課にするようアドバイスしている。朝起きた後に五体投地を108回すれば最善のヨーガになるし、エクササイズとしても秀逸だ。五体投地は脈管を開くから身体的、またエネルギー的にも有益だし、清めの形であり、集中力の訓練であり、また献身の修行だから、スピリチュアルな意味でも有益だ。

怒りや憎しみに関わる脈管が約2万4000あり（右側の太陽の脈管につながる）、無知と困惑に関わる脈管が約2万4000あり（左側の月の脈管につながる）、執着と欲望に関わる脈管が約2万4000ある（中央の脈管につながる）。私たちが脈管を成熟させ、ねじれや詰まりを解けば、こうした三毒の原因と症状を解決できるのだ。

チベット伝統医学、ソワ・リクパによれば、欲望、怒り、困惑という精神的な三毒は3つの流れ、風、液、粘液（ルン、トリッパ、ペーケン）というダイナミックなエネルギーとなってからだに表れる。そのバランスが崩れると、様々なからだの病気になるのだ。

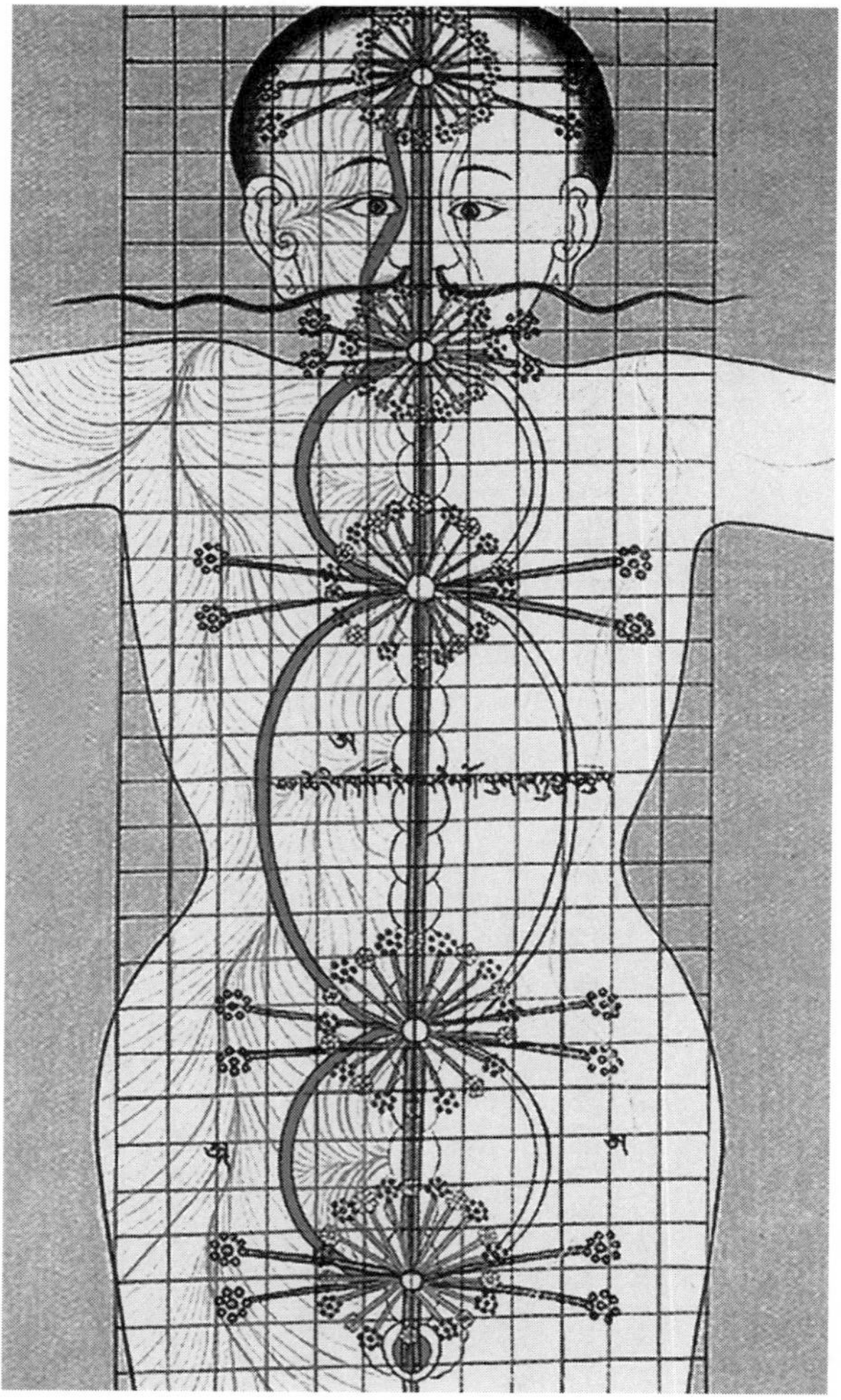

主な３つの脈管とその交差点である頭、喉、ハート、おへそ、ルートのチャクラ。微細解剖学の教えによれば、この主な３つの脈管にはそれぞれ 24,000 の支流があり、全部で 72,000 の脈管が全身を走っている。

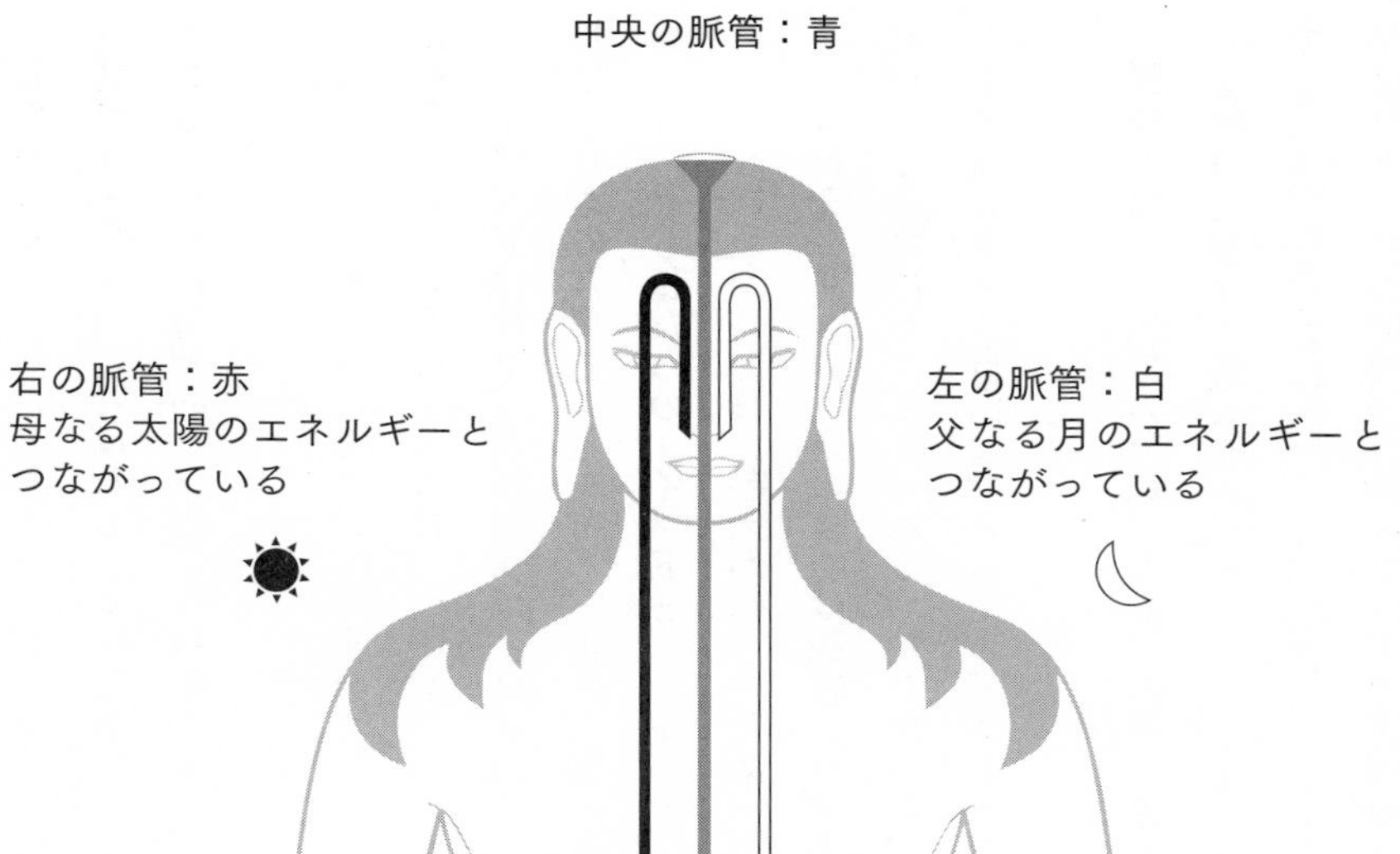

瞑想修行の観想では、前ページの図のようにチャクラのポイントで交差させずに、まっすぐな脈管として観想するほうがふさわしい。ほとんどのタントラの教本では上のイラストのように赤い脈管（ロマ）が右に、白い脈管（キャンマ）が左に描かれている。しかし、教本によっては女性の場合は赤と白が逆だとされている。

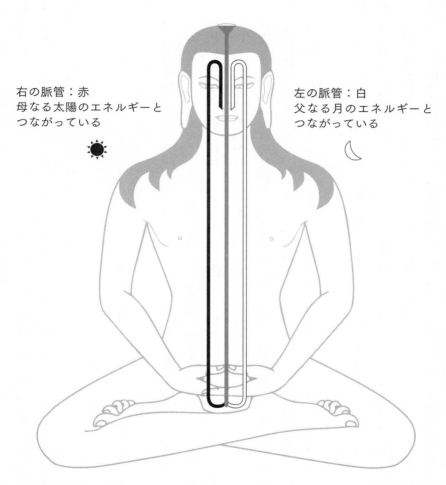

したがって、からだのヨーガのエクササイズで脈管に働きかければ病気の予防になるとともに、チベット語でマ・リクパと呼ばれる根本的な無知、または気づきの欠如が原因で、すべての病気のより深い原因であるこうした精神的な三毒にも対処できる。

マインドに働きかけるだけでは十分でないこともある。脈管だけでなく私たちのからだも使って、確実に変革できるようにするのだ。マインドの力だけでマインドを変革しようとするのは極めて困難だ。ヨーガ、五体投地、巡回祈祷は、いずれも私たちのからだと脈管に効果がある。呼吸法とマントラの復唱は私たちの言葉とエネルギー、ルン（風）と呼ばれる私たちの微細エネルギーへの働きかけだ。ドリーム・ヨーガも私たちのマインドとエネルギーにより繊細に働きかけるので、ルンの詰まりを解く効果が高い。ルンはルンに影響を与えかねないため、こうした修行が役に立つ。

とはいえ、ルンの問題の多くは脈管（ツァー）の詰まりやねじれが原因だ。私たちの風は車で、脈管は車が走る道路にもたとえられる。したがって、直接車ではなく道路、つまり脈管に働きかければ車、つまり風の流れをより自由にできるため、エネルギーに影響するパワフルな方法となり得るのだ。

脈管と風には無数の分類がある。本書でカバーするには広大で深遠過ぎるテーマだ。金剛身に関する最もすぐれたチベット人の研究のひとつは、カルマパ3世、ラング・ドルジェの著書で、英語の翻訳は限定版として『The Profound Inner Principles』（ドルジェ 2004）として出版されている。私はラサで私の師だった偉大なヨギで医師のトロル・ツェナム博士から、この教本で指導を受けた。私はツェナム博士に大きな影響を受け、医大の卒業論文に、今日ではなぜか議論の的になっているテーマを選んだ（中国共産党の宗教と公共教育における公式政策を考えれば、議論の的になるのもうなずける）。微細なからだと医学、治療との関係についての論文である。カルマパ3世の教本に加え、金剛身の解剖学やヨーガや医学との関係についてもっと学びたい生徒は、ソリグ・カーン・インターナショナルが提供している初級のクラスをとればよい。

いま私は金剛身に関する本を執筆中で、近く出版する予定だ。

次項で紹介する瞑想のテクニックは、微細解剖学の最初のふたつの要素である脈管（ツァー）と風（ルン）にはあまり深く関与していないが、第3の構成要素である、いわゆる「エネルギーの雫」、ティクレを利用している。

胸で蝶が羽ばたくような、ときめきの感覚——至福、ホルモンとエネルギーの雫

脈管がからだや風、言葉、エネルギーと関係しているとしたら、微細なからだの必須のエネルギーの「雫」であるティクレはマインドと関係している。ティクレを理解せずに、真に密教とその完璧な内なる錬金術を理解することはできない。

トゥンモの修行を通じて私たちは普段のからだ（身）を瞑想の諸仏や神々に変革でき、マントラの復唱により自分の口（言葉、エネルギー）を仏陀の口（言葉、エネルギー）に変革でき、ティクレに働きかけることで私たちは意（マインド）を不二の至福に変革できる。カルマムードラは、ツァーやルンよりはティクレとの関係が深い。それは、こうした必須のエネルギーの雫に働きかけ変革させるためにはベストで、最もパワフルな修行だ。トゥンモのヨーガは脈管を変革するための準備的なヨーガで、ほかの5つのヨーガは風を様々なレベルで変革し、なかでもカルマムードラはティクレを変革する究極的なヨーガで、これにより私たちはより精妙なレベルの至福を生み出せるようになる。

ティクレはサンスクリット語ではビンドゥと言うが、一般の人には理解しにくい概念かもしれない。ティクレの文字どおりの意味は、円または玉だ。私の故郷の安寧省の方言では、ティクレにはゼロという意味もある。

さらに、ティクレは精液を示すこともある。では、それは何なのか？　端的にいえば、ティクレはマインドが存在するところだ。私たちチベット人は、悪魔が人間の意識にとって代わり生き返った死体であるロラング（ゾンビ）にはティクレはない、と言う。だからゾンビはあなたにセックスを求めることがないのだ！

ティクレは特別な種類のエネルギーで、液体のような働きをする時もある。チベット語ではジャンクセム、仏陀の「純粋化されたマインド」とも呼ばれる。したがってティクレは、悟りが開けたマインドの必須の資質であり物質だ。ソフトでやさしく、喜びに満ちた私たちのマインドの性質だ。私たちの微細解剖学という点では、この資質は私たちのマインドの究極のベースで、それは私たちの脳がより大雑把な意識のベースであるようなものだ。

ティクレは私たちのからだを覆い、私たちの感情によって動き、私たちの感情を変革する。私たちのからだには脈管があり、こうした脈管には生命力のエネルギーであるルンが流れている。ティクレはルンをもとにしたもので、この循環する生命力のエネルギーの本質だ。したがって、ティクレはルンに依存し、ルンはツァーに依存し、ツァーはからだが頼りだ。

このように、マインドとからだとエネルギーは関連している。だから、瞑想する時に背筋を伸ばすのが効果的なのだ。からだの背骨がまっすぐなら脈管もまっすぐになり、ルンがよりバランスよく流れる。その結果、ティクレのバランスがとれ、増幅し、マインドがリラックスする。この機能の相互関連性は反対方向も同様で、からだはマインドが頼りで、マインドはからだが頼りだ。

伝統的には、脈管は家にたとえられる。このアナロジーでは、ルンは家のなかに住んでいる人で、その人が持つ貴重な宝石がティクレ、ジャンクセム、純粋なマインドだ。家の状態がよければその住人はよい暮らしができ、豊かさを楽しめる。もしからだとその脈管がよく面倒をみられていれば、マインドも自然によい状態になる。ルンはマインドにつながっているが、ルンとマインドの間には極めて微細で精妙なものが存在する。それがティクレだ。

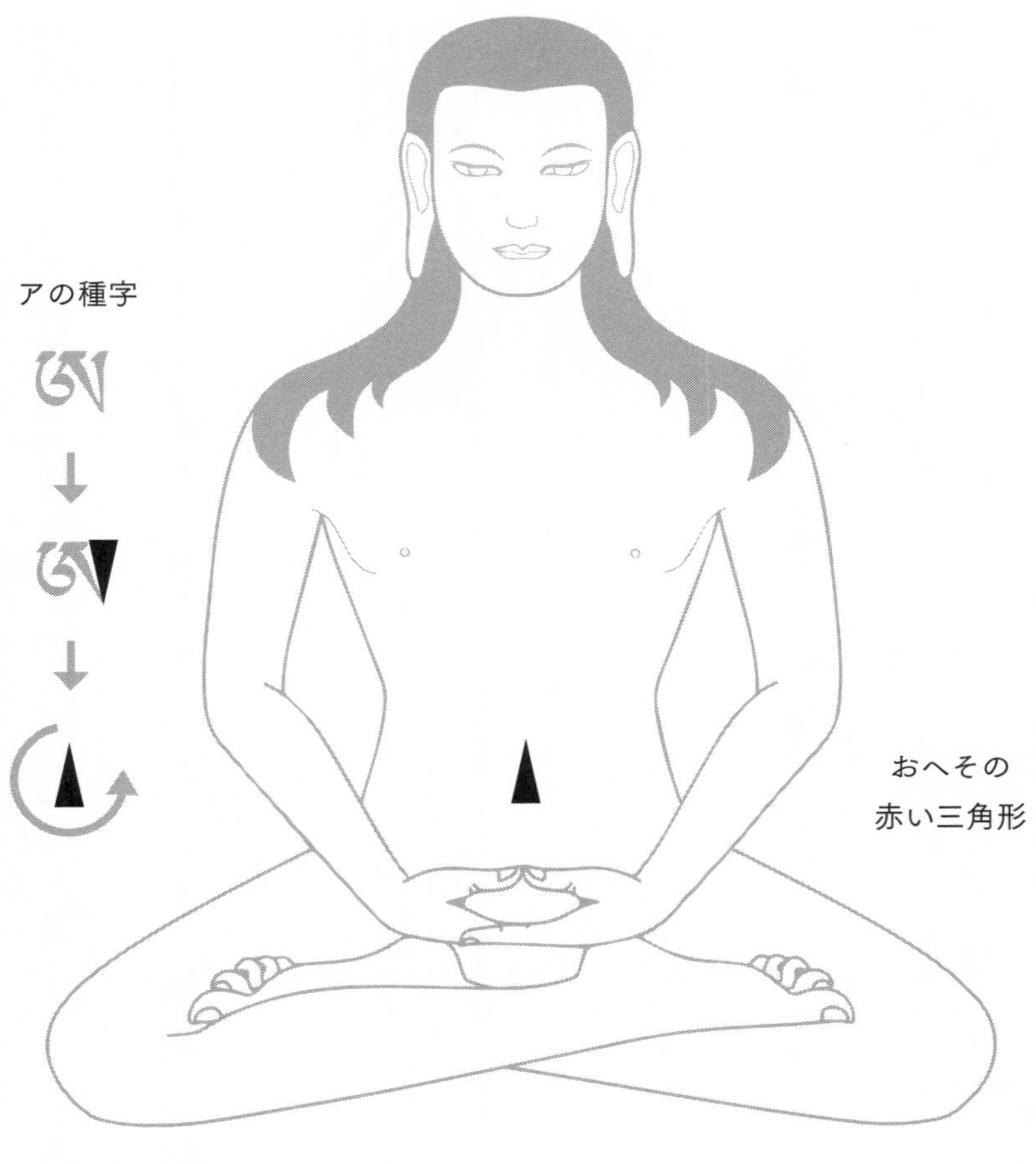

発生学と微細なからだ

意識が（受胎の前か瞬間に）精神に入ると、白いティクレ（父からのエネルギー）と一緒になり、アの種字の形をとる。このアの種字が次に赤いティクレ（母からのエネルギー）と一緒になり、おへそのチャクラを形づくる赤い三角形に変革する。このおへそのチャクラから胎児が育ち、私たちの微細なからだがつくられる。産まれてへその緒が切られた瞬間に、赤いティクレと白いティクレは初めて切り離され、白いティクレは上昇し、赤いティクレは下降する。

したがって、ティクレはマインドと最も密接に関係するエネルギーである。これはふたつめの比喩でも説明できる。マインドは盲目の馬に乗っている足のない男だ。ルンは馬の動きで、気づきが足のない乗り手で、ティクレがサドルだ。ティクレは気づきと動きを結ぶもので、それが一対になったものをマインドとして私たちは体験する。

もうひとつのとてもわかりやすい説明として、ティクレは「愛の蝶」だと私は考える。ティクレは私たちの意識のベースなので、マインドの生来の性質につながっている。それは至福だ。ティクレが刺激され増殖すると、波動を起こし、純粋な無条件の至福を生み出すが、それは私たちが初めて恋に落ちた時に感じたような、胸で蝶が羽ばたくような、ときめきの感覚なのだ。

いっぽう、この蝶が死ぬと、私たちのエネルギー体のティクレの質や量が減少し、神経退行性の病気へと導かれる。ティクレの減少は、アルツハイマー病といった身体症状とも関係するのではないかと私は考えている。多くの人にとって、生涯を通じた苦しみはティクレを極端に減少させ、至福を感じる力を弱める。これも神経上の退行という身体症状になって表れることがある。チャクラと分泌系の関係も示唆されており、私はその可能性もあると考えている。オキシトシンやセラトニンといった「幸福のホルモン」とティクレにも強い関係があるというのが私の推測だ。

あなたが十分な幸福のホルモン、ティクレを得たら、努力しても不幸にはなりにくいのだ！

密教における主なティクレは、ティクレ・カルポとティクレ・マルポ、白と赤のエネルギーの雫だ。こうしたティクレは順に、父母の生殖のための物質と関係していく。

私たちの意識が精子（受精の瞬間か前かは学者によって見解が異なる）に入る時にティクレ・カルポと混じり、ア（ཨ）の種字の形となる。アの形で意識を持つ精子が卵子と一緒になると、このアの種字がティクレ・マルポと一緒になり赤い三角形になる。この赤い三角形がおへそのチャクラになる。ここから胎児が育ち、私たちの脈管と微細エネルギーがつくられ完成する。そして赤ちゃんが生まれてへその緒が切られると、おへそのチャクラのエネルギーが動き出す。この時点で赤と白のエネルギーの雫が分離し、白いティクレは上昇し、赤いティクレは下降する。母と父への執着はこの時点からはじまる。伝統的には男の子は母親に、女の子は父親に執着しやすいといわれる。

伝統的な説明では、白いティクレはハン（ཧཾ）の種字、赤いティクレはおへその下に行き、アの種字の形をとるとされる。白いエネルギーは左の脈管におさまり、父親からの月のエネルギーを持つ。それと平行して赤い脈管はアをおさめ、太陽のパワー、母親のエネルギーを持つ。私たちの意識は中央の脈管に棲み、このエネルギーは私たちの両親に支えられている。この構成は私たちが死ぬまで保たれる。

私たちの意識のコアのエネルギーは、フム（ཧཱུྃ）の種字の形でハートのチャクラに留まる。白と赤のティクレも太陽と月のエネルギーに従い、体内のチャクラを24時間周期で動いている。この動きは体内外の太陽と月のエネルギーの影響を受けており、ヨーガの修行者は、どのエネルギーやどの脈管がより活性化され強まるかによって修行のスケジュールを決めることもできる。

私がホルモン、ティクレと神経系、分泌系の関係についての私の理論を口にすると、次のように反論されることもある。

「ティクレが計量可能だなどとどうして言えるのか？ 人によってたくさん持つとか少ししか持たないと言えるのか？ どうして減るのか？ どうやってホルモンと比べられるのか？ もしティクレがマインドとつながっているなら、密教ではマインドは破壊不能で計量不能で超越的で物理的な計量化を超越しているのではないか？ 何の話をしているのだ!?」

生化学の博士や唯物論者の科学者は、まったく間違っているわけではない。脳は意識にとって極めて重要だ。中国伝統医学はほぼ脳を無視し、あまり多くを語ってはいない。しかしチベットのタントラ・ヨーガでは、クラウン・チャクラとも呼ばれる頭のチャクラ、偉大なる至福のマハースッカのチャクラがあり、このチャクラが私たちの存在を構成するより粗く物質的な流れの要素を、より微細な次元につなげているようなのだ。

私の理論に反対する人々もいるが、そういう人には「エネルギー・システムを完全に普段のからだと切り離すことはできず、仏教徒の視点を科学の視点から完全に切り離すべきではない」と私は言いたい。問題は主に、多くの科学者の視野が狭く、現象の最も粗い外側の層しか見ようとしないことだ。

脈管や風とも同様で、ティクレには多くの層、レベルがあることを理解しておくことが重要だ。ティクレをまずは「幸福のホルモン」のようなある種の体内の物質の種類だと考えることはできるが、ティクレは外側でもあると認識することも重要だ。私たちの意識が外側に拡張すると、その輝きに影響を受けて起こる共鳴反応は、私たち個人の明白な境界を超えて感じられる。

こうしたものは微細な現実と存在論的な質問によって、あなた自身の修行でのみ答えが出るものだ。

重要なのは、ティクレには多くの層があることだ。

密教の情報源のなかには、ティクレには独自の10層があるとするものもある。人々が口にする「オーラ」もティクレの要素でその表現だ。良好で輝く顔色は、よい、または強い、ティクレの身体的な兆しだ。ティクレは動き、多くの個々となる存在の仕方をする。ティクレの一部は顔色になり、オーラになるものもあり、体内を動くものもあり、体内の異なる部分に集まり留まるものもある。からだのホルモンと男女の生殖用の体液といった体内物質は、「物質のティクレ」ゼキ・ティクレと呼ばれる。「智慧のティクレ」イェシ・ティクレ、「言葉のティクレ」ンガキ・ティクレもある。イェシ・ティクレは主に精神的なレベルで働き、ンガキ・ティクレはマントラの種字の観想に関連するとされる。密教の修行として私たちが観想するすべての種字の音節は、ンガキ・ティクレだ。

あなたがハートの中心でフムの種字を観想すれば、それはタントラまたはマントラの音節だが、同時にティクレの一種でもある。それは濃縮されたエネルギーの焦点で、観想によって固形化するのだ。

フムやオームやスリは想像された形だが、それに集中されるエネルギーには言葉の本質的なエネルギーである見えないティクレがある。マントラを観想すれば、自分のティクレを増大させ、自らを目覚めさせる役に立つ。

このことからも、ティクレは微細な、または精神的な現象だが身体的な現実にも関わっており、だから私はティクレを「心理―身体的」と呼ぶこともある。時に翻訳者は、ティクレを身体的な生殖物質の精液だと訳す。それは文脈によっては部分的には正しいかもしれないが、ティクレが単なる精液だというのは間違いだ。

結局のところ、白いフムの音節をあなたのクラウン・チャクラに観想する時には、それは明らかに精液ではないが、精液もこのフムもともにティクレと呼ばれる。

また、マ・リペ・ティクレと呼ばれるものもある。これは一般的には困惑や無知という意味だ。なぜ無知や気づきの欠如が玉として表現されるのか？

私たちが眠りに落ちる時、その気づきのない状態はティクレのようなものだ。誰もが落ち込むブラックホールのようなものなのだ。あなたが深い、気づきのない眠りに落ちれば、そこではすべてがマ・リペ・ティクレのブラックホール、無知の玉だ。自分がブラックホールにいることすら気づかないのだ！

実際に、夢のなかで迷子になるのと同様に、そのなかでも本当に迷子になり得る。始原の智慧の玉、ティクレであるイェシ・キ・ティクレは、その解毒剤だ。

あなたが眠りから目覚める時には、異なる種類のティクレ、覚醒のティクレがある。それは大きな玉で、それを通して、気づきのないブラックホールは輝く気づきの空洞の「光の穴」に変わる。

したがってティクレは、多くの異なる円や玉を意味する。私たちの銀河系もティクレで、文字どおりのただの黒い穴もティクレだ。だからこのテーマの議論はややこしくなる。

たとえば、私は以前「ラのエネルギーは物質のティクレに関連しているが、おそらくこのエネルギーは私たちのからだが生成するホルモンよりは微細だろう」と、生徒に言ったことがある。科学と医学は、より大雑把なレベルのティクレ、チベット語ではラグパのレベルのもので、より微細なトゥラワの現実ではない。

こうした用語に良し悪しはない。粗い現象にはそれなりの役目と可能性とパワーと限界があり、微細なものも同様だ。粗いティクレと微細なティクレがあるように、普段起きている時の意識であり粗いマインドであるラグパと、私たちが眠り、認識が外界の粗い現実から引きこもっている時に覚醒する微細なマインドであるトゥラワがあるのと同じだ。それらは毎日観察可能な現実だから、こうしたことは異なるレベルで理解しておくことがとても重要だ。


時にはラマでさえ、ティクレが持つ層について忘れかねない。

ラはティクレの一部だと言ったために、私に対してひどく怒ったラマもいた。「ラがティクレだなどとどうして言えるのか！　それらはまったく別物だ！」と私に迫ったのだ。

しかし、問題は、ラマのなかにもティクレをとても狭義に考え、あそこにあるひとつの白い玉とここにある赤い玉というぐらいにしか考えない人もいることだ。私が彼らに物質のティクレと言葉のティクレについて尋ねると、彼らはあまり知らないか、または異なるレベルのティクレがどうなっているのかあまり考えたことがなかったことがわかる。

時に、この話題は奥が深すぎて生徒には理解できないことを指導者は心配する。これらは確かにとても深遠で複雑な話題だが、人々は奥深いことも理解する必要があると私は言いたい！

生徒が微細な解剖学といったことに関して明確でよい説明が得られれば、その先で困惑することも防げる。しかし、誰かが「ああ、ニダは、ラはティクレだと言っている！」と言うと、今度はその人がほかの誰かに繰り返し、そのうち文脈からはずれた説明となり、あらゆる噂が広まりだすのだ。それは「少しばかりの知識は危険だ」という英語の表現どおりで、こうしたテーマに関して狭義の引き算式な考え方を奨励すれば、人々のマインドはオープンではなくなり、閉じてしまう。そして「ああ、違う。これは私が習ったことではない。ラはそんなものではあり得ない！ティクレとはそのことで、それ以外はあり得ない！そうだ、それ以外はあり得ない！ティクレはラとは無関係なのは確実だ」といったようになる。

こうした考え方はお門違いなだけではなく、伝統的なタントラ仏教のコンセプトと科学の発見が両立する可能性を享受することから人のマインドを閉ざしてしまう。

もちろん、このふたつの知識のシステムは異なるが、重要で興味深いオーバーラップもあるのだ。そうしたオーバーラップの例は第5章でも触れる。

男性と女性の脈管に関する付記と微細な解剖学の性質

伝統的なタントラ仏教の教本の大半は、微細な解剖学を男性の肉体で説明している。たとえば、一般に赤い太陽の脈管はからだの右側で、月の脈管は左（189ページ）だとする。瞑想する際には、この観想で男性も女性も効果的に瞑想できる。しかし、教本によっては女性の場合は反対（赤が左側で白が右側）だとしている。これは子宮内での胎児の発達で、脈管が体内でどのように成長するかに関するものだ。

したがって、脈管に関しては2種類の研究の仕方がある。ひとつは瞑想の視点からで、チベット語ではゴムペイ・ツァー（瞑想の育成の脈管）、もうひとつは医学理論と解剖学の視点からで、チベット語ではチャグペイ・ツァー（構成的脈管）と呼ばれる。

瞑想修行では脈管の色と形は決まっておらず、その人が積んでいる修行と個人の瞑想体験によって変わる。たとえば中央の脈管は通常は青色だが、トゥンモの修行では中央の脈管の外側は赤で内側は白だと観想する。これはトゥンモの修行特有の特別な観想だ。同様に、伝統的な教本では赤と白のティクレは男性のからだに基づき、白が上で赤が下だと描写されているが、次章で説明するように、女性ではその逆もあり得る。

このことを理解しておくことは重要だ。脈管とチャクラについてはひとつのシステムしかないと思われがちで、特定のチャクラや脈管の「本当の色」が議論されたりする。しかし、実際にはインドとチベットのタントラの伝統では数多くのチャクラと脈管のシステムがあり、場合や修行者によって異なる。

したがって、まとめれば、性別や性の嗜好にかかわらず、修行には微細な解剖学では伝統的な男性中心のバージョンでよい効果が得られる。あなたがあるシステムの伝達を受けて指導を受け、それに慣れたヨギーニなら、もちろん、その方法を続ければいい。

しかし、ユトク・ニンティクでは女性の修行者には逆転したシステムを提供していることも知っておくことが重要だ。女性修行者はそう望み、まだほかの方法に慣れていなければ、女性スタイルの修行が奨励されている。

どのシステムでも重要なのは、ひとつのシステムに統一することで、自分自身の内なる認識にも注意を払う必要があるということだ。

第４章

カルマムードラの修行の段階

チベットの密教は本当に裾野が広く膨大だ。
非常に多くの方法と修行があるので、
系統なしでは路頭に迷いかねない。
これこそがユトクが指摘した点で、仏教の修行は膨大なので、
意気消沈したり時間切れにならないためには、
最も必須の修行を理解することが極めて重要なのだ。

真摯な動機とタントラの前行

第2章でごく簡単に南伝仏教（テラヴァーダ）、大乗仏教（マハーヤーナ）、金剛乗（ヴァジュラヤーナ）とその関連性について述べた。

密教の修行では、最良で最も効果的な修行にはどんな準備とオリエンテーションが必要なのかを理解することが重要だ。

密教には実に様々な修行があり、修行者が圧倒されてしまうことがある。たとえば、準備のための祈祷もたくさんあり、非常に多くの時間をそうした祈祷に費やした結果、「メインの瞑想になるまでに疲れ切ってしまう！」と感じる人もいる。

こうした類の祈祷をするのは本当によいことではあるが、正しく理解せずに、ただやり遂げるためだけに多くの祈祷をするのでは、目的を見失い、集中力を失い、結果として意気消沈してしまう。

すべての修行を整理するひとつの方法は、伝統的なチベットの分類、ジョル・シンゴ・ジェイ（準備）、メイン、そしてフォローアップの修行に従うことだ。英語で表現するなら、私はＭＭＤ、動機づけ（Motivation）、瞑想（Meditation）、献身（Dedication）と呼ぶだろう。動機づけとは帰依し菩提心を生み出すことで、献身とはご利益を献上することで修行の最後にするものであり、私たちの場合には、瞑想がメインのカルマムードラの修行にあたる。
このＭＭＤはサンドウィッチのようなものだとも考えられる。すべてのサンドウィッチの層が支え合って全体を成しており、美味しいサンドウィッチにはすべてのパートが必要だ。つまり、よい瞑想はよい動機づけから生まれる。動機があまり明確でなければ瞑想もうまくいかない。よい動機づけがよい瞑想修行の保証となる。

密教ではメインの瞑想にかかる前に、チベット語ではヌンドロと呼ばれる前行（加行）の修行をする。前行の修行ではまず帰依して菩提心を誓うが、これはメインの修行の準備となる清めと献身のためのものだ。

私たちが帰依する三宝にはアウター（外）、インナー（内）、そしてシークレット（秘密）の側面がある。アウターの側面は仏法僧で、インナーの側面はグル、デワ（護法神）またはイダム（守護尊）、ダーキニー（護法女神）で、秘密の側面は私たち自身のツァー、ルン、ティクレだ。
帰依するということは、外界や私たち自身の内なる性質とは別の誰かや何かに身を捧げたり降伏することではない。私たちの苦しみの解決策は私たち自身の悟りが開けた側面、私たち自身の始原的な気づきにしか見いだせないことを理解することが、帰依するということなのだ。前行の修行は、この始原的で悟りが開けた私たちの存在の側面に関する認識を確固たるものにし、それに自信を持つ役に立つ。

ユトク・ニンティクの伝統には独自のヌンドロがあるが、それは多くの点でユニークなものだ。ユトク・ニンティクのヌンドロとその伝統全体で最もユニークなのは、無宗派的な性質と「すべてに通じる」の概念だ。ユトク・ニンティクの修行や帰依では、ほかの学派の多くの前行で求められるようにその系統のすべてのマスターの複雑で精巧な帰依の木を観想する必要はない。その代わりに、三世（過去世、現在世、未来世）のすべての仏陀の化身としてユトクを観想すればよいのだ。

ユトクの像は、この真実を示唆する。右手にターラの行動の祝福を象徴する青いウトパラの花を持ち、その上には文殊菩薩の叡智の祝福を象徴する刀と教本がある。左手には観自在菩薩の慈愛の祝福を象徴する桃色の蓮の花が咲き、その上には不死の甘露の壺とミロバランの植物と宝石、金剛杵が薬師仏の癒しの祝福、宝生如来の富の祝福、ヴァジュラパーニ（執金剛神）のパワーによる祝福を象徴している。ユトクの髪では5つの花が5つの仏陀の家族、5人のダーカ（護法男神）と5人のダーキニーを象徴している。

ユトクのイメージを観想しながら黙考瞑想してこのように彼に帰依すれば、彼のすべてをカバーする資質に自信が持て、ほかの宗派の修行者もヌンドロの修行にあたって彼らの個人的な道との矛盾や衝突を感じずに済む。

ユトクの教え（あなたのマインドを仏法に向ける4つの思考）の普通の前行は、ほかの伝統のものとまったく同じだが、特別な前行は少し異なる。

特別な前行にはすべての通常のヌンドロが含まれるが、それに巡回祈祷（薬師仏のマントラを唱えなが

ユトク・ヨンテン・ゴンポ（新ユトク）

ら回る）と、自分自身のからだを様々な存在への捧げ物にするというとてもパワフルな短いクサリ、またはチューの修行がある。また、ほかのスタイルのヌンドロとは異なり、ユトク・ニンティクのヌンドロには別の修行としてのグル・ヨーガは含まれない。というのも、ひとつのレベルでは帰依、菩提心の発起、四無量、マンダラ、巡回祈祷、五体投地、金剛薩埵（ヴァジュラサットヴァ）の瞑想と復唱、クサリといったすべての修行がグル・ヨーガそのものだからだ。

もうひとつの理由は、ユトクのシステムではヌンドロの後に、または個別におこなう特別なグル・ヨーガの修行法（サダナ）があるからだ。これには生起次第のアウター、インナー、秘密の、簡略版または濃縮版のグル・ヨーガの修行法がある。

ユトク・ニンティクのもうひとつの特徴は、普通の前行、特別な前行に加え、3つめのレベルのヌンドロがあることだ。このレベルは「日常のヌンドロ」と呼ばれ、社会を改善し苦しみを除き、とくに医師やヒーラーがおこなうことのできる実用的な毎日の活動に関するものだ（註釈15）。これらはリトリートで瞑想とは別におこなう特別なセットではなく、毎日の生活、通常の活動と振る舞いに統合できるものだ。

チベット語には「あなたのハートとマインドがよければ、あなたの修行の基盤と道もよい」ということわざがある。これはまさに真実で、師なるユトク自身の言葉でも確認されている。ユトクは「あなたの慈愛が偉大なら、あなたがなすことはすべて仏法になる」と述べているのだ。これらの前行の日課はすべてそのためにおこなうのであって、常に深い慈愛の精神で他人のためになるという動機で行動する、ということだ。これらは、特別に用意した時間に1回か2回おこなってあとは放棄するという類のものではなく、常に生真面目に取り組むべきことなのだ。

愛に満ちた親切心が私たちの主要な基盤なら、私たちが成し遂げるいかなる医療行為も利他の社会福祉も仏法になる。日課のヌンドロは、慈愛をもって他人を守り他人に利するために私たちがするおこないを指す。これは私たちが日常生活のただなかで実行できる仏陀の教えの、実用的で利用しやすい適用法だとも考えられる。

チベット伝統医学の根本教本である『四部医典』（ゴンポ 2006）では、医師の見方はマダヤマカ（中間派）の仏教哲学であり、医師の瞑想は四無量の瞑想で、そのおこないは六波羅蜜でなければならないとされている。こうした日課のヌンドロは本当に重要だ。それは存在に利すからで、またヌンドロとは毎日の生活、生涯にわたって統合すべきものであることを私たちに示しているからだ。

今日では、一般的な前行では無常、カルマ、再生といった経典のアイデアについて一度か二度瞑想すればよいとか、50万回の特別な前行修行を終えたら「完了」で生起次第や究竟次第の前行はしなくてもよい、と主張する人たちもいる。また、マハムードラやゾクチェンといった、とくに深遠な教えの段階では特別な前行は続ける必要はない、と言う人もいる。マハムードラやゾクチェンは直接的な教えだから前行でマインドを清める必要はまったくないというのだ。

こうした主張は非常に危険でさえある。よくわからない人を間違った道に招きやすい。12世紀の偉大なるマスター、ドリゴン・ジカテン・ゴンポは「前行はメインの修行以上に深遠だ」と教えた。これはとても悟りが開けた見方で、前行にはそうアプローチすべきなのだ。

チベットの密教はとても幅広い。非常にたくさんの方法と修行があり、系統なしでは道を見失いやすい。それがユトクのポイントで、仏教のスピリチュアルな修行は幅広いので、意気消沈したり時間切れにならないように最も必須の修行をしっかり理解する必要があるとした。それは真実だ。修行の必須のポイントと修行に向けた正しい動機を持つことがとても重要だ。

すべての、そして私たちがおこなう可能性のある密教の修行の基盤になる動機はいつも菩提心だ。どんな修行を育てていくつもりでも、私たちの規範と常に持つべき目的はいつも「すべての生きもののために仏陀の境地に至れますように」だ。菩提心とは利他の動機、利他のハートを持つことだ。

だからこそ、最も重要な前行のひとつは四無量の祈りなのだ。これは慈愛、愛、喜びと公平さを育てるものだ。すべての生きものが常にそれらを享受できるように真摯に祈るのだ。同様に、私たちが修行で蓄積したスピリチュアルなご利益、またはポジティブなエネルギーを捧げる最後の祈りでも、すばやく私たちが仏陀のマインドの始原的な至福を得て、それによりすべての存在がそのレベルに到れるように祈る。

こうした修行のすべてでは、私たちの（明らかな）自身と（明らかな）他者にフォーカスする。六波羅蜜、または「完璧性」により、他者を助ける4つの要素（寛大さ、規範、忍耐、努力）があり、自分を助ける要素がふたつ（黙考または瞑想、智慧）ある。

フォーカスするのが「自身」であれ「他者」であれ、こうしたすべては真摯な慈愛と利他の精神の育成にある。「私が」、「私に」といった過剰な固執には、心理的、スピリチュアルな、そして身体上の帰結がある。私たちのハートのチャクラを閉じ、緊張と閉塞を生むのだ。ダライ・ラマ法王はよく慈愛の身体的な利益について語るが、ミンギュル・リンポチェもその著書『生きる喜び』（2007）で心臓病のリスクと自己執着の関係を発見した心理学研究について述べている。

したがって、こうした修行には多くのレベルで有益のようなのだ。

【註釈15】ユトク・ニンティクであげられている日常的な前行は次のとおり。──修行者仲間ならびに大切な精神的な導師や長老の尊重。貧しい人々への物資の提供。病気の人への薬の調剤。それらを欠いている人々に精神的な教えを与えること。身代金の申し出によって病気の人や動物を死から救う（文字どおり「儀式的に彼らを死から引き離す」）。仏教寺院や僧院などの修復。危険な道路や道の改善。ブッダの教えを説明し、祝祭をグループでおこなうことなど。

すばやい祝福──ユトク・ニンティクの7日間のリトリート

ユトクのカルマムードラを完全に修行するための一般的な前提条件は、少なくとも1回は7日間のユトク・ニンティクの前行の修行を完了し、少なくとも7日間のユトクの究竟次第のアウターまたはインナー・グル・ヨーガの修行を完了することだ。

すでに述べたように、4つのグル・ヨーガの修行とそれに付随するダーキニーの修行がある。とくに修行者は、すでにほかの修行をしっかりしている場合にはグル・ヨーガのすべてをする必要はなく、ひとつだけすればよい（註釈16）。ほとんどの修行者は前行とグル・ヨーガの7日間のリトリートを自宅かリトリート用の施設で、継続して、または時間のある時におこなう。ひとりで孤立したリトリートをするのも、グループのリトリートに参加するのも、その人の自由だ。

7日間で前行を終え祝福を受けられるという考え方は驚異的、または不可能だと思う人もいるかもしれない。しかし、ユトクは自己実現に関する自作の歌で、はっきりと述べている。

「もしあなたに自信があれば、もしあなたがしっかり祈ることができれば、もしあなたが疑いや考え直しを払拭できたら、一度の人生における帰依の場に希望を持てれば、ふたつの曖昧さ（たとえば辛い、または認知的な感情など）はすぐに管理できる。現実に、もしくは瞑想中のビジョンや夢で私はあなたに会い、至上の道の相対的な、また究極の修得の仕方を啓示しよう」（ゴンポ 2005）

ユトクは自分自身の消滅の痛みをもって、修行者の真摯な祈りにはすばやく応えると誓った。

こうした約束と成就の祈りがあるから、この後退の時代に自分のマインドと感情を手懐ける必要がある生きものにとっては、ユトクの慈愛と祝福はとくにパワフルで、速攻力がある。

「人が修行し同時に成し遂げたことを許す祝福が与えられないこの後退の時代の生きものにとっては、忍耐力のない者、根気の足りない者、そして長い修行ができない者にとっては、もしそうした個人が私を信じているなら、私の指示を守り、私自身の生命力であるこの修行法で7日間、気を散らすことなく修行するなら、私自身を完全に啓示することを約束する。卓越した修行者には現実として、平均的な者には瞑想中のビジョンのなかで、それ以下の者には夢のなかで現れよう」（ゴンポ 2005）

ユトクの前行に挑戦したい読者は、最寄りのソリグ・カーン・インターナショナル（http://www.sorig.net）に連絡してほしい。ユトクの前行に関する私の解説は英語で『The Tibetan Art of Good Karma』（2013）として出版されている。リトリートをしたい人には、この修行を正しく深く理解するためにこの本を読むことを勧める。

本書ではユトク・ニンティクの様々な究竟次第のグル・ヨーガやダーキニーの修行に関しては深く説明していないが、こうした修行に関する詳細はこの伝統の修行者から得ることができる。手はじめとして、読者は本書の付録に入れたユトクの歌（476ページ）を読み黙考することもできる。この歌を読み、瞑想するのは、ユトクとつながるためのシンプルでよい方法だ。ユトクは時と空間、そして五大元素をマスターしている。あなたが、突然に一瞬でも「ああ、合点した！」と、密教を理解したと感じる体験をしたら、それがユトクからの祝福だ。

ユトクの祝福のパワーは、あなたと他者のために密教の正しい理解を伝達することだ。本書と私の教えは、彼の伝達をチャネリングしているだけだ。ともかく、あなたはユトクと彼が体現するすべての生きものの源、その祝福とのつながりを感じることができ、それは重要で価値あることだ。

【註釈16】ユトク・ニンティクの６つのヨーガとその修行内容の概要はドクター・ニダの著書『Path to Rainbow Body』（チェナグサング ２０１４）参照。

アヌタラ・ヨーガ・タントラの灌頂					
灌頂	壺	秘密	智慧	言葉	すべて
チャクラの位置	頭	喉	ハート	おへそ	ベース
音節	オム	アー	フム	シュリまたはスヴァ	シュリまたはハー
修行	諸仏や神々のヨーガ	マントラ復唱	カルマムードラ	マハムードラ	すべて
浄化	ネガティブな身体的カルマ	ネガティブな言葉/エネルギーのカルマ	ネガティブなマインドのカルマ	すべてのネガティブなカルマ	すべてのネガティブなカルマ
祝福	身	口	意	知識またはクオリティ	活動
五毒	無知	欲望	怒り	プライド	嫉妬
変革	↓ 仏法のレベルの智慧	↓ 識別の智慧	↓ 鏡のような智慧	↓ 平等の智慧	↓ 完遂した智慧
純粋な認知	視覚	音	マインド	クオリティ	行動
自己実現	ニルマカーヤ	サムボガカーヤ	ダルマカーヤ	サッチネスのカーヤ	すべてのカーヤ
仏陀	大日如来	阿彌陀仏	薬師仏	宝生如来	馬頭観音
方角	東	西	中央	南	北

灌頂、伝達、教示

カルマムードラではほかのタントラのヨーガの修行と同様、修行に入る前に前行のほかに灌頂、伝達、教示を受けなければならない。この3つのうちのふたつめは、チベット語ではルンとトゥリという。ルンは「読む伝達」で、修行したい経典の文章を有資格者である師から一語一語口頭で伝え聞く。トゥリは修行に必要な瞑想方法の口伝だ。ルンでは聞きながら、言葉を通してその教えとつながるようなものだ。ルンは読む祝福、または灌頂と考えることができる。過去にその修行をした貴重な伝統のマスターと個人的につながり、伝統を受け継げるのだ。

ルンの主なポイントは聞くことで、言われたことを必ずしも理解する必要はない。トゥリは直接的な師から受ける直接の教示と解説だ。この情報が個々の瞑想の修行の役に立つ。何回修行するか、修行の最中に現れるよいしるしや悪いしるしを理解すること、悪い反応への解毒剤の示唆などもアドバイスされる。

トゥリの焦点は理解することで、修行と私たちの体験の本質的な意味や目的を理解しやすくしてくれる。灌頂はもう少し複雑だ。灌頂とは儀式次第で、特別な儀式用の物や道具を使う。音楽や音（聴覚）、視野（視覚）、香り（嗅覚）を伴い、灌頂を与えるラマにより特別な瞑想の仕方が教示、伝達される。

最近では、特定のタントラ瞑想の修行をするにはその灌頂を受けなければならないことを知っている人が多いが、それにしても、灌頂は不明瞭な儀式、または修行を許される過程で済ませなければならないステップまたはおつかいとしか見ていない人が多い。または、ただ祝福を得たり、よいカルマ、ポジティブなエネルギーを得るだけのために灌頂に参加する人もいる。もちろん、灌頂はとてもパワフルな祝福やポジティブなエネルギーを生み出すが、灌頂に行くことから起こることのほとんどは儀式の後に眠るとよい夢が見られる程度のことだろう、といった考え方では、この過程全体のポイントを見逃していることになる。それは実に残念なことだ。

灌頂を正しく理解すれば、それがトゥリとつながっていることがわかる。それは別の種類の「説明」や「教示」だ。

密教には非常に多くの灌頂があり、そのすべてには特有の儀式、物質、諸仏や神々が関わっている。しかし基本的には、真の意義はすべての灌頂の式典に共通している。各灌頂の違いは、中心とする修行法に出てくる諸仏や神々の違いといった詳細な点だけだ。

マスター・レルンは様々な灌頂の細かな点や多様性の基盤にある統合性を理解し強調する。それを理解すれば、灌頂にまつわる多くの困惑も消える。

チベット仏教ゲルク派の創始者で偉大な学者で修行僧だったジェ・ツォンカパは、灌頂は単なる儀式ではなくガイド付き瞑想だと説明している。灌頂のなかで教えられ伝えられたことを理解すれば、ほかには何もない——灌頂には教えのすべての側面が含まれている。それは、私たち自身の真の性質の至福を示してくれる。

ジェ・ツォンカパによれば、灌頂は信仰心で受け入れるだけではなく、あなたのマインド、知性でも理解しなくてはならない。多くの人は、式典に出たことで灌頂を「受けた」と表現する。

しかしジェ・ツォンカパは、信仰と理解がなければ真の灌頂を受けたことにはならないとする。そのどちらかだけ、またはいずれも受けなければ、伝達されたものから恩恵を得たりそれを享受することはできない。

今日では、あちこちから灌頂を集めたり買いためる生徒たちもいる。お金と時間があれば、旅に出て灌頂を受けるのもいいかもしれないが、灌頂の意味を真に理解し何のためにあるのかがわからなければ、まったくの無駄だ。

木に果実がなるように、または花のつぼみが開花するように、灌頂は私たちの知識と体験を成熟させてくれる。朗報は私たちの脳は果実や花のようなものだということだが、悲報はまだそれが未熟で開花もしていないということだ。果実や花の成熟に十分な水、よい土壌、忍耐が必要なように、仏性を成熟させるにもよい条件が必要だ。

灌頂を受ける前の私たちは、美しい花のつぼみのようなものだ。完全に開花させるためには一定の条件とサポートがいる。私たちのまわりに光はあるが、まだ輝いてはおらず、私たちにはそれを見ることができない。灌頂によって、私たちはその光を輝かせ、私たちの存在を開花させ、それを見ることができる。

灌頂の過程は未熟だった私たちの身口意を熟させる。だから灌頂は「熟させる」、「輝かせる」過程と呼ばれるのだ。

灌頂が非常に重要なのは、その過程によって私たちが自分自身をよりよく理解できるからだ。灌頂は私たちについてのもので、私たち自身の悟りが開けた献身、私たちの金剛の口（ヴァジュラ・スピーチ）、またはエネルギーと私たちの金剛の意（ヴァジュラ・マインド）だ。

灌頂は私たちのチャクラを開き、究極の自己に私たちを紹介してくれる。チャクラごとにひとつの五毒を5つの智慧に変革する過程を通じて、一歩ずつ私たちを導いてくれる。灌頂のベースになるタントラの諸仏や神々の曼荼羅に入り、私たちの身口意は、彼らの不滅の不二の至福である究極の「金剛（ヴァジュラ）」の性質を持つ。この現実、この光にいったんさらされ、灌頂の文脈で伝達された修行を続けていれば、私たちはやがて私たちの究極の状態に到達することになる。

闇から光へ――灌頂の本当の意味

あなたがしっかり灌頂を理解していれば、ひとつの灌頂だけで自分の本質とすべての現象の本質を理解できるはずだ。

スートラの伝統では、ある程度の自己実現に至るには10年、20年、30年といった長い期間を勉強に費やさなければならないほど、哲学、論理、そのほか数多くの膨大なカリキュラムがある。しかし密教では、哲学はそれほど勉強する必要はない。密教にはあまり理論的な解説はないのだ。体験がより重視される。

灌頂が表面的なものであるか、リアルなものであるか、深遠なものであるかの違いは、結局はそれを授かる側の理解の仕方にある。灌頂を通して真の理解を得れば、「ああ、それが私だ。私の本質だ！　それが私の才能だ！」といった「内なる気づき」ともいうべき体験をする。

たとえば、それまでのあなたは自分の怒りはよくないものだと感じていたかもしれない。「怒るべきではないのに」と考え、怒った自分に罪の意識を感じたりする。しかし、灌頂の最中に、あなたは自分の怒りの本質はエネルギーだと認識し、自分に対してより好感を持つ。普段は自分自身に対して否定的に感じていたことが、肯定的なものに変わるのだ。もしそれが起きたら、それはよい灌頂だ。灌頂がそうした内なる気づきを促進したら、それは長続きする。あなたは生涯続くべき現実を垣間見たのだ。

灌頂には多くの外的な儀式次第があるために、そのポイントを逃しやすい。様々なレベルの灌頂があるが、最も一般的なものには、多くの物質的な要素とその紹介がある。物質やシンボルは内なる瞑想の促進と気づきの助けにはなるが、それにこだわるべきではない。

なかには「この壺やこのトルマ（供物）にはかなりの波動がある！　たくさんのエネルギーがある！　触ったら波動を感じた！」などと言う人もいるかもしれない。それはよいことだが、重要なポイントは、灌頂の最中にそうした波動を感じたとしたら、それは究極的にはあなたの波動だということだ。それを壺のなかで波動させたとしても、最も重要なのは、その壺があなたに触れ、その波動があなたのなかに入るのを感じたら、決してその特別なエネルギーを失わないようにすることだ。それが壺の仕事だ。あなたが自分の正体を見ることを助け、あなたが自分の真の正体は壺のように完璧で純粋な祝福に満ち、すべてを内包し、絶対に完璧だと認識する助けになることだ。

いったんその壺があなたの頭に触れたら、あなたの頭は完全で完璧だと知らなければならない。しっかりすべてを内包すると知らなければならない。そして灌頂の後には毎日欠かさずそれを事実として記憶していなければならない。自分が完璧な人間だと覚えていなければならない。他人があなたに判断を下し、あなたは馬鹿だとか抜けていると言ったとしても、あなたが信用されない時でも、あなたは自分自身を信じ続けなければならない。それは、あなたが自分を知り、自分の能力を信じているからだ。それが灌頂（エンパワーメント＝力づけ）なのだ。

いったん灌頂を受けたら、自分自身のなかのよいもの、抜本的な善を力づけるべきであることを常に覚えていなければならない。

灌頂によって、私たちは自分の「暗い」感情やエネルギーのなかによいものを見いだせる。多くの「気づき」が起こる。タントラの灌頂とタントラの修行の最中に私たちはネガティブな気持ちになることもあるが、それをネガティブなものとしては見ない。私たちは深く直接的に暗部を見つめ、そこに光を見つける。または、私たちの暗部は光に変革できるということに気づく。あるいは、最初から誤解していたことに気づく――私たちの暗部は実は暗部ではなかったのだ、と。それは常に光だったが、暗部と見間違えていたのだ、と。究極的には、灌頂とは私たち自身の、私たちのマインドのよい面を力づけるもので、ネガティブではなく、よさを力づけるものなのだ。

灌頂により、私たちは力を与えられる。平均的な人は1日のなかで幸福より不幸を多く感じる。私たちの体験はすべてよい、悪い、どちらでもない、の繰り返しだ。私たちの感情は波のように上下する。私たちが自分に聞ける簡単な質問のひとつは、平均すれば自分の人生で幸福と不幸のどちらを多く感じているかだ。あなたは1日のうち何時間、幸福、不幸、それともその中間だろうか？　西洋心理学によれば、主にどちらも感じていなければそれはよいほうで正常だというが、私にしてみればそれは少々悲観的で馬鹿げている。密教によれば、基準値がどちらでもなければ、それは悪い。どちらでもないではよくない。私たちは幸福を感じていなければならず、だからこそ恒久的な幸福を力づける方法を見つけるのだ。

これに関して少し困惑した人もいるだろう。

「仏教とはすべて〝中庸〟に関するものではなかったのか？　それは常に中立を目指すべきだということでないのか？」

密教では私たちはまだ極端の中間にはいるが、普通の人生体験と比較すれば、中立よりは少し上を目指している。

私が話を聞いた西洋の心理学者は、少なくとも彼らの患者がうつ病になり自分を見失うといった対局にいかないという意味で、中立には価値があると言った。しかし、密教によれば、私たちは人間で、人間の感情を持っている。だから、気分の浮き沈みを体験し、よい気分の時もそうでない時もあるのは当然だが、問題は、時には浮き上がることもあるものの、ほとんどの時間は深く沈んでしまっている人が多いことだ。密教によれば、常にハイな状態にいるべきではないが、ある程度は上向きでいるべきだ。人間はそのようにできているのだ。

第3章で引用したカルマパ3世の私のお気に入りの格言「私たちは至福とともに生まれ、至福とともに生き、至福とともに死ぬ」のように、私たちは幸福に生まれ、生き、死ぬのだ。私はこの見方が好きだ。中立を起点としたグラフをつくるなら、理想的なのは少し上向きで、私たちにはもっと至福、もっと豊かさ、もっと幸福が必要なのだ。

「ああ、すべて良好。——何も感じない！」は、私に言わせれば何の味つけもない芋の状態だ。少し麻痺しているのだ。とくに男性は感情をそう体験するように訓練されていることが多い。考えるな、感じるな、だ。社会は男女で感情を異なるように感じるよう訓練する。男性は概してまんなかで凍りつき、何も考えず何も感じないが、いっぽうでは、女性は概して浮き沈みを繰り返すだけとされている！しかし、私たちはみんな人間で、みんなに感情はある。

考えてみれば、あなたが不幸な時には自分が不幸な百万の理由を常に見つけられるだろう。しかし、あなたには幸福に感じる百万の理由もあるはずなのに、なぜあなたは不幸のほうを力づけているのか？

私は、すべてはものの考え方とどう自分を力づけるかにかかっていると思う。どういうわけか、私たち人間は常に自分の人生のネガティブなことを力づけたがる。そうしたことを力づけ続け、常に何にでも自発的に欠点を見つけてしまう。自動的な否定の灌頂のようなものだ。「ああ！　よくないことだ、本当に、本当に！」、「ああ！　いいこと？　ちょっと待って。それは本当？　それは普通？」といったようにだ。

灌頂は、何かスピリチュアルなこととは限らない。

私たちは日常生活を普段どおり送りながら、私たちの純粋なビジョンを力づける灌頂の機会を見つけなければならない。あなたが灌頂に出席したあとに自分が受けた名前、専門用語やその分類をすべて忘れてしまったとしても、毎日、自分について考える時に自分にこの質問をすればよいのだ。

「私は幸福か？　不幸か？」

もし、あなたが不幸なら、上手にそれを調べなければならないが、幸福を力づけることもできることは覚えておいたほうがいい。ここでは幸福は日常的な気分の浮き沈みを超越した私たちの真の性質の光で、不幸は私たちの無知、恐れ、自分に価値がないという思いの暗闇だ。力づけはまったくあなた次第だということをしっかり知る必要がある。あなた自身の選択なのだ。あなたの人生をコントロールしているのはカルマではなく、神ではなく、黒魔術でもなく、ほかの人が邪魔するからあなたが幸福になれないのではない。究極的には、幸福はあなたの決心だ。あなたが決心し、選択し、あなたの選択とあなたの人生を力づける。そういうことだ！

貧しくても病気でも幸福な人はたくさんいる。外界の条件や因果が私たちを苦しませるのは言うまでもないことだが、究極的には永続的な幸福は何よりも私たちのマインド次第だ。

灌頂はタントラの3つの教えの伝達のひとつめだが、それがまさにあなたの修行の基盤、根本になる。それはあなたに錨を下ろさせ、堅固にし、あなたの性質と許容力に根づかせる。

あなたが灌頂、さらにルンとトゥリを理解すれば、読み聞かせの伝達と教示はすでにそれに含まれている。あなたが灌頂の真の意味を理解すれば、灌頂は最高の心理学のようなものであることは明らかだ。それは普遍の心理学だ。いったん灌頂の本当の意味を知ったら、あなたは自分を力づけ、自主的な力づけを毎日実践すべきだ。

灌頂の最中に、私たちは様々な守護尊や瞑想用の諸仏や神々を自己生起するよう導かれるが、その際に諸仏や神々が私たちに語りかけるのは、私たちにはネガティブなものを破壊しポジティブなものを生み出す膨大なフォース、無敵の創造と破壊のパワーがあるということだ。だから、あなたが本当に灌頂を理解したら、最もポジティブで強い自信がつく。あなたはこのポジティブなパワーを自分のためだけでなく他者のためにも頂戴するのだ。

第2章で述べたように、タントラのアプローチでは私たちは上手に有益な方法で自分に焦点を向けるよう奨励される。あなたが自信を持ってポジティブなパワーと仏陀の強さで他者を助ければ、本当に相手を助けられる。そうすれば、もはや、「ああ、あわれな私！　私は病気！　私は弱虫！　私は犠牲者だ！　私はのけ者だ！」などと言い続けずに済む。いったん灌頂を受ければ、あなたはそうした愚かな考えのすべてに「もうたくさんだ！」と言える。

あなたは自分が、パワフルであることを知り、感じる必要がある。灌頂はあなたが自分の内なるフォース、あなたの本能的な知識とパワー、あなたの強みを信じられるように、あなたを力づける。自己サボタージュなどできなくなるのだ。

スートラの修行の道では、自己と自己執着の拒絶が重視される。苦しみの根本は幻想の自己への執着にあるという考えからくるもので、自己という考え方を捨てることで苦しみから解放されるというのが仏教の中心思想だ。密教もその考え方には同意するが、ただ自己を拒絶しろと私たちに言う代わりに、空(くう)、無常、自己の相関的、そして幻想的な性質を理解した時に、それをただ捨てられるだけでなく、力づけられるとする。

今日の世界では、とても多くの自己中心的な人が様々なネガティブな行動をとっているが、彼らはとても自信たっぷりだ！　彼らは実に自分に確信を持ち、能力も持ち、パワフルだ。彼らは自分が重要であると確信し、自分にはその権利があると思うから、戸惑いも恥の意識もなく、恐ろしいことを効果的に成し遂げる。しかしいっぽうでは、多くの善良で親切で思いやりに満ちた人々が、臆病で自信を持てずにいる。こうした人たちは自分への疑いと恐れ、罪の意識や戸惑いがあり過ぎる。こんな具合だ。

「え？　私が？　いえいえ、私にはそんな価値はありません。私はそんなことすべきではありません。私には何もできません！」

密教は、私たちのそうした罪悪感、恐れや恥の意識を断ち切らせてくれる。密教では、私たちの感覚や自己は無常で究極的には錯覚だが、それでも私たちは強くポジティブで自信のある自我を使って世界の先に進むことはできるとする。

チベット仏教には、観音菩薩(アヴァロキテーシュヴァラ)という無条件の慈悲の仏陀がいて、「千手観音」とも呼ばれる。彼のたくさんの手と腕は、生きものを助け苦しみから救うための無限の許容力と意志の象徴だ。しかし、表現によっては、この仏陀は持っているはずより少ない腕で描かれることもある。それは決して間違いではなく、私たちがこの像の前で祈りそれが象徴するもののようになりたいと願えば、自己開発を通して私たちが観音の腕になる、ということを表しているのだ。

守護尊が自信を持つことは、タントラ仏教では「金剛の自尊心」を持つことだとされる。これは自分の過剰重要視という通常のプライドとは異なる。そうではなく、自分自身、あなたの真の性質と許容力への不屈の自信と信頼を持つことなのだ。私たちのありふれた毎日の自己の空虚さを認識することで、私たちは無形の守護尊を通し自分自身を力づけられる。私たちは他者を助けられるように自分たちを力づけられるのだ。そのためには強く悟りが開けた自我が必要で、それを修行の道でのツールとして使える。

一般的に灌頂には3つのレベルがある。最高のものは普遍的で自発的なマントラで、次のレベルが「瞑想を吸収する曼荼羅」、言いかえれば一点に意識を集中させることで到達できる三昧の状態で、第3のレベル、最低のレベルは物質の曼荼羅による灌頂だ。

第1のレベルでは、灌頂は究極、言いかえれば非二元的な気づきのレベルだ。グルはリクパ(光明)、言いかえれば真の気づきを通して無形で灌頂を伝達する。

第2のレベルはグルと弟子が瞑想から得るもののパワーによる――師のマインドと観想がとても強い

ので、弟子は心理物理的現実として曼荼羅を宙に見る。サイケデリックな視覚のように3D、デジタルのマントラを見るようなものだ。これは完璧な瞑想のレベルで、マスターも弟子も純粋なビジョンを見て、グルのパワーにより弟子は曼荼羅が宙に浮いているのを詳細に見ることができる。

第3のレベルが最も一般的で最も簡単な灌頂で、最も基本的な曼荼羅を使う。このレベルでは、私たちは灌頂の誘導瞑想の助けとしてより物質的でわかりやすい儀式様の物質を使う。

チベットでは灌頂は「パワー」、「権威」も意味するが、それは灌頂が私たちのなかにある高貴なパワー、「王と女王」のエネルギーを刺激するからだ。私たちは自分の真の性質を理解すれば、もはや弱くはなく、救いようがない状態ではない。私たちは責任がとれるパワーを持つ。私たちが自信に満ち、瞑想や修行で出会う仏陀が自分自身であることを知れば、それが「金剛のプライド」になる。自分が慈愛に満ち、賢く、パワフルで、至福に満ちた仏陀の資質を持つことを知るのだ。

灌頂では、金剛杵や壺や経典、仏像や絵画、トルマ（チベット仏教のお供え物）で頭をそっと叩かれることが多い。これは祝福のためだが、また私たちを驚かせ、目覚めさせる意味もある。灌頂の最中には目覚めなかったとしても、後に修行をするなかで私たちは目覚める。概して仏法自体が目覚ましなのだ。

どんな灌頂でもどんなタントラの修行でも、まずは自分が誰であるか、また自分の能力に気づくために様々な助けを借りる。つまり灌頂は、すぐ消えてしまうよい夢や祝福を与えるだけの儀式ではない。その真の重要性を理解しなければ、修行の段階を経ることも、真の確証を持って生涯を生きることも難しい。

灌頂がはじまる前には通常サフロン水で口をゆすぐ。壺から甘露を受け入れる準備だが、それは究極的には自分の性質の祝福だ。口をゆすぐことで清浄な入れ物になる――自分の存在というグラスをゆすぐのだ。汚いグラスに甘露や叡智を注がれるために、灌頂に来るわけにはいかないからだ。

このシンプルな仕草で、私たちは自分の身口意のエネルギーとカルマを清め、自分自身をとてもきれいでクリスタルのように透明な器に変容させる。自分自身を純粋な器にするだけでなく、伝達されている内容を注意深く聞き、何も逃してはならない。さもなければ、穴のあいた器のようなもので、受け取った貴重な甘露を漏らしてしまう。器に漏れがあれば、ラマがその教えを器に注ごうとしても、私たちは与えられたものを失ってしまう。

最初の課題は毒や不純に関するもので、儀式として清めたり、少なくとも自分は純粋だと想像することで、私たちは自分が完璧で密教の灌頂を受ける資格があると思える。灌頂は、仏陀と菩薩が生産する清浄極まりないヒマラヤの湧き水のようなものだ。それをラマが壺に集めて自分自身の存在という壺に注ごうとする。いったん清めが済んだら、私たちはこの静水を私自身という器に注いでもらうのだ。

次の課題は私たちの理解に関するもので、伝達の最中に何らかを理解したり頭のなかでピンとくるものがあれば、「ああ、これはいい！ 今度は自分で幸福を力づけられる」と私たちなら言うだろう。いったんピンときたら、それを常に覚えておくことを自分に誓う。私たちの器に穴があいていない、とはそういうことなのだ。こうした認識を失わないようにするための方法だ。

もうひとつの課題は、器にかかったカバーをはずすことだ。カバーとは、私たちの頑固さ、頭の皮の分厚さだ。ラマが甘露を注ごうとしても、私たちのマインドが閉じていたら、入ってはいかない。だから、灌頂を受ける際には私たちのマインドとハートをオープンにしなければならないのだ。灌頂の最中には、何かが私たちのなかに入ってくる。様々なよいもの——ユトクや薬師仏の祝福といったものだ。疑いや恐れを持たずに自分を開けば、すべてがなかに入ってこられる。

灌頂を通じて、私たちはからだとチャクラに想像できる限りのすべての諸仏や神々を宿すことに気づく。アヌタラ・ヨーガのタントラでは灌頂の儀式で受ける灌頂は主に4つある。それらは金剛身（微細エネルギー体）に関係しており、すべては五毒を変容させ、5つのチャクラを開くためだ。

■第1の灌頂——壺の灌頂

頭、頭頂部のチャクラに関連する。諸仏や神々のヨーガの修行と自分のからだを守護尊のからだとして観想する許可を私たちに与えてくれる。私たちのからだのカルマと脈管（ツァー）を清める。

■第2の灌頂——秘密の灌頂

喉のチャクラに関連する。瞑想様の諸仏や神々への祈りやマントラを唱える許しを与えてくれ、私たちの発現のカルマと風（ルン）を清めてくれる。これによりすべての「見えない武器」と言葉や発現による害は変革する。

■第3の灌頂――智慧の灌頂

ハートのチャクラに関連する。これはカルマムードラの修行をする許可を与えるための灌頂だ。私たちの精神的なカルマを清め、ティクレを成熟させる。カルマは究極的には精神的な現象だ。というのも、カルマの本質である因果はマインドを通して働くからだ。私たちの精神的なカルマが清められれば私たちの雫、ティクレが清められ、それが風を清め、それが脈管を清め、それがからだを清める。この過程が最も深遠な至福の波動を生む。清められた私たちのティクレはとてもパワフルなよい「ブラックホール」になり、すべての現象はそこで消える――つまり至福のブラックホールになる。

■第4の灌頂――言葉の灌頂

おへそとベースのチャクラが焦点となる。マハムードラとアティ・ヨーガに関わる。言葉と類推により言葉や概念を超越したリクパを示す。この灌頂はすべてのカルマを一緒に清める。

各灌頂はそれぞれ五毒の5つの叡智への変革に関わっている。

壺……無知を仏法の状態の智慧に変革する

秘密……欲望を判別の気づきの智慧に変革する

智慧……怒りや憎しみを鏡のような智慧に変革する

言葉……プライドを平等、嫉妬を達成の智慧に変革する

カルマムードラについて弟子に教えたり、カルマムードラについて紹介する講演をすると、「様々な諸仏や神々の修行による最高の灌頂は受けてきたが、カルマムードラの灌頂は受けたことがない」と言われることがよくある。これは守護尊、言いかえれば諸仏や神々の瞑想修行のためにタントラ仏教の灌頂を受ける人の多くが、自分が何を受けているのかをよく理解していないことを示している。どんな守護尊の灌頂を受けたとしても、その守護尊を使ったカルマムードラを修行する灌頂を受けたことになるのだ。

すでに述べたように、ハートのチャクラのティクレを清める第3のマインドの灌頂はカルマムードラについてのものだ。しかし、学ぶ人の多くが灌頂とルン（口頭による伝達）を受ける時にその儀式についての説明を受けないために、これを認識していないのだ。第3の灌頂は常にカルマムードラで、カルマムードラを含まない最高のタントラの灌頂は存在しない。

献身、知的理解と今日のタントラの教え

今日の生徒の多くはたくさんの儀式、言いかえれば説明や理論を必要とする。説明なしでは、彼らの瞑想は役に立たないことが多い。だから、金剛身（微細エネルギー体）や灌頂といったことについての概要を説明したほうが役に立つと私は考えているのだ。

大昔には、理論的な理解をあまり伴わない瞑想修行がほとんどの修行者には役立った。正確な理論や自分がしていることを理解しなくても偉大な結果を達成できた。なぜなら、彼らには信頼——自分自身への、師への、その伝統や系統への信頼があったからだ。

今日では誰もが知識人だ。誰もが実に多くの疑い、考え方を持ち、多くの是非を持っている。自分自身や自分の内なる能力、自分の師や修行仲間の能力への信頼の欠如が蔓延している。自尊心の欠如は我々の時代の最大の問題だ。人は自分たちを信頼していない。だから今日、弟子がうまく修行し結果を得られるように助けるには、師は弟子の知性にアクセスできるような教え方をしなければならない。生徒はその伝統修行の背後にある理由がわかれば、うまくいきやすいのだ。これは少し祈りにも似ている。

「チベット仏教の祈りはチベット語で唱えるべきか」と、よく生徒に聞かれる。チベット語で唱えるのがよい理由はたくさんある。祈りの多くは過去の偉大な修行者が夢やビジョンや深遠な瞑想状態のなかで受け取ったものだ。そうしたものには特別なパワーがあるから、そのままの形で使えば、そのパワーにつな

がることができる。しかしながら、自分が唱えていることの意味がわからなければ、チベット語で祈ってもあまりパワフルにはならない。

私たちは古代に生きているわけではないことを認めなければならない。500年前とまったく同じように教えを伝達することはできないのだ。それは教えの問題ではなく、いまを生きる奇妙な人間たちのせいだ！ 古代の生活は過酷だったが、多くの点でよりシンプルだった。現代人は望むものをすべて持っているが、それでも不幸で不満を持っている。

人のマインドが変わるのは仕方がないことで、だから私はパドマサンバヴァの教えであるテルマ、明かされた「宝」の教えが好きだ。というのも、こうしたタントラの教えは、それが発見され伝達される時代とその様相に合わせた教えだからだ。

今日では私たちは自分のグルや教え、経典を全面的に信じた古代人のような信頼や信条のスピリチュアル・パワーを持っていない。ユトクのカルマムードラの教えは伝統的な方法で修行するには怠惰過ぎるか自制心が足りない人々のためにある、と私が言うと、驚かれることがある。

「仏教の修行には規律と献身が必要なのではないですか？ 献身がとても重要なのだと思っていましたが。単に怠け者でいるわけにはいかないはずでしょう⁉」

献身はもちろん重要だが、生徒が献身の意味を本当に理解しているかは定かではない。今日の生徒の多くが本当によく献身しているとは思えない。

今日の生徒はより分析的だ。彼らにはまず瞑想修行の分析的、技術的な紹介と詳細な説明が必要で、彼らはその後に修行を通して少しずつ献身を深める。過去には人々は献身と信頼があり、疑いはほとんど持たなかった。非概念的、非知的な説明が完璧に役立ったが、現在ではもうそれはあまりうまくいかない。多くの生徒は自分の献身を証明しようと、自分に莫大なプレッシャーをかけている。しかし、これは覚えておいたほうがいいが、自分に揺るぎのない献身があれば、おそらくすでに悟りは開けているのだ！

今日の世界では、私たちは常に矛盾する主張に直面している。たとえば、アップルもサムスンも自社の製品が最高で、最もすばやいサービスを提供すると主張する。製品を買う前には各製品を間近で見て、まず各社の主張を調べる必要がある。私たちは誰もが、疑い深く違いがわかる消費者で、それが今日の世界だ。同様に、今日の生徒は、どちらが早いか査定し精査することを期待される。だからこそ、タントラ修行に関する原則と仕組みについても、よりオープンな議論が必要だと私は思うのだ。

あなたのペースとレベルで修行する

スピリチュアルな燃え尽きとパラノイアの危険

今日では多くの人が、私が「スピリチュアルな燃え尽き」と呼ぶスピリチュアルな心痛とストレスを感じている。様々なスピリチュアル症候群を患う人がいるのだ。あなたが「前行」と言いかけただけで、「ああ、なるべく早く前行を終えなければ！　すべての修行を10万回、20万回、50万回もしなければ！」と焦る人もいるだろう。そして菩提心と自分の身口意の清めと安定を進める代わりにパニックを起こすのだ！　前行と聞いただけで慌て、恐怖を感じる人さえいる。

「ああ、何たることか。まだ私は終えていない！　10年前にはじめたのに……何ということか！」

こうしたことはよくある。心臓麻痺でも起こしたような絶体絶命の気分になる人さえいるのだ。それは自分の精神修行にプレッシャーをかけ過ぎるからだ。

精神修行とはすなわち理解することだ。すべては理解からはじまる——自分がしている修行をしっかり理解し、それを感じ、体験し、実行する必要がある。義務感やパニックから修行したのでは誰のためにもならない。理想的には、前行といった修行はやさしく平穏な心でおこなうべきなのだ。少なくともストレスやプレッシャーを感じながらすべきではない。

本書の読者であるあなたが人生で十分なプレッシャーを感じているのは確かだろう。社会的なプレッシャー、お金のプレッシャー、仕事のプレッシャー、そうしたもので手一杯ではないのか？ なぜ、別のプレッシャーを加えなければならないのか？ それはまったくシンプルな質問だ。スピリチュアリティ、瞑想、ヨーガ——実際にはこうしたものは、あなたに開放感を感じさせリラックスさせるためのものだ。プレッシャーやストレスを減らし、現実と苦しみに対処する能力を高めるためのものだ。これは極めて重要だ。そうでなければ、あなたがしていることは精神修行や自分で設けた多くのゴールを追い続けるだけになる。あなたは解脱を求めているか、または内なる平和や調和といったものを求めているのだろうが、結局あなたは心臓麻痺を起こしたようになってしまう！

私がこうした話をすると、私が冗談を言っているのだと思う生徒もいる。しかし、私は冗談など言ってはいない。私が言っていることは真実だ。偉大なるチベットのヨギ、ミラレパは次のアドバイスをしている。彼は言った。

「ゆっくり進め。そうすればあなたはより早く着くだろう」

多くの生徒たちはどうしているのか？ 彼らは早く進みたがり、決してたどり着けない。またはどこかにたどり着くが、それは心臓麻痺かスピリチュアルな燃え尽きだ。私たち人間は複雑なことやり過ぎが好きなのだ。しかし仏陀のメッセージの核心はすでに述べたようにシンプルだ。
「悪いことをするな。できるだけよいことをしろ。そして自分のマインドを完璧に手懐けるのだ」

四無量の美しい祈りについても、ただ蓄積すればよい、数千回唱えればよいとする伝統の教えもある。しかし、数をこなすことだけにこだわれば、その真言は虚言になってしまう。自分が唱えている言葉の背後にある意味と動機を瞑想できなければ、何度唱えても虚言でしかなく、その努力はまったく無意味になる。

カルマムードラは、非二元の至福と空(くう)の見えない一体化について語る。ティクレを使いそれを溶かし一体化すれば、それを私たちは体験する。しかしこの空は、一般的には多くの人にとってあまりに抽象的だ。修行者として私たちは空について理解しようとする前に、空につながる慈愛と至福を育て、理解しなければならない。それができなければ、現象の空という現実、恒久的な本質の「自己」の欠如は単なる知的概念になり、それと一体のはずの慈愛と至福から切り離されてしまう。私たちは慈愛、至福を構築し、その後に空の見方ができるようになる。これは重要だ。すべてが空だという考え方を歓迎し、「ああ、そうか、何もない、何も存在しない!」と考え、そしてニヒリストになる。
もし彼らがこの無としての空という考え方にはまってしまったら、どこからも慈愛は来なくなり、彼らはその能力を閉じてしまうことになる。しかし、私たちが私たちのポジティブな感情とハートでカルマムードラといった修行を深く体現すれば、修行を通して空を完全に認識できなくても、少なくとも慈愛は感じられる。

同時に、私たちがしっかり空を正しく理解することも大切だ。空の見方は仏教の中心で、存在するすべて、現れるすべては相互依存の産物であり、したがって独立した、独自の自己存在というものはない、とする。自分の認知、概念とアイデンティティの感覚は無私の空だと私たちが認識しなければ、私たちは人々や考え方や物を離散的で永遠で現実だとして扱うことになる。

私たちは執着と嫌悪を体験し、自分の投影にしがみつき、そうしたことにより、惑わされ苦しむことになる。カルマムードラの偉大なる至福は現象の空性と切り離せないものなのだ。

カルマムードラの一環として湧き上がる感覚と快感を瞑想する時には、しがみつきも拒否もせずに、そうしたものもマインドフルに観察し深く体験する。それらを直接観察し、その究極的な無常と空を認知する。夢から覚めるように、私たちは自分の感覚が明快に湧き上がるのを体験するが、それらが錯覚のようなものであることも知っている。それに執着したり制限したりせずに、非二元的にそれらがはじまり過ぎ去るに任せる。


空なしの至福は、より貪欲になり依存を起こしやすい。カルマムードラでは、私たちの至福の究極の性質を見て私たちが発見するのは空だとしている。そして私たちが空を認識する時、非二元の始原的な智慧の至福を理解するのだ。

したがって、カルマムードラは普通の二元的な喜びからはじまるかもしれないが、最後に私たちに見せてくれるのは空と私たちの本質的な仏性の超越的な至福である、ということに気づくことは、極めて重要だ。

前行を理解すれば、私たちのハートとマインドの両方にとっての基盤ができる。

スピリチュアルな事柄に関しては、私たちには識別力が必要で、自分の小さな頭を使わなければならない。あなたが本当にスピリチュアリティについて理解すれば、スピリチュアルな教義やパラノイア（偏執病）に巻き込まれることはなくなる。とくに密教とその修行（「サマヤ」への誓い）、タントラの誓いに関してのパラノイアはあまりに多い。修行への誓いに関する伝統的なチベット流の語り方や考え方は、多くの生徒をパラノイアにさせかねない。

本質的には、サマヤとは「信頼」と「つながり」という意味だ。それは関係についてだ。あなたはあなたのスピリチュアルなマスター、スピリチュアルなグループとよい関係にあり、よい関係は友達関係のようなものだ。あなたが調和とよい理解を保てば、物事はうまくいく。もちろん、どんな友情関係とも同様で問題や困ったことが生じることもあるが、話し合いや努力で多くは解決できる。そのようにしてサマヤも回復できるのだ。どんな関係も破綻したり傷つくことがあるように、サマヤも破綻することはあるが、修復は可能だ。何かが壊れたら、直すこともできるのは確かなのだ。だから、スピリチュアルなパラノイアを乗り越えることには何の意味もないのだ。

私たちの世界は、すでにパラノイアや教義的な考え方で満ちている。自分の考えにストレスを感じ、偏執し、制限されては、仏法修行の足しにはならない。

こうした点はスピリチュアリティ全般にあてはまる。私がこの話をするのは、私自身が幼いころに体験したことだからだ。

若いころの私は、スピリチュアルな達成を渇望していた。シッディ、パワー、魔法の能力といった、実に多くのものを欲しがっていた。しかし、私の師はこう言った。

「スピリチュアリティはフルーツのようなものだ。自然に自分が熟するのを待たなければならない。それには時間がかかる」

あなたのマインドと修行のマンゴーがまだ熟していないからといって、「ああ、ただ熟させればよいだけか」とそれを電子レンジに入れたり、陽光の下に置くわけにはいかない。私たちの執着と恐れが私たちを苛立たせ、気を散らさせる。だから、私の師の言った言葉は、スピリチュアリティに関して私が受け取った最も価値あるアドバイスのひとつだ。

私はすべてを渇望していたが、師からは次のように言われた。

「それはフルーツのようなものだ。熟させなさい。それには時間がかかる。忍耐が必要だ。我慢強くなり、一貫性を持ち、献身しなさい。どんな小さなことでもできることをしなさい。毎日、20分でも1時間でも修行を続けていれば、到達したいすべてに到達できるのだ。わかったね？」

私たちが渇望したり偏執したり、その両方になったら、修行の道を失うことになる。ただリラックスして、「ああ、私は本当に病気だ。弱過ぎる。悪過ぎる！」などといった罪の意識を感じないようにする。どんな密教の瞑想や仏教修行からも、ストレスを得るようになってはならないのだ。それがカルマムードラやタントラのヨーガであるかにかかわらず、あなたがするどんな瞑想でも、どれだけたくさんできるかにかかわらず、非二元の至福を感じるような方法が最善だ。それがすべての幸福と喜びの基盤だからだ。

非二元の気づきのなかで休息することは幸福で喜びに満ちたもののはずで、ニュートラルな体験ではないはずだ。もし上手にできるなら、喜びを感じた過去の記憶や体験による刺激を通じて、人が生来持つ幸福と至福を引き出すこともできるだろう。私たちはストレスを溜めたり、ゾンビやカウチポテトのようになるべきではないのだ。

修行というものは、正しい動機から安らかで幸福なマインドでしてこそ意味がある。そのために緊張したり何かに固執するわけにはいかない。「ああ、私はマントラを唱えるスピードが速過ぎる、遅過ぎる！」といったように。

心配することはない！　あなたに可能な限りの最善な方法で修行すべきなのであって、偏執してはいけない。修行することで幸福の基盤、至福を感じるようでなければならないのだ。たった1分間の修行でも、それを培い、楽しむのだ！

ヨギのミラレパは言った。

「ゆっくり行け。急ぐな。そうすればより早く着く」

これは真実で、それは重要だと私は本当に思うのだ。

自分自身のからだを使う方法と、他人とおこなう方法
――カルマムードラの修行と共通の目標

カルマムードラでは、オルガズムの状態を醸し出し、それをより広げて開放的に自然にチャクラで体験する。私がこれから紹介する方法は、ユトクの初心者向けカルマムードラからとったもので、活発で健康な人なら誰でも、パートナーのあるなしにかかわらず修行できるものだ。

第1章で触れたように、ユトクの教えにはふたつのレベルの修行がある。自己修行、言いかえれば「自分自身のからだを使う方法」(ランル・タップテン)と、パートナーとの修行、「ほかのからだとの方法」(シェンル・タップテン)だ。ひとりであろうとパートナーとの修行であろうと、性的なヨーガの修行の最中に気づきを保つことで、私たちはマインドの性質が理解できる。

カルマムードラが極めてパワフルな理由のひとつは、私たちが異なるチャクラを通じてティクレを動かし変革させればどんな苦しみを与える感情や精神状態からでも自分を解放することができるからだ。チベット仏教の伝統では、これらは「80の論説、または概念的思考」として知られている。これらは無知、怒り、欲望という三毒に呼応している。喉のチャクラは33の怒りや憎しみの拠点で、ハートは40種類の異なる欲望に関連づけられ、おへそのチャクラには7種類の無知や困惑がある。私たちが各チャクラでティクレを本当に体験すれば、呼応する毒から解放される。これがグヤサマジャ・タントラのような重要なタントラ

で説明されるカルマムードラの修行の目標だ。

究極的にはすべての密教の教えは、毒をどうやって取り除くかというよりは、どうやって変革させるかが中心だ。これを目的とする様々な瞑想があるが、カルマムードラは明確で直接的な修行であり、毒を変革するための直撃弾なのだ。

80の毒

33の概念的状態、怒りの結果としての性質	
1	かすかな不満（望まない対象に対して）
2	中程度の不満
3	極端な不満
4	マインドの行き来（ある対象に対しての内なる行き来） マインドがある外的対象の後を追う、対象を追いかける
5	かすかな痛み、苦悩、悼み（ある魅力的ではない対象からの苦しみ）
6	中程度の痛み、苦悩、悼み
7	極端な痛み、苦悩、悼み
8	マインドが平安、平穏
9	概念化（マインドが思考、考え過ぎ、心配、パラノイアで荒れ、苛立っている）
10	かすかな恐れ（ある魅力的でない対象への恐れ）
11	中程度の恐れ
12	極端な恐れ
13	かすかな渇望（ある対象への渇望）
14	中程度の恐れ
15	極端な恐れ
16	流用（ある感覚的対象を自分のものとし、完全にそれにしがみついている）
17	不徳（徳のある行動をとることに関してふたつのマインドを持っている）
18	飢え
19	渇き
20	かすかな感情や感覚（快感、不快感、どちらでもないにかかわらず）

21	中程度の感情
22	極端な感情
23	意識（対象への意識的な認識）
24	認識、意識で認知されたベース
25	差別（ひとつまたは別の分類への概念的な整理）
26	恥の意識（無言の侵略、未告白の不徳な行動、良識からくる）
27	慈愛
28	かすかな愛や親愛（苦しみをもたらさない親愛の対象や焦点からの小さな欲望）
29	中程度の愛
30	極端な愛
31	疑い、疑惑または不安（不確か、または揺れるマインド）
32	まとめ（物事をまとめたいマインド）
33	みじめさ（他者の所有物への完璧なしがみつき。羨みともされる）

40の概念的状態、欲望の結果としての性質	
1	欲望、情熱（すでに得たものが対象）
2	得られないものへの欲望、情熱
3	かすかな快感、喜び（ある魅力的な対象を認知したことによる）
4	中程度の快感、喜び
5	極端な快感、喜び
6	愉快さ（ある欲望を満たしたり目標を達したことによる）
7	有頂天、歓喜（何度もある欲望を満たしたり目標を達したことによる）
8	感嘆、驚異（信じられないようなニュースを聞いた時のような）
9	笑い（魅力的な人や物を認知しそれに気をとられたり、我を忘れる）
10	満足（幸福を体験したことによる）
11	抱擁（抱擁したかった後で）
12	キス（キスしたかった後で）
13	吸う（からだの部分を吸いたかった後で）
14	精神安定（不変のマインド）
15	勤勉（自分の美徳の行使）
16	うぬぼれ（自分自身の高いまたは過剰な評価）
17	活動の完遂
18	強奪（他人にとって価値あるものを奪いたいという欲望）
19	フォース（敵やほかの群を負かしたいという欲望）
20	幸福に、熱狂的に進む（美徳の道などで）

21	かすかな勇気、大胆さ（自信を持って目標を求め、到達する）
22	中程度の大胆さ
23	極端な大胆さ
24	攻撃、傲慢（理由なしで上司と争うなど）
25	誘惑的な態度（魅力的な対象に会うと魅力的に振る舞い、その気にさせようとする）
26	意地悪、悪意、敵意
27	美徳（道徳的な行動で秀でたいという欲望）
28	明快に自分を表現（他人に明快に理解されたいという欲望）
29	正直（事実と一致したことだけを表現したいという欲望）
30	不正直（事実ではないことを言いたがるなど）
31	確信
32	しがみつかない（ある対象を完全に欲しがらない）
33	気前のよさ（自分の所有物を無償で提供することへの欲望）
34	奨励（怠惰な人ややる気のない人を刺激したい欲望）
35	ヒロイズム（敵に勝利したい欲望）
36	羞恥心の欠如（不道徳的なことを慎む気が皆無）
37	ずるさ、欺瞞（ぎまん）（何かにより他人の気をそらしたり、騙そうとする欲望）
38	魔性（悪魔的な見方への執着や残酷なことへの愛、欲望など）
39	野性（他者をあざけたり虐める暴力的な無礼さ）
40	ぺてん（詐欺、正直、誠実になりたくないなど）

7つの概念的状態、無知、困惑の結果としての性質	
1	中程度の欲望、情熱（何かの本質を理解していないことによる）
2	健忘症（マインドフルネスの劣化）
3	幻想、錯覚（陽炎や水の反映のような錯覚的な見た目に執着したり、気をとられたりすることによる）
4	無言（喋りたくない）
5	悲しみ（落胆、気落ちしたマインドによる）
6	怠惰、無関心（美徳が愉快でない）
7	疑い（カルマや現実の真の性質に関してなど）

＊学派により若干内容は異なる。このリストは複数の翻訳をもとにしたものだが、主にはWedemeyer（2007）の翻訳に従った。またZangpo（ed. 2008）からの言葉も分類のために短いカッコ内で翻訳したが、それは仏教、密教独特の見方でこうした概念的状態を読んだものだ。概念的状態のすべての可能性の学術的記述は、道標、伝統的な整理の仕方で、人間の概念的体験の可能性の範囲を様々な有益な方法で反映したものとして理解しておくべきだ。

センシュアルな（性感を伴う）修養
――カルマムードラとオルガズムを持続させる修行

カルマムードラは平凡な欲望と認知を超越させるものだが、それには日常的な人間の感覚と実体験を利用する。

マハムードラとカルマムードラの大きな違いのひとつは、カルマムードラではからだの感覚と肉体的な感覚にフォーカスしていることだ。カルマムードラには抑圧がない。すべての感情や感覚を、資源、エネルギー源として使う。ティクレはまさに燃料のようなもので、私たちはそれを燃焼させることですべてを変革する。からだは無視されておらず、自己否定も卑下も自己嫌悪もない。

カルマムードラでは自分を好きになるべきで、自分を知り、自分を感じて自分のエネルギーを使う必要がある。自分やパートナーを好きになるほど、より感じられ、無条件の愛と慈愛を拡大できる。だからカルマムードラの修行が本当にしっかりできていれば、あなたが感じる至福はあなただけでなくすべての衆生にも感じられる。

カルマムードラは至福のエネルギーを使い、養うことを私たちに教えてくれる。カルマムードラの修行では、そうしたエネルギーを阻止するのではなく増大させる方法を用いる。「そうだ、火が燃えているなら、薪をくべてもっと燃やそう」と考えるのだ。その火がより熱くなればもっと至福が得られ、いったん大量の至福を溜めたら、その至福はとてもパワフルになる。その時点では、至福は苦しみを変革する能力を発揮する。この至福は真の喜びで、その反対である不幸を取り除く。至福は光のようなものだ。光のスイッチを入れれば暗闇は消える。

もちろんチベットの師のなかには、伝統的な教本に出てくる「偉大なる至福」はオルガズムとは無縁だ、と言う人もいるだろう。僧院の師の場合にはオルガズムという概念に馴染みがなかったり、知らない場合もあるだろう。または肉体的過ぎる、世俗的過ぎるという理由からオルガズムという言葉を使いたがらない師もいる。しかし、こうしたことはまったく皮肉で、タントラで語られる偉大なる至福は実際にはオルガズムのことで、ただ異なる種類の非二元性でより精妙なオルガズムの体験なだけだ。コルロ・デチョックのブッダとも呼ばれる勝楽金剛（チャクラサンヴァラ）は絶え間ない至福の乗で、24時間のオルガズムなのだ！

異なるレベルの至福と幸福があることを理解しておくことは重要だ。普通の肉体的なオルガズムは、より精妙なレベルの至福に比べたら短命で表面的だが、肉体的オルガズムも精神的なオルガズムも同じだ。

多くの人にとっては、オルガズムを体験する瞬間はたった2秒から5秒で、うまくいけば11秒、12秒なら上出来といったところだ。それは素晴らしい感覚だが、終わってしまえば「ああ、また頭痛が戻ってきた」とか「触るな！」といった状態に戻る。

さて、あなたのオルガズムが10秒だったとしよう。その瞬間にあなたは悲しみを感じていただろうか？あなたの痛みはどこに行った？あなたのうつはどこに行った？あなたの恐れ、不安、怒りや困惑は？通常私たちはとても多くのネガティブな感情を持っているが、オルガズムの瞬間にはすべて消えてしまう。それがオルガズムのパワー、至福のパワーだ。私たちはこの一瞬の至福の逃避の瞬間を自分に許すが、より深くて長続きする至福を感じる準備はあまりできていない。現代世界では、むやみに幸福や至福を感じるのは変で不謹慎だとさえ考えられている。

通常、男性の射精は頭と性器、または性器だけで感じる感覚だとされる。いっぽう、女性には体の内側にGスポット、外側にクリトリスがある。体内勃起組織に加え、クリトリスには陰核亀頭と大陰茎に沿って走る内側の部分がある。こうした部位の多くは男性器に似ているが、男性と女性ではオルガズムの反応は大きく異なる。

しかし、男性でも女性でも平均的な人のオルガズムは極めて短い。平均的な人はマッサージやおいしいチョコレートを食べたり、くしゃみをしたり、普通のオルガズムによって、一瞬、ほんの少しだけティクレが活性化される。平均的女性のオルガズムは約7秒で、平均的男性のオルガズムは約4秒だ。つまり、行く、行くと言っている間にもう着いてしまっているわけだ！

初期のオルガズムの研究の多くはドイツの医師によるもので、彼らは筋肉の活性化に注目していた。オルガズムとは緊張の大きな昂まりと解放だと彼らは説明した。平凡なオルガズムの場合には、これはおおかたそのとおりだ。

通常のオルガズムは躁うつ病のようなもので、薬物を使用した時のように、とても高い突然の短い絶頂があり、クラッシュする。昇って、短い絶頂があり、下る。オルガズムの前には、あなたはその感覚をとても楽しみにし、オルガズムが起こると快感の最高潮に達する。あなたは「ああ、神様、行く、行く！」と叫ぶかもしれない。これは神様もお気に入りの祈りの言葉だろう。その瞬間に、あなたは神様に何かを与えてもらおうと祈っているわけではなく、あなたの祈りはまったく無条件で、それは純粋な感覚だ。あなたはただ「神様、行く！」と言う。哀れな神様。素晴らしいパラダイスをお持ちだが、そこは空だから、誰かに「行くよ！」と言われたら、大喜び（するわけはない）だろう！

あなたがそのレベル、絶頂に達した時には、あなたは神を見いだし「神様！」と叫ぶが、そうしたらあなたは落ちてしまう。そして暗闇になる。天国、パラダイスをちょっと訪問しても10秒か20秒後には再び地獄に戻っている。「触るな！」、「仕事があるんだ」、「ストレスが溜まっているから」、「いま頭が痛いから」。こうした「性交後の冷淡さ」は、主に男性に見られる反応かもしれない。射精の前には多くの男性は親切だ。しかし、いったん自分が欲しかったものが得られたら、美しい天使は鬼に変わってしまう！ 自分は天使と寝たと思っていたのに、短いオルガズムの後には、その小さな天使は鬼になったのだ！ だから、通常のオルガズムに伴う態度の変化は躁うつ病に似ているというのだ。

ではどうしたらよいのか？

あなたがひと晩に1回、平凡なオルガズムを得ると仮定してみよう。それは24時間以内に、おそらく10

秒から20秒の間、あなたのマインドがどんな苦しみからも完全に解放されることを意味する。至福の喜びを得られるのはよいが、あっという間に終わってしまう。なんとかそれを長引かせることはできないのだろうか?

カルマムードラによれば、あなたがちゃんと修行すればオルガズムの質も高められ、その瞬間も延長させられる。たとえば、1日1回、1時間のオルガズムが得られるのだ。悪くはないことだろう!20秒ではなく60分だ!それまでの23時間で溜め込んだすべてのストレス、ネガティブな感情、すべての問題はゴミのようなもの、またはこれまでの比喩を続ければ堆肥や燃料のようなものになるのだと想像してみよう。そうしたすべてを次の1時間ですべて燃焼させられるのだ。そうなったら、あなたのストレスや不安や恐れはどこに?それがカルマムードラの真髄だ。だからこそ、本当にパワフルでとても深い意義がある深遠なテクニックで、最良の瞑想法のひとつなのだ。

カルマムードラの修行を通じて、あなたは自分の内なる至福に触れ、生涯、より深く長い至福を感じることができるようになる。あなたがカルマムードラの達人になれば、死ぬ時にもオルガズムの状態でいられるのだ。最後の息を引き取る時に、「神様、行く!」と言って、確かな微笑みを浮かべて死ねる。それは偉大なる至福―空を達成した証だ。

通常、私たちのマインドは凡人のあらゆるアイデアや思考で忙しい。しかし、密教を正しく自信を持って修行し、自分が変革したことをしっかり信じられれば、その瞬間にあなたは自分自身から解放される。

私たちがキェーリムと呼ばれる生起次第の修行を通じて自分自身を変革させれば、凡人として持っていた以前の思考や心配はなくなり、忘れてしまう。いったん自分自身を変革させられれば、私たちは仏陀や瞑想上の諸仏や神々の状態になり、過去現在未来のすべては完全完璧で、何も欠けたものはなく、それはゾクリム、タントラ仏教の究竟次第といわれる状態だ。

カルマムードラの修行をすれば、私たちの超越的な至福のすべての光が全宇宙とすべての衆生を照らす。あなたの家の窓を通り過ぎるてんとう虫、ハチドリ、蝶々でさえ「ああ、神様！ これは何だ！ 至福だ!! ああ!!」と頓死してしまう。

カルマムードラは、私たちの至福を洗練させ増大させることを私たちに教えてくれる。カルマムードラの修行法を知らない人も、その感覚はわかる。本当によいオルガズムを感じた時には、心がとてもおおらかになり、どんな問題にも対処でき、誰とでも友達になれるように感じるのだ。同様にカップルが愛し合っている時にはすべてが快調で、ある種純粋な視覚が得られる。この純粋な認知力は、彼らが持つ愛とポジティブな感情によるもので、彼らの内側で育つすべてのティクレによるものだ。

残念ながら多くの場合、そうした感情は続かず、持続可能でも再生可能でもない。人は幻滅するものなのだ。彼らが感じていたティクレのときめきは消耗し、問題が生じる！ そうなると、無理やり人工的なときめきで感情を潤わそうとするが、さらに様々な問題を生じさせることになる。

「マインドフルなセックス」と至福の刺激
——カップルのためのカルマムードラ、そしてタントラのアプローチをより普及させるために

次に紹介するエクササイズは、いくつかのステップからなる。最初の数ステップは、ひとりでもカップルとでもできる呼吸法と観想法だ。こうした方法では、呼吸と瞑想によってオルガズムの強さと長さを増大させることにフォーカスする。この瞑想をするだけでオルガズムを何度も感じる人もいる。数分間呼吸するだけで10回から20回、ミニ・オルガズムを感じられるのだ。

本書の読者のなかには前行の修行には関わりたくなかったり、関心がない人も多く、そうした人は密教やカルマムードラの修行の様々な側面に関する私の説明は読み飛ばしてきたかもしれない。そうした人が最も関心を持っているのは交合修行、肉体を持つパートナーと実際に性交することだろう。しかし、本書では交合修行の詳細には触れない。

とはいえ、本書には交合修行についての情報は何も載せないことを私が選んだというわけではない。それは、現実には本書の読者の多くは禁欲独身主義でない限り、伝統的なカルマムードラの修行について知りたい、従いたいと思っているか否かにかかわらず、日常的にセックスはしているはずだ。そうした人が仏教の修行をしたいなら、少なくとも性交を「修行の道にのせる」修行を少しは実践すべきだと私は思うのだ。

パートナーとの修行に関しては、何か特別な秘技や瞑想を理解したり知ることが最も大切だと考える人も出てくる。しかし、本当に大切なのは、パートナーを理解し受け入れることなのだ。

パートナーの片方はとてもセックスしたいのに、もう片方はまったく気が進まないといった状況もあるだろう。こうした問題、カップルの不均衡は、頻繁に起こりがちだ。たとえば、妻は疲労困憊でセックスなどしたくないのに夫はとてもセックスしたがっている、射精したがっているとする。または、妻は本当にセックスしたいのに夫のほうは疲れているということもあるだろう。

もしこうした不調和や状況に遭遇したら、あなたの緊張や欲求不満を解消する方法として、これから説明するカルマムードラの呼吸法の訓練をすればよい。こうした修行を、しっかり時間をとって一緒に、本当に意識を集中して深くすれば、ふたりのマインドが落ち着く。

多くのカップルが性の不一致から喧嘩し、別居の主な理由にもなるのだから、こうしたことをしっかり説明しておくことが重要なのだ。

女性があまり親密になりたくないのは、パートナーから尊重されている感じがあまりしないせいかもしれない。尊重もされず無視されているように感じているのにプレッシャーをかけられてセックスした女性が、結果的にその相手を愛してしまうこともあるかもしれない。

別の状況もある。スペイン語とイタリア語にはこんな表現もある。「淡泊」または「下手だった」。女性がとても怒っていたり、神経質になっていたら、人は「彼女は夫かパートナーが下手だった」と言うのだ。つまり性的満足を得られない女性は神経質になったり怒ったりする、という考え方だ。

このことわざには一理あるかもしれない。うつや神経質になるのは、オルガズムとそれがもたらす癒しが必要な兆候であることは多いのだ。性的親密さや性交がなくなるのは、カップルの喧嘩や別離、抱える問題の主な理由のひとつだ。

時に人はパートナーへの関心を失うこともある。もっと魅力的だったり刺激的なほかの人に興味を持ったりするのだ。既婚の夫婦の場合は、「ああ、もう結婚したから、相手のために着飾る必要はない」と思ったりもする。様々な可能性はあるが、情熱や親密さや愛が消え去ってしまうのだ。

私は医師なので、よく性関係やセックスのアドバイスを患者から求められる。とても多くの人がこの問題に悩み、苦しんでいる。だからこそ、いかに常にマインドフルな性交ができるかについて、カルマムードラから得られるアドバイスの価値は大きいと思うのだ。そうした修行は本格的なカルマムードラやその全貌ではないとしても、同様の原則に基づいているし、誰にでも簡単に利用できる割には、人が持つ80の精神的苦しみを変革し、心身の健康を改善させられる。

カップルが交合の修行や挿入を伴う性行為をしない場合には、左記のステップで関係により親密さをもたらしストレスや喧嘩をなくすこともできる。パートナーの相互理解を深め衝突をなくすためのとてもよい修行だ。

性の嗜好にかかわらず、どんなカップルも一緒に瞑想し、お互いを見つめ合い、キスし、抱擁し合い、性的な親密さを儀式のようにできる。これはカップルが毎日毎晩、または1日おきに、または週に1〜2

回繰り返すこともできるよい修行だ。つまりは親密さと至福を培うということで、それが私たちの真の本質を理解する役に立つ。相手を尊重し、合意に基づいたもので、至福をもたらすことなら何でもいい。

カルマムードラでは至福の創出に意識を集中させるが、それは私が先に述べた第4の意識、精神の状態であるオルガズムの意識を目標としているからだ。私たちが起きている時にはイリューゾリー・ボディ・ヨーガがあり、夢を見ない睡眠中にはクリア・ライト・ヨーガがあり、夢を見ている時にはドリーム・ヨーガがある。起きている時や寝ている、または夢を見ている状態でできる修行はとても多いが、オルガズムの部分は無視されたり、制限されたり、放置されがちだ。だからこそ、カップルにとって実践しやすい修行にフォーカスすることがとても重要だと思うのだ。

「マインドフルな性交」にフォーカスすれば地に足がつき、タントラのアプローチも安全で実践しやすくなる。

あなたが賢ければ、便利なものなら何でも
――刺激、大人のおもちゃ、アナルセックス、ポルノについての考察

安全に相手を尊重して行うのであれば、カップルの性行為はオーラルセックス、アナルセックス、大人

のおもちゃの利用、ロールプレイその他、どんなものでもかまわない。そうしたものを知らない人が試し体験したいなら、カルマムードラの見地からは体験してもよい。

カルマムードラでは、私たちが持つすべての感覚を探索し利用できる。カルマムードラでは、五感の快感を利用する必要があるとするのだ。私たちを刺激してくれるという点で五感は重要だ。五感は私たちの至福感を増大させるのに役立つ外的要因で、内なるルンと呼吸の修行と一緒に利用できる。

たとえば、すでに述べたように、私は常にチベット語でのチャンティングを奨励している。ギェルゴムと呼ばれる「真言瞑想」は、古代から実践されてきたニンマ派の修行法だ。私たちの多くは音楽や歌を歌うことが大好きで、歌うのが下手でも、上手なつもりで歌えばよい結果が得られる。自分のメンタリティや能力に応じて何をチャンティングするかは考えなければならない。五感に関しても、自分の才能を様々な方法に活かせる。聴覚に長けているなら、オーディオで音楽を聴きながら瞑想することもできる。私はいまでは、オーディオを利用した瞑想を多くの人に奨励している。

また、目が見えない人の瞑想に関するかなり昔の本を読んだこともある。この本によれば、目が見えない人は瞑想中に色や形ではなく音を思い浮かべるそうだ。私はそれが認識されていることを知り驚いた。また、目が見えない人のなかには、触覚がとても繊細な人もいる。彼らの内なる目で見る色は健常者よりも豊かで強烈だとも言われる。私たちが暗室の合宿修行で体験するカラーのようにだ。いっぽうでは、色などを利用する瞑想で苦闘する人もいる。

今日では目が見えるか見えないかにかかわらず、多くの人が実に多くの雑念で気を散らしがちだ。音や音楽はそんな私たちにふさわしいのだ。最近では、音楽を聴くことは私たちにとって特別な助けになってくれる。音楽を聴きながら、またはチャンティングしながら、歌を歌いながら瞑想すれば、意識を集中させられるので充実した修行になる。あなたにとって役立つ方法を選べばいいのだ。

カルマムードラでは、至福をもたらすか、その刺激になることは何でも許されるが、結局のところ最も大切なのは相手を尊重し理解することだ。

たとえば、異性愛者の男性のなかにもアナルセックスを好む男性はいるが、それを嫌う女性もいる。女性の多くは相手を喜ばせるため、または相手からのプレッシャーでそれを受け入れるが、本当はそうした体験が嫌いだし、痛みやストレスも伴う。しかし、男性がとても上手で女性が積極的で、男性が相手を尊重しながらそっとアナルセックスをおこなえば、両者にとって大きな快感が得られる体験になる。アナルセックスを好む女性もいるし、アナルセックスからのオルガズムは女性にとってとても強い快感を与えることもある。

ゲイの男性同士では、よくコミュニケーションをとり、適切な準備でおこなうようふたりが努力すれば、アナルセックスから極めて大きな快感が得られる。異性愛者の男性のなかには、アナルセックスの適切な準備の仕方を知らず、どう相手によい体験をさせられるかを知らない人も多く、そうした場合には問題となる。

カルマムードラは具体的には自慰行為、ディルド（張形）、バイブレーターなどといった大人のおもちゃの利用を禁じてはいない。

これから説明するように、パートナーなしでジャナムードラの観想をする際には、自慰行為はすでに修行の一部に含まれている。つまり、自分で自分自身を刺激してエネルギーを生み出せば、チベット語で熱と至福を意味するデトゥを燃焼させられるのだ。私たちは食べ物を食べ、主に身体的な感覚の世界で生きているなど、物理的な現実にあまりにとらわれているため、欲望を刺激する場合にも身体的な要素が必要になるのだ。もちろん、なかには瞑想がとても得意な人もいて、そうした人たちにとってはすべてはマインドの問題となる。あなたがもしそうしたレベルにいるなら完璧だ！　瞑想、呼吸法と観想だけで十分な刺激となり、至福感を高められるだろう。

しかし、そうしたレベルに到達していない人は指やバイブレーターといった物理的な助けがいるため、そうしたものは禁じられてはいない。ただの道具だからだ。

カップルによっては、チベット伝統医学のラのマッサージによって、またはポルノを一緒に観ることで至福感と情熱を刺激し合えることもある。そうしたものも同様で、ただの別の手段に過ぎない。とくにポルノ映画については、子どもに「とんでもない！　ポルノなど観てはいけません」と言う親もいる。それでもティーンエイジャーの99％はポルノ映画を観るだろう！

最近では、若い世代のほとんどはポルノからセックスについて学んでいる。カップルが親密感や欲望を高めるためにポルノを一緒に観ること自体には何も問題はないが、ポルノのスターは男優と女優であることも忘れてはならない。彼らはプロとして仕事をしており、すべてをリアルに見せようとするが、惑わされてはならない。彼らは観客が観たいもの、聞きたいものを知っているのだ。ポルノのスターはそうしたことを理解したうえで観客を刺激し、また観てもらえるように演技する。

至福感への刺激としてポルノが役立つ場合もあるが、ポルノ産業はビジネスであり、判断力なしにポルノ映画を観ていれば、現実のセックスについて間違った印象を受けることになる。

ポルノ映画を観た男性は、セックスには2〜3時間かけなければならないとか、どれだけたくさん射精しなければならないとか、女性に叫びや悶え声をあげさせられなければよいセックスではないと考えるかもしれない。多くのポルノ映画はとても攻撃的で暴力的でもある。叫び声をあげるのは女性だけで、男性は弱みを見せたくないから叫び声はあげない。こうしたすべてが間違った印象を与え、非現実的で時には危険な考えも引き起こす。

最初に刺激を得るためにポルノ映画を観るのはいいが、誤解によって自分を見失ってはならない。ポルノ映画を観て男性が「ああ、わかった。女性はそういうものなのだ。手荒にして殴らなければ。女性はみんなそれを好むのだから!」とか、「女性はみんな、いつもアナルセックスをしたがる。女性のからだは使い放題にすればいい」といった間違った見方をしだす危険があるのだ。

男性は常にアナルセックスをしたがるが、女性がアナルセックスでオルガズムを得られることは極めて稀だ。多くの女性は痛いからアナルセックスを嫌うが、男性は気にかけず、したいことだからとそれを好み続ける。ポルノで様々なことを観て、人はそれを見本にしようとする。夫がポルノを観てアナルセックスをしたがるようになり、恐怖におののいた女性を私はたくさん知っている。こうした状況はまったく馬鹿げている。

現実には女性がアナルセックスを楽しみ、肛門でオルガズムを感じられることは滅多にないと私は思う。もちろん、女性が楽しみ、からだもそれを喜ぶのなら、それはそれでいいが。

いずれにしても、ポルノを観てアナルセックスを暴力行為のようなものとして扱ってはならない。カップルがアナルセックスをしたいなら、お互いに快感を与えられる方法を学ぶ必要がある。肛門と結腸を完璧に清潔にし、時間をかけて意思疎通しながら、潤滑剤を使って、といった配慮が必要だ。とにかく、ポルノから間違った教育や誤解を得ることがないように気をつけなければならない。

ポルノには、ポルノ依存症その他の不健康な行動を招く弊害もある。ポルノ依存症になった人はもはや内なる至福感は得られず、内なる世界とのつながりは絶たれてしまう。これは、私たちがカルマムードラの修行のために感覚を刺激する様々なツールを使って成し遂げたいこととは正反対の結果だ。

至福を生み出すなら、何でも、誰でも――同性愛者の修行のポイント

カルマムードラはセクシャリティや性欲に関係するので、私は人からよく、同性愛についてどう思うか尋ねられる。これは重要な質問だ。

第2章で、あなたのパートナーが誰で、あなたがどう快感を得るかは、それが双方同意のうえでのもので健康的である限り、個人の問題だと述べた。カルマムードラは至福の体験に関するもので、あなたが異性愛者でも両性愛者でも同性愛者でも、至福は生み出せ体験でき、それはまったく同じものだ。至福を生み出すためには性の嗜好は大きな問題ではないのだ。あなたにパートナーがいなくて独身でも、それも問題ではない。

すでに述べたように、どんな人の微細なからだにも同じティクレがあり、性別や性の嗜好にかかわらず、誰でも次に説明する呼吸法やティクレの訓練法を実践できる。誰にとっても完璧に働くのだ。

ジャナムードラではパートナーを観想するが、これは究極的にはヨギとしての情熱を刺激し、燃焼させるためだ。だから、あなたが観想しあなたの内なる至福感を刺激し沸き立たせる相手であれば、あなたの仏陀であるパートナーの外見や性別はどうでもよいのだ。あなたがそのフィーリングを生み出せればよいのだ。

ヤブユムの体位で表現される伝統的な和合仏では「女性」の仏陀と「男性」の仏陀が交合しているので、不安を感じる人もいる。自分が同性愛者でも、ジャナムードラの観想では異性を観想しなければならないように感じるのだ。しかし、それではこの修行のポイントを見失うことになってしまう。同性愛者の男性が自分自身を普賢菩薩（サマンタバドラ）という「男性」の仏陀として観想するなら、相手も普賢菩薩という「男性」の仏陀として観想することもできるのだ。異なる意見を持つ指導者もいるだろうが、私はそれでまったくかまわないと思っている。

カルマムードラでは、自分の感覚を使って至福感を生み出さなければならないとしている。つまり、自分を刺激し、欲望を生み出すように想像しなければならない。それが主なポイントだ。

想像する対象の形や既成概念の「男性」、「女性」の仏陀の違いにとらわれてはならない。歴史的にはタントラの伝統では異性愛が優先されてきたのは確かだが、仏陀のからだは普通のからだではないのも確かだ。瞑想用の仏陀を観想する時には、光り輝く空洞として観想する。結局は、諸仏や神々は性別も性も超越した存在で、すべての可能性を秘めているのだ。究極的には何があなたとあなたのフィーリングを刺激し、そのフィーリングがどう表現されるかが重要なのだ。

あなたが興味を持つのが男性なら、あなたの目の前で裸の女性が誘惑的に踊っていても、「ああ、何も感じない」と思い、至福も訪れない。薬と同じで、あなたの症状には向かない薬を飲んでも効果はないのだ。

本書では触れないが、より高度なカルマムードラの修行に入れば、ふたりの修行者間での赤と白のティクレの融合、交換もある。が、この場合には男性と女性の組み合わせである必要がある。修行の性質上、同性のカップルでは実践できないのだ。しかし、この修行をおこなうのは数少ない修行者だ。

また、付録にあるようなトクデン・シャキャ・シュリの修行法に見られるアティ・ヨーガ、つまりゾクチェンのカルマムードラの伝統では、必須なのは自分自身の白と赤のティクレを使うことで、それによりデトン・イェルメイと呼ばれる分け隔てることのできない至福 ― 空（くう）に到達できる。このアティ・ヨーガ式の修行ではパートナーのあるなしにかかわらず、ティクレの融合はない。この場合にはどちらでも同じなのだ。

重要なのはあなた自身の内部で何が起きているかで、あなた自身のツァー、ルン、ティクレでそれによりリクパ、光明を得るのだ。シャキャ・シュリが説明しているように、ティクレの融合や交換を経る必要はない。アティ・ヨーガ式の修行は努力要らずで、必要なのはエネルギーを得て、至福に至ることだ。

本書で述べるチャクラや異なる至福、快感に関しては、ティクレの交換は不要だ。より高度で古典的な性の錬丹術の修行では、そうした交換や変革をおこなうためには男性と女性で修行しなくてはならない。少なくともユトクのユニークな教えによれば、それは「虹のからだ」を生むような変異の効果がある科学的、錬丹術的反応だ。

シャキャ・シュリのアヌ・アティ式では、ティクレを集中的に使う必要はない。それはチベット語では「無理のない」修行とも呼ばれる。ご承知のように、古典的で精巧なパートナーとの修行にはヨギとしての微細なからだの集中的な訓練が必要で、それにはたくさんのツァー、ルン、ティクレが関わる。そうしたスタイルの修行では、太陽と月、男性と女性の性的物質が必要だ。しかし、このアティ・ヨーガ式ではリクパを利用し、ティクレは重要ではない。月は自分の太陽が得られるし、太陽は自分の月が得られるということだ。必要なティクレはすべて修行者に内在している。性転換した修行者の場合でも状況はまったく同じだ。

あなたの欲望につながる性別や性の嗜好は、個人の問題だ。ユトク・ニンティクでは、ユトクは高齢の修行者や性機能障害者、脈管に障害がある人、または性障害がある人には、カルマムードラではなくマハムードラの修行を奨励している。つまり、個人として生物学的に性交するのが不快だったり困難だったり不可能でも心配する必要はなく、カルマムードラのより下の門ではなくマハムードラの修行の道で解脱を目指せばよい、というのがユトクの教えだ（註釈17）。

最も重要なのは、あなたがゲイであれストレートであれ、バイセクシャル、トランスジェンダー、シスジェンダー、またはインターセックスであれ、教示に従って至福感を生み出せるなら、本書で述べる方法で修行できるということを理解しておくことだ。

インドの伝統では両性具有のシヴァがいる。象徴として男性器も女性器も持つ神だ。タントラの守護尊である勝楽金剛（コルロ・デチョック）の曼荼羅に出てくるダーキニーのなかにも、そういう存在はいる。

こうした女神は白と赤、または緑と青といった2色の半身で描かれている。こうしたイメージは、私たちの誰もが太陽と月の性質を持っているということを示してくれている。

こうした理由からも、私たちにとっては、より内なるアティ・ヨーガ式のカルマムードラの修行も役に立つのだ。

最も重要なのは、カルマムードラはひとつの方法だということを理解しておくことだ。この方法の究極の成果は、「虹のからだ」、スピリチュアルな自己実現、レン・チェー・デワと呼ばれる生来の至福の覚醒だ。これを理解し覚えていれば、修行の方法にこだわるというよくある落とし穴に落ちにくくなる。そうしたことへの固執や過剰評価はよろしくない。

チャクラ、脈管、あなたが観想する対象といったもののすべては、目的を達成するための方法、ツールとして使われるものなのだ。私たちの旅路を助けてくれるものだ。旅する時にはその旅路に意識を集中させるべきで、車にこだわるべきではない。旅して特定の重要な目的地に行くためにドライブするのだ。ドライブ中や目的地に到着したら、自分の車の形や色に執着したり他人の車を批判するのは無意味だ。「あぁ、私の車は男だ、私のは女だ、私の車は白い、いや、私のは赤い！」といったようにだ。その人の車が赤いとか、あなたのは何だとか議論し続けていたら、ドライブさえできなくなってしまう！ ただ、どツボにはまって言い争いを続けることになる。「いや！ その白い車は赤い！」とか、「青でなければならない」とか、そんなことにこだわっていたら、時間の無駄というだけではなくポイントも見失ってしまう。

だから、このことを念頭に置いておくことはとても重要だ。

【註釈17】重要な点は、ユトクがこうした他の分類の人々と並んでインターセックスもリストに入れていることだ。いっぽうでは、リビドーがないか不足したことによる病気の可能性のひとつとして位置づけられている。しかしもういっぽうでは、タントラ・ヨーガに関してユトクがインターセックスについて触れたという事実自体が、既成概念では男性でも女性でもない人が密教修行をすることを受け入れ支持していることの示唆になる。伝統的なスートラの経典ではインターセックスが出家を誓うことを禁じていることを考慮してみても、これが注目に値する。インターセックスという伝統的な言葉は「トランスジェンダー」と同義ではないが、現代のチベットの口語では「インターセックス」よりは「トランスジェンダー」に近い意味で語られることもある。

射精について――タントラと医学におけるオルガズムの「達成」と精液の保持

「タントラのセックス」で多くの人がまず思い浮かべるのは、精液の保持、または男性はセックスしても射精してはならない、という考え方だろう。

精液の保持について聞いたことがある人は多いだろうが、正確には何が許されるのかということに関しては多くの誤解がある。あまり詳細な技法には触れないが、カルマムードラには7種類の修行があり、男性の射精を伴うものと伴わないものがある。修行によっては、男性は女性の膣内で射精することが求められるか奨励される。こうした瞑想のスタイルではそれぞれに、対応するチャクラ（322ページ）によって4回、8回、16回といった洗練された「至福」を目指す。また、すでに述べたように、新学派の最高のヨーガ・タントラとニンマ派のアヌ・ヨーガの分類では多少の違いもある。

とはいえ、そうした様々なカルマムードラの修行があるものの、至福と空の統合という本質的な意味には違いはない。ティクレが下に向かおうとする時にそれを保持し、逆に引き上げ、それを拡散させるという修行に関していえば、白いティクレだけを引き上げる修行と、白と赤のティクレを一緒に引き上げる修行がある。

概してタントラの教本の多くでは、男性は精液を完全に保持し、一滴も射精してはならないとしている。教本では精液はティクレと表現されることが多いが、前章で述べたように、ティクレは単なる物質としての精液以上のものだ。タントラのセックスでは射精は完全に禁じられており、どんな状況でも男性は絶対に射精できない、という人も時々いる。ナグパのなかには確かに精液を保持するテクニックを知っている者もいるが、だからといって常に射精が禁じられているわけではない。

たとえば白と赤のティクレを一緒に引き上げる修行では、男性がまず女性の膣内で射精してから、赤の体液のエッセンスも一緒に引き上げて拡散させる。これが先に述べた融合の修行だが、本書では教示しない。

ほかにも射精が許される修行はあるが、それは修行を充実させる目的で、直接の口伝で知識を伝達された経験豊かなラマから学ばなければならない。

マスター・レルンもカルマムードラに関するアドバイスのなかで、ティクレを失う、または射精することが許されるか必要とされる状況もあるとして、次のように述べている。

「カルマムードラについて教えるすべての教本（〝方法〟または〝手段としての道〟）では〝ティクレの劣化〟なしでおこなわなければならないとされている。しかし、これは射精してはならないという意味ではない。カルマムードラに関する正真正銘の主な教本では、聖なるティクレのタントラの物質を集める、言いかえれば〝一緒に渦巻かせる〟時に精液を射精することができると明記されている。跡継ぎをつくる時や貴重な〝甘露薬〟をつくる時、または秘密の〝マントラ／タントラ〟の灌頂などの際にだ。過去にも多くのラマがそうしてきた」（註釈18）

男性の修行者は、修行の「充実」や「問題解決」の一部として射精することも許される。チベット語ではボグドンと呼ばれる。精子を保持し過ぎて痛みや痙攣、不快感を感じる男性修行者もいるのだ。または失禁、排尿の困難、勃起障害を招くこともある。また精液が自発的に出てしまったり、排尿時に出たり、夢精してしまったり、感情障害を体験する人もいる。そうした副作用が出た場合には、射精が推奨される。ユトク・ニンティクでは、脈管、ルン（風、気）、ティクレ（雫）の詰まりによる痛みの主な「問題解決」の要素として射精もあげられている。ヨーガその他の方法の修行でも起こるこの種の痛みについては本章でさらに詳しく述べる。

いままで述べてきたようなタントラの修行のほとんどはかなり上級なもので、本書では触れない。一般的にチベット伝統医学では、男性にとっては射精の過剰も不足もよくないとしている。とはいえ、これに関しては絶対的な決まりがあるわけではないのだ。時には男性も女性も射精後症候群として知られる症状を体験する。オルガズムの後で弱まり、疲れ、エネルギーがなくなったように感じるのだ。そうした問題は体験しない人もいるかもしれない。こうした状況には年齢も関係する。

いずれにしろ、多くの人は射精した後にはエネルギーと欲望を新たに満たす必要を感じる。射精した後の数日間は性欲を感じない人もいる。セックスした後にはエネルギーが減ったように感じて誰にも触られたくないと感じたりする人もいる。とくにこうしたことは男性に多い。数日間はエネルギーも性欲もゼロになったと感じる人もいれば、少しずつエネルギーが満ち、やがてまたセックスしたくなる人もいる。

こうした理由から、多くの人は少しの間だけ射精を我慢すれば、エネルギーと性欲の流れと強度を強めやすくなる。

とはいえ、射精しないと男性の健康にとってよくないことがあることもわかっている。チベット医学では、十分に射精しない修行僧がその結果として患う病気も認識されている。なお、精液の保持に関するチベット医学の見方については、第5章『カルマムードラと性の健康』で詳しく述べる。

現在の生物学、医学の見地からは、高齢者も若い世代も男性は前立腺のがんや異常の予防のためには毎月最低21回は射精すべきだとされている。完全に精液を保持する場合と比較したら、これは大量だ。しかし重要な点は、男性にとって最良、または最も健康的な射精の回数は、個人の習慣や体質にもよるということだ。月に21回以上射精することに慣れていなくても、それを習慣にすることは肉体的には可能だ。

チベット医学では、あなたが若く、からだも強く健康状態も良好なら、慣れてしまえば毒さえよい食べ物になる、という。私たちのからだは適応力に優れ柔軟性があり、何でもOKになる。もしあなたが疲れず、簡単にはエネルギーが減ったと感じないなら、この科学的、生物医学的なアドバイスに従って毎日、または1日おきに射精することは、あなたにとってとてもよいかもしれない。そうすれば前立腺の健康増進、前立腺炎の予防になるだろう。

しかし、数多く射精した後には疲れを感じる男性もいる。だから月に21回というアドバイスは、人によってよいアドバイスにもなれば、あまりよくないアドバイスにもなる。ティクレを失うのが心配だったり、一般的なアドバイスを求める男性は、セックスを3回するごとに1回射精する、またはあなたの体質やどれだけ頻繁にセックスするかによって5〜7回ごとに1回射精すればよいだろう。多くの男性は、こうしたリラックスしたアプローチでエネルギーと情熱を安定させられる。

多くの男性が体験する別の問題が、勃起障害と早漏だ。早漏を体験した男性の多くは射精を最低限にするのが最善策だと考え、「射精を抑える方法を学ばなければならないから7日間は射精せず、保持することを学ぼう」とする。しかし、それは間違いだ。本当に早漏を患っている男性は数多く射精するほうがよいのだ。心配し過ぎてはいけない。数多く射精することで感度を抑制できる。早漏の問題を抱えている男性は、数多く射精すれば後で気分がよくなるだろう。

こうした問題を抱えている男性の多くは、過剰にセンシティブか、または多くの不安を持っている。だから、あなたがリラックスして空の境地になってからセックスすれば、セックスの最中に空の境地になることに気を奪われずに済むので、より長く快感に浸り続けられるだろう。

しかし、このアプローチの究極のポイントは、あなたのマインドに何らかの癒しをもたらすことだ。不安感や緊張、期待が少なければより快適により長い間セックスでき、よりよい体験ができる。

勃起障害に関しては身体的な原因とそれ以外の原因がある。勃起に関する男性の問題の多くには心理的な問題が関係しており、そうした問題には瞑想と至福の養成が役立つ。これに関しては次章で少し触れる。

射精に関する問題は女性には関係ないかもしれないが、リラックスして快適に感じ、セックスの最中に不安を感じないことは女性にとっても大切だ。女性にとって最も多いセックスに関する問題は、性的な快感やオルガズムを感じないことだ。そのために無理をして、ストレスや不幸感を増す場合もある。何かを欲しがり過ぎ、それを求め過ぎるために得られないこともあるのだ。ある日諦めたらそれが突然に楽に得られることもある！　これがオルガズムと性的快感に関してもまさにあてはまる。

これについては、幸福とオルガズムを比較したこんなジョークもある。

「幸福を追いかけてはならない。幸福はオルガズムのようなものだ。欲しがれば欲しがるほど得られない！」

性的な欲求不満があったりオルガズムを得られない女性は多い。本当の原因はパートナーにあるのに、女性は自分を責めがちだ。

オルガズムが得られないことでひどく落ち込んでいた女性を知っている。オルガズムを得ようとかなり努力していたが、いつも夫に傷つけられていた。しかし彼女は後に本当に驚いた。新たなボーイフレンドができて、いまでは毎晩、平均5回か6回オルガズムが得られるのだ！

彼女はその恋人とのほうがうまくつながれた。彼は彼女を歓ばせる方法を知っていたし、彼女も緊張せず不安感もなかった。彼女はリラックスしていた。それがカルマムードラやマインドフルなセックスでも最も重要な点になる。

【註釈18】古代のインドでは、第3の智慧の灌頂の授与の一環として、カルマムードラの瞑想テクニックの説明に加えて、グルが自分のパートナーと一緒にカルマムードラを実践し、灌頂を受け取る修行者はグルと配偶者の性交から出た性液の雫を舌の上に受ける。この儀式の甘露が引き起こす非二元的な至福の空の体験によって、修行者は自らの仏性を知ることになる。今日、チベットのタントラ仏教では、導師はカルマムードラの性交は実践せず、甘露としては祝福したアルコール、ヨーグルト、その他の物質が使われる。

ユトク・ニンティクのカルマムードラの修行で中心となるのは、
特定の守護尊のカップルだ。
とはいえ、あなたがすでに修行している秘密の最高の
ヨーガ・タントラの守護尊も維持してよいし、
瞑想の際にはその守護尊を観想してよい、とユトクは言っている。
ユトクの教えの素晴らしさは、こうしたところにある。

実際の修行

ユトク式のカルマムードラの修行には5つの主なステップがある。これから、パートナーがいてもいなくてもできる最初の3つのステップについて述べる。最後のふたつのステップでは、肉体を持つパートナーとともに至福感を生み出す。

すでに述べたように、読者のほとんどがルン、トゥリ、ワンを受けておらず、前行も終えていないだろうし、また将来的にもカップルでのカルマムードラの訓練を合宿などでする予定もないだろうが、私たちのほとんどは在家の一般人だ。つまり、ほとんどの人はすでにセックスを日常的にしているだろうから、パートナーとのセックスの仕方に関する最後のふたつのステップについては、簡単な示唆をするに留める。

守護尊（イダム）と呼ばれるタントラの瞑想用の諸仏や神々について

通常タントラのヨーガの瞑想の修行は、自分が特定の守護尊、言いかえれば、タントラの瞑想用の諸仏や神々であると観想することからはじまる。

この章で先に説明したように、ワンと呼ばれるタントラの灌頂を受ける時には、自分の身口意が灌頂の目的である守護尊の身口意だと想像する許可を得て、観想の仕方の指導を受ける。この目的は、瞑想用の諸仏や神々の純粋で完璧な見本を通じて自分自身の真の本質と能力を実現させることにある。自分が仏陀だと想像する「自己の生起」により、私たちは内在する智慧、純粋な気づき、慈愛と至福のなかで自分を安定させられるのだ。

カルマムードラの修行では、想像上でも実際のパートナーでもよいのだが、自分の伴侶を守護尊として、その守護尊と一体になる。パートナーを純粋な仏陀にふさわしい様相として観想するのだ。最高のヨーガ・タントラとアヌ・ヨーガの修行では、主に厳しい顔つきの「憤怒」の仏陀を観想する。


ユトク・ニンティクのカルマムードラの修行法で語られるのは、特定の守護尊のカップルだ。とはいえ、あなたがすでに修行している秘密の最高のヨーガ・タントラの守護尊も維持してよいし、瞑想の際にはその守護尊を観想してよい、とユトクは言っている。ユトクの教えの素晴らしさは、こうしたところにある。ユトクのアプローチには柔軟性があり、決まった処方にはこだわらない。あなたがこれまで瞑想してきた諸仏や神々の様相とマントラを利用すればよいのであり、あなたをほかの諸仏や神々に変身させる必要はないのだ。

ユトクの教えはまさに驚異的だ。彼が教えるすべての特定のタイプのタントラ・ヨーガにも、ユトク・ニンティクの系統に乗り換えず、いままで修行してきた守護尊を利用すればよいとしているのだ。あなたが修行してきた瞑想用の守護尊が誰であれ、守護尊はあなたの秘密の恋人のようなものだということは覚えておくべきだ。

最近では、西洋の修行者はよく「それで、あなたの守護尊は誰なの？」といった質問をしている。こうした質問は、いまでは多くの人が秘密の知識に飢えている証拠だ。

灌頂、守護尊などは、内なる現実に関わるものだ。外界の神や女神ではなく、私たちの内なる世界、微細な現実に目を向けさせるものだ。一般的には、自分の守護尊が誰かは口外しないほうがよい。誤解を生みやすい事柄だからで、私たちは、自分の修行で生み出すスピリチュアルなエネルギーは守り保持する必要があるのだ。

本書の読者の多くは最高のヨーガ・タントラの灌頂は受けていないだろうが、それは問題ではない。自分の守護尊を持ったことがなく、憤怒の形相の守護尊の観想に慣れていなければ、あなたとあなたのパートナーを、仏陀のカップルでありチベット語で「すべての善」を意味するクントゥ・ザンポと、クントゥ・ザンマと呼ばれる普賢菩薩と普賢仏母の交合として観想すればよい。

クントゥ・ザンポはゾクチェン（アティ・ヨーガ）に関わり、私たちの最も内なる真髄の顕れだ。彼は私たちの始原的な気づきで、ビッグバン以前から常にあった存在だ。ほかの多くのタントラの仏陀とは異なり、クントゥ・ザンポは特定の衣や法具や宝飾は持たない。彼は裸で何の装飾もなく、まったく羞恥心のない仏陀だ。彼は時間も空間も超越している。自分が普賢菩薩だと深く想像し生起する時には、自分が純粋で始原的な気づき、つまりあなたのリクパ、光明の輝き、無限で、完全に自然な気づきであることを覚えていなければならない。

普賢菩薩としてのあなたの身口意は、完全に裸で自然で純粋で智慧に満ちている。これはこうした仏陀の色に象徴される。普賢菩薩は青で象徴され、無限の空（くう）の深い青だ。普賢菩薩同様に全裸で装飾もない普賢仏母は、通常は純白で象徴される。完璧な純粋性、すべての表現、すべての概念、区別、条件、主観や対象を超越した自然な空の気づきの白い光だ。

こうした修行では、異性愛で生まれつきの性別を維持する男性は主に「男性」の普賢菩薩として自分を観想し、異性愛で生まれつきの性別を維持する女性は自分を「女性」の普賢仏母として観想する。しかし、同性愛や性交換した修行者に関する項目で触れたように、普賢菩薩と普賢仏母は実際には「男性」と「女性」ではない。単なる名札のようなもので便宜上であり、こうした仏陀たちが私たちに思い出させてくれるのは、性別を超越した全体性だ。すでに説明したように、読者は自分の系統、受けていた訓練や立場にふさわしい守護尊として自分を観想すればよいのだ。

普賢菩薩と普賢仏母

ステップ1――姿勢、微細なからだの観想、そして呼吸法

最初のステップは、オルガズムの可能性を高め刺激するための呼吸法だ。

この修行では、まずクッションか快適な椅子に座り、あなたにとって快適な瞑想の姿勢をとる。椅子に座ってもよいし、床で足を組んでもよいし、伝統的な大日如来の7ポイントの姿勢でもよい。床で足を組むなら、両膝を抱えてじっとしていてもよい。または足のどこかをつかんでもよい。背筋は伸ばし、首は少し前傾させる。

目を閉じて何回かゆっくりと深呼吸を繰り返し、リラックスするとともに集中力を高める。ユトク・ニンティクの修行では、目線は少し上向きでまっすぐ先を見ると教えられているが、それはあなた次第で、あなたが修行しやすいほうでよい。目を閉じたほうが気が散らなければそうすればよい。目は半分閉じても半凝視でもよい。

次に、自分が交合状態ではなくひとりでいる状態の普賢菩薩か普賢仏母、または自分の守護尊だと観想する。自分のからだが空(くう)だと想像する。あなたのからだ全体が光輝く空洞で、光でできているようだと想像する。あなたのからだには内臓も筋肉も骨もなく、風船のようだと想像する。あなたのからだは完全に裸で、肉体としての内臓などからはすべて解放され、光に満ちている。肉体としての組織や細胞はまったくない。あなたは水、地、火、風といった粗大な要素からも解放されている。あなたには過去も未来もない。あなたのマインドは移ろわず、いまここにいる。

ふたつのティクレを確立する

次に、空のからだの中心とその両側に脈管が通っていると観想する。中央の脈管は指1本分くらいの大きさの竹のような空洞のチューブで、頭蓋骨のてっぺんから背骨の基底部、頭頂部のクラウン・チャクラから会陰までを結んでいる。家の強靭な柱やテントの中心部のようなものだ。女性の場合は、中央脈管の底はGスポット、または体内でとくに快感を感じられる部分だと想像すればよい。中央脈管はまっすぐで、透明で青みがかった純粋な光で輝いていると想像する。しかし、あなたがこの段階で中央脈管が違う色のように見えるなら、それでもかまわない。自発的に見えだした色を使えばよい。

中央脈管のてっぺんにはエネルギーの雫である白いティクレがある。白いエネルギーのこの玉は、教本では錬金術に使われる水銀のようなものだと表現されている。クールな月のエネルギーで、その本質は至福だ。この白いティクレは頭頂部のクラウン・チャクラに位置している。頭の上ではなく内側で、髪の生え際から指8本くらいの位置の頭蓋骨の下で休んでいる。ティクレは小さいが凝縮した玉で、極端に明るく、純粋で喜びに満ちているものとして認知できるはずだ。

そして、中央脈管の底、性器周辺にあるベース・チャクラには、赤いティクレと同等のものがある。この赤いティクレは圧倒的な熱で燃え盛っていて、とても小さな太陽のようなものだ。鮮やかな赤色に輝き、教本では錬金術の丹朱のようなものだとされている。

こうした観想は、私たちの基本的な本質に関わるものだ。私たちは有機的なティクレでできており、私たちの生命は交合の至福ではじまる。白と赤のティクレは遺伝子的な両親となる真髄で、太陽と月だ。頭頂部に白いティクレを観想するのがあなたにとって難しければ、または自分の頭の内部を感じにくければ、自分の頭頂部を指で触れてみて、そこにクールで至福と喜びに満ちた感覚があることを感じてみればよい。あなたの基底部、性器周辺の赤いティクレに関しても同様だ。

前章の最後で触れたように、このふたつのティクレ（頭にある白と基底部にある赤）は多くの教本で教えられている位置関係だ。性別や性の嗜好にかかわらず、この指示に従えばよい結果が得られる。とはいえ、ほとんどの教本は男性の視点とからだが優先されるので、この位置関係は主に男性の修行者とそのからだ向けだ。女性の修行者がこの「白が上で赤が下」という方法に慣れていれば、それを実践すればよい。

しかし、ユトク・ニンティクでは、修行をはじめたばかりのヨギーニは通常の位置関係を反対にし、赤いティクレを頭頂部で、白いティクレを基底部で養うようにと教える。これもユトクの体系がすべての人を含み、柔軟である一例だ。

トルコ石色のフムを観想する

赤と白のティクレのほかに、中央脈管上で胸の乳首の間にあたる高さに小さなチベット語のフムを観想する。

このフムは、先に触れたマントラのエネルギーのティクレにあたる。教本では、ハートの中心の赤っぽいトルコ石色の煌めきからフムが出現するが、これはその人の最も真髄にある精妙で微細なエネルギーと気づきだとされている。フムはユトクの種字のひとつで、ユトクの色（註釈19）である輝くトルコ石色のフムを観想すればよい。このフムがあなたのマインド、あなたの意識で、つまり、あなたのマインドがユトクの純粋な仏陀の気づきを表明していることになる。あなたの意識とユトクの意識の間に分離はない。しかし、この中央脈管に小さなフムが別の色で見えたら、それでもかまわない。

フムは詳細に観想しなければならない。この種字の上や下のカーブやトップにある円や、いちばん下のフック（母音を示すマークのシャッキュー）も、しっかり観想する。このチベット・マントラの文字の観想が難し過ぎる場合には、あなたのハートの中心にトルコ石色のエネルギーの雫か玉を観想するだけでもよい。

フム

【註釈19】チベット語のユトクは、個人の名前というよりは肩書に近い。「トルコ石色の屋根を持つお方」という意味で、この呼び名はユトクが水の精、ナガの王様を癒した後に与えられた。王様の娘がユトクの前に現れ、湖の底の王国に来て、弱った父を癒してくれるよう頼んだのだ。この治療のお礼として、ナガの精は空からトルコ石を偉大なる石の家の上に雨のように降らすという奇跡を起こした。それからユトクは「トルコ石色の屋根を持つお方」と呼ばれるようになったのだ。

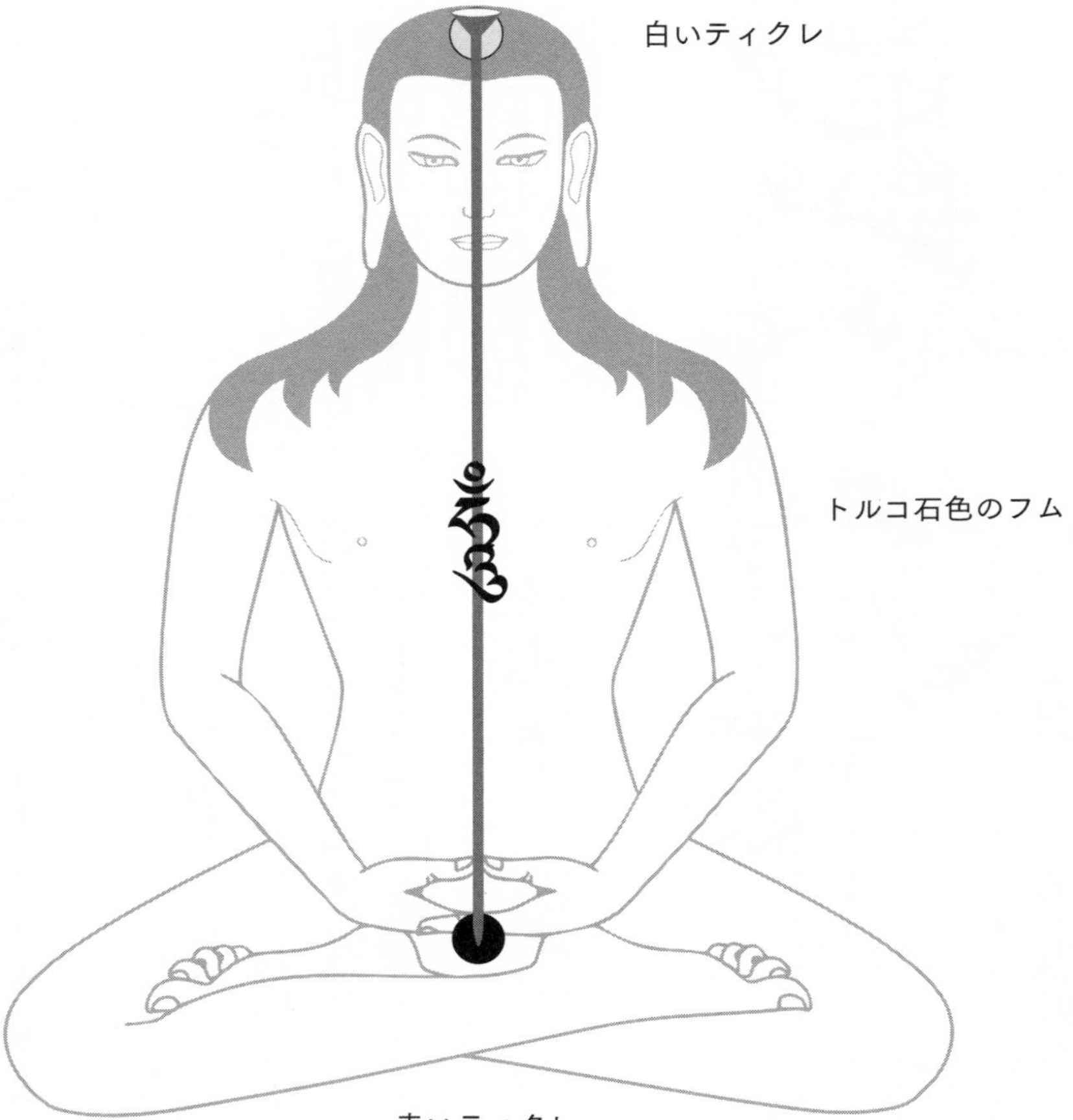

呼吸法のための観想法

① 大日如来の7ポイントの姿勢、または背筋が伸びるよう楽な姿勢で座る。
② あなたがあなたの守護尊、または普賢菩薩か普賢仏母と観想する。
③ あなたのからだが空だと想像する。―― 裸で空洞で光に満ちて輝いていて、内臓、筋肉、骨といった物質はまったくない。

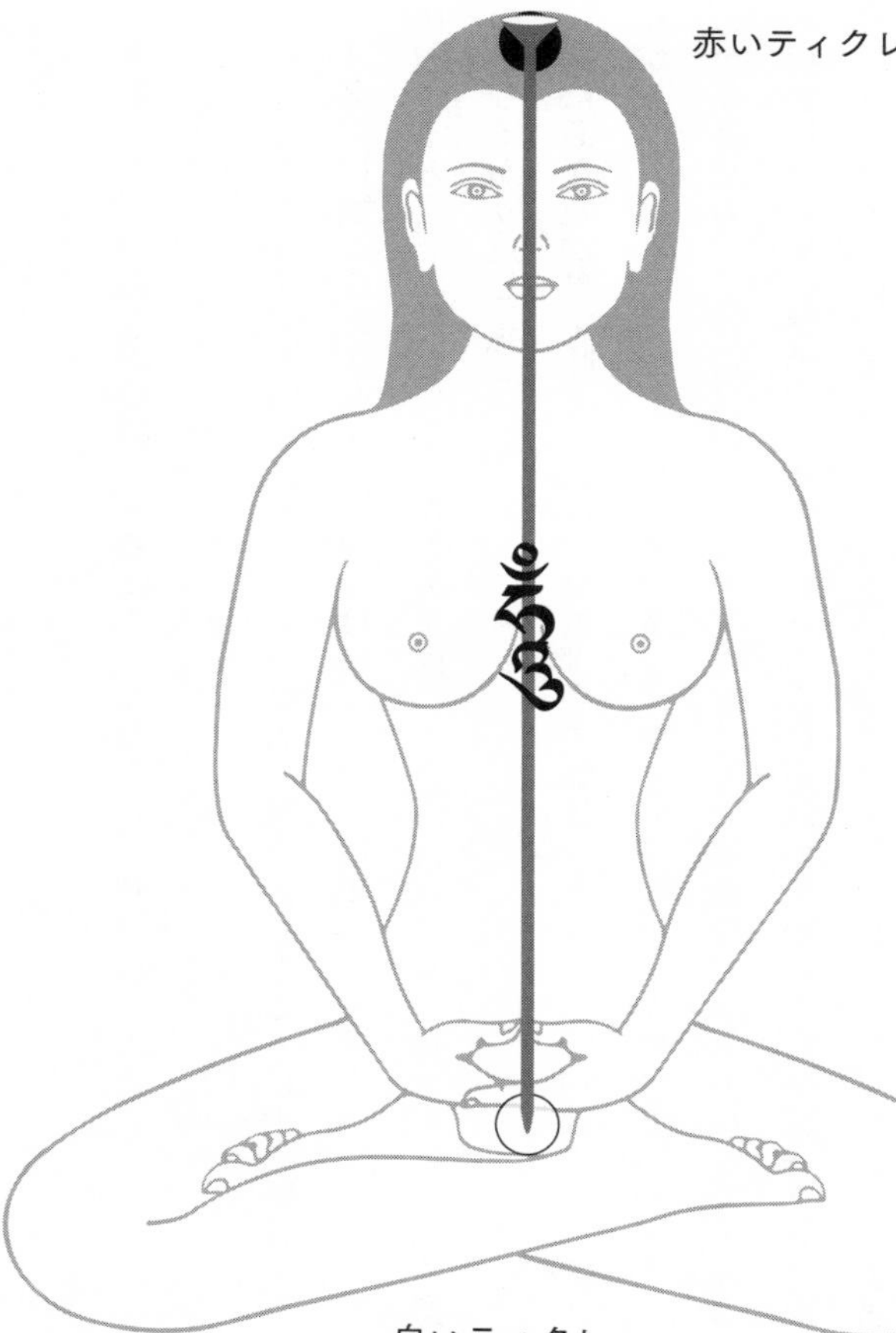

④ まっすぐで透明で青みがかった純粋な光を放っている中央脈管を観想する。
⑤ 中央脈管の端、基底部のベース・チャクラと頭頂部のクラウン・チャクラに赤と白のティクレを観想する（男性は頭に白、基底部に赤、女性は頭に赤、基底部に白）。
⑥ ハートの中心に、あなたの意識を象徴する小さなトルコ石色のフムの種字を観想する。
⑦ 目はまっすぐ前または上目づかいで前方を凝視し、呼吸する（→ 292 ページ）。

呼吸の仕方

安定してこの観想が維持できるようになったら、呼吸法に入る。

ゆっくりと深く息を吸い込みながら、フムの種字が息とともに中央脈管を下り性器のある基底部で赤いティクレに触れると想像する。呼吸は鼻からでも口からでも楽なほうでよい。フムの種字が赤いティクレに触れると至福の熱と炎があなたの基底部で急激に強まる。息を止めて赤く熱い至福の熱が広がり強まるのをしっかり感じる。

次にあなたが息を吐く時には、フムは中央脈管を上昇して頭頂部の白いティクレと一体になる。上昇しながらフムはそのフック（母音を示すマークのシャッキュー）で赤いティクレも少し引っかけて、頭頂部のティクレのクールな月のエネルギーと混ざる。あなたがフムではなくトルコ石色の光の雫を観想している場合には、赤い熱のエネルギーがその雫に連れていかれて白いティクレと混ざると想像すればよい。フムが白いティクレに触れると、あなたの頭ではクールで白い至福が広がり強まる。再び息を吸う前に少し時間をかけてこの感覚を頭と頭蓋骨でしっかり感じる。

再び息を吸うと、糸が針の穴をくぐるように、白い月のエネルギーがフムの種字のトップの円に引っ張られて中央脈管を下り、赤いティクレと一体になる。そしてあなたの性器のあたりでオルガズムのような感覚が広がる。息を吐きながらフムを頭頂部まで上昇させ、といったように繰り返す。

マインドが上下するたびにティクレの雫が倍増する。フム、言いかえればあなたのマインドの真髄、あなたの気づきのポイントを呼吸とともに上下に動かし続けるだけで、刺激されてティクレとあなたの感覚は増大する。

肝心なのは、両方のティクレにしっかり集中できるように、息を吐く前と吸う前に息を止めることだ。目玉は上向きにし、前方を見つめ続ける。そして時々、自分のからだは諸仏や神々のからだであることを自分に思い出させる。臓器や肉体について考えずに、自分のからだは光でできた風船のようなもので、単に表皮の外層があるだけだと想像し直す。

重要な点と問題解決法

瞑想呼吸法は、とてもシンプルだが重要なエクササイズだ。というのも、実感できる私たちの欲望が関与しているからで、あなたの息、気づき、手やそのすべてでティクレのポイントに息を送り触れれば、あなたはしっかりそれが実感できる。強い肉体的な刺激が本当に感じられるのだ。そうしたポイントに触れて刺激する際には、実際に何かを感じだすはずだ。最初はくすぐったいように感じたり、痺れた感じがするか、または至福感があるかもしれない。

最初から何も感じられなくても心配することはない。ただ、このエクササイズを繰り返して修行を続ければよい。脈管に肉体的な欠陥や損傷がある場合にはあまり強い肉体的刺激は感じないかもしれないが、まずは精神的な感覚を生み出し、そこから感覚を高めていける。

あなたが息を吸う時には白いエネルギーが下降し、息を吐く時には赤いエネルギーが上昇する。両チャクラのティクレ自体は動かない。動くのはフムだけで、熱い、冷たい、太陽と月、水銀と丹朱のエネルギーの一部を呼吸とともに上下させるだけだ。息を吸う時には熱を、吐く時には至福を感じる。

このエクササイズは、リラックスしつつ意識を集中させておこなわなければならない。これに関しては、私は弟子に、カルマムードラはカフェラテのようなものだと説明する。ミルクとコーヒーを混ぜるのだ。しかし、この呼吸法の最中に雑念で気が散り過ぎたら、それはカプチーノになってしまう！しかし、心配はいらない。カプチーノでもいいから、修行をただ続けよう！

このエクササイズではふたつのエネルギーをミックスさせるが、重要なのは、からだの上部と下部のそれぞれで感覚を感じることだ。下部のポイントでは喜びと至福も感じるべきだが、焦点を向けるべきは熱のほうだ。頭頂部のティクレの白い光のなかにも熱は感じるが、そこのエネルギーは喜びのほうが強い。最初は、赤いエネルギーが上昇する時には主に至福を感じ、白いエネルギーが下降する時には熱だけに意識を集中すべきだ。修行を重ねるうちに、中央脈管の両先端で同時に至福と熱を感じるようになる。

はじめのうちは、ふたつのチャクラの感覚を切り離し独自に感じることが最も重要だ。少しずつふたつのエネルギーがどんどん混ざり合い、熱と至福が一体となる。赤いエネルギーが上昇するとあなたは至福を強く感じるが、同時に熱も感じる。反対方向についても同様だ。ただし、修行はゆっくりとおこなうようにする。

基底部に強烈な感覚が高まるまで、この呼吸法を続ける。男性にとってはこの感覚は認識しやすい。教本によれば、息を吸いながら基底部を意識した時に熱が広がって射精しそうに感じたら、成果が上がっている証拠だ。男性には射精反応があるから判断しやすい。男性には愚かな小さい管がたくさんあって、いつも何かを出したがっているのだ！

女性は、息を吸った時に性器のあたりでオルガズムの痙攣のようなものを感じるまで感覚を高めることに意識を集中させる。息を吸うたびに絶頂感寸前のような熱と至福を感じるものの、息を吐いた途端にその感覚が完全に消えて頭頂部のチャクラでクールな感覚を感じるようにするのだ。

これを洗練させマスターするには時間がかかる。最初はあなたのマインドを頭と性器の間で行ったり来たりさせることに意識を集中させる。この過程に慣れたら、頭のあたりに感覚を意識した時には性器のあたりは空になり、まったく意識しなくなるようマインドをコントロールできるようになる。性器のあたりに関しても同様で、息を吸う時にはすべての意識の焦点と感覚は頭から離れ基底部に移り、頭頂部の感覚はまったく感じなくなる。

最初はまったく何も感じられない人もいるかもしれない。だから、まずは感覚を高めることに集中する。あなたの性器や股間に手をあてて息を吸い息を吐く。頭と性器のどちらでもっと熱を感じるか？　至福はどこでもっと感じるか？　その両方を別々に独自に、同様の強度で感じられるか？　両方のエネルギーを感じられるようになるまで修行する。

修行を繰り返すうちに、感覚が区別でき、息を吐く時には頭のあたりにクールなエネルギーを感じ、下部は空の感じがするようになる。同様に息を吸いマインドを下降させた時にはオルガズムの熱だけを感じ、頭のあたりには何も感じなくなる。

それが体験できるようになれば、あなたの修行の成果が少しずつ上がっていることを意味する。基底部のベース・チャクラと頭頂部のクラウン・チャクラの感覚をきれいに区別でき、一分間基底部でオルガズムのような至福をできる限り強烈に生み出し、息を吐きながらスムーズに頭頂部の至福とかすかな熱に焦点を移せるようになることが、あなたの瞑想がかなり安定し地に着いてきた主な証拠だ。

トゥンモのヨーガに慣れた弟子のなかには、赤いティクレは小さな炎と想像しなければならないと考え少し混乱する人もいるかもしれない。内なる熱、トゥンモの修行では、赤いティクレを小さな炎と観想するのだ。トゥンモとカルマムードラが関連しているのは確かだが、この場合にはこのふたつの修行は混同しないほうがよい。

トゥンモの修行をする時には、炎が燃え盛って白いティクレを溶かし、その雫が垂れてさらに炎を燃え上がらせる。カルマムードラの最初のステップでは、赤と白の点または雫を観想する時にはふたつの小さな円または玉のように見えるはずだ。

この修行では、赤いティクレを観想する時には炎を観想したり火について考えてはならない。この修行で大事なのは、呼吸とともにふたつの赤と白の雫を一緒にすることだ。赤い雫から生まれた赤い光の一部は頭に上昇する。これは炎が上向きに広がるのとは異なる。そうではなく、輝く光の雫または球体を持つのだ。そして、もうひとつの小さな点または光のかけらが、青いフムの下部の「フック」に引っ張られて切り離され上昇する。

この修行の初期段階では、あなたのハートの中心にあったあなたのマインド、言いかえれば気づきが上下して、各ティクレの位置に触れ、その感覚を増幅させるようにするのが修行の主旨だ。青いフムとともに赤い雫が少し上昇して白い雫と混ざり、それが頭頂部の至福感を強める。反対方向でも同様だ。白い雫が少し下降して基底部のチャクラで赤い雫と混ざり、熱を強める。これは一滴の水が大量の水中に落ち、波紋を広げるようなものだ。小さなトルコ石色のマインドの雫が下降し、至福の熱が増幅し、「波紋を広げ」、それが上昇すると至福感が強まる。

熱と至福、熱と至福。このふたつを呼吸と同期させ一緒にしなければならない。

息を吐く前に呼吸を止めることはできる。瞑想を繰り返すほどにあなたの呼吸はゆっくりになる。このために呼吸をしっかり使い、訓練しなければならない。精神集中と呼吸しながらの観想を組み合わせることで、あなたの瞑想修行はもっとパワフルになる。呼吸の修行を続けているうちに、少しずつ、しかし確実に内なる息と外界との間の呼吸を止められる能力が高まる。息を吐く前に吸った息を保ち、次の息を吸う前に肺をからっぽにしたままでいられるようになるのだ。

内なる保留を長引かせられるようになるということは、あなたのマインドもしっかり「保留」、言いかえれば焦点を保てるようになるということだ。それはつまり、あなたのマインドがリラックスし、自分のマインドをコントロールできるということだ。これは、呼吸を通してマインドを「キャッチする」または「留める」と呼ばれる。

呼吸しながら観想する際に修行を充実させるには、女性は右の足の親指、男性は左の足の親指に触れる。爪の下の毛が生えるあたりを掴むと、このエクササイズはしやすくなる。

また、しばらく呼吸しながら至福と熱を組み合わせる練習をしたら、足首の両側で敏感なスポットにも触れる。このスポットに触れることで瞑想を充実させられる。そして、両方のふくらはぎを軽くマッサージして最も敏感なスポットを探す。そのあたりの感触を少し感じてから瞑想に戻る。そして少し休憩してから、両手で両膝を軽くマッサージする。そして瞑想に戻る。姿勢は変えず、背筋は伸ばしたままにする。こうして触れたりマッサージして休憩することで、集中力が保て長く修行できる。

すでに説明したように、カルマムードラの瞑想では集中力はあまり問題にはならないし、私たちの瞑想はより至福に満ち、自然発生的だ。したがって、このステップでは精神集中を保ちながら呼吸と観想を続けることを何回も繰り返す。とても気持ちよく感じたら、内なる精神の動きを止めて黙想する。黙想とは瞑想のことで、瞑想とはマインドフルになることだ。呼吸しながら観想することであなたはとても喜びに満ちた感じがし、とても気分がよくとても至福感がある。

あなたのマインドのなかでこの至福感を保ち、なるべく長い間、その感覚に対してマインドフルになる。ただリラックスし、ただそれを感じ、気をつけながらゆったりする。至福に満ちたオルガズムのような感覚を観察し、保ち、それに焦点を絞り、その本質を感じて認識する。こうした特別なポイントに触れることがこのマインドフルネスの助けになる。

次に再び感覚を高めたくなったら、呼吸をさらに続ける。あなたの至福を洗練させ、強め、その本質をマインドフルに黙想する。

こうした修行はとても気持ちがよいので癖になるのでは、と心配する弟子もいる。しかし、こうしたカルマムードラの修行にあなたが依存するようになったら、依存症としては最良のものになるだろう！スートラの伝統では欲望は苦悩につながるとされるが、それは自分の欲望のコントロールの仕方を知らない場合だ。自分の欲望のコントロールの仕方を知らずその究極の本質が理解できなければ、災難に通じるのは確かだろう。しかし、カルマムードラのテクニックの重要な点はあなたに欲望のコントロールの仕方を教えることで、あなた自身が欲望をどうやって増大させ楽しみ処理するかを学ぶことだ。それだけに集中できるように欲望を高め増大させ、気を散らさずにそれに関して瞑想し、純粋な空の本質として認識できなければならない。至福をより培えればマインドフルになり、自分の欲望を理解しコントロールするのは容易になる。

この方法で修行すると、基底部が麻痺したように感じる弟子もいる。これは興味深いことだ。時には身体上の怪我やトラウマが脈管に影響することもある。身体に問題があればそれは瞑想や私たちの内なる感覚にも影響するのだ。過去にそのあたりに手術を受けたせいである場合もある。とくに女性にとってはこれが問題になることは多い。たとえば帝王切開、出産時の膣の負傷、会陰切開などはすべて、女性のその後の性欲や至福の体験に影響する。帝王切開や会陰切開では直接的な身体上のトラウマと切開の結果としての傷が残るが、平常の膣からの出産でも、その過程で起こる痛みから陰部や性器周辺が身体的ショック状態になることもある。

しかし、朗報もある。感覚は瞑想によって取り戻せるのだ。だから、傷を負った周辺の感覚を取り戻したい人にはこの瞑想はよく効く。最初は麻痺したように感じても意気消沈する必要はない。そっと、しかししっかり呼吸に集中し、できる限りよい想像力を発揮して頭頂部と基底部の感覚を刺激するのだ。時間がたつにつれ、コントロールする能力も感覚も高まる。

通常は毎日少しずつ、1日に10分から30分くらい修行すれば、1カ月ほどで技能が身につく。息を吐くと至福が上昇し、息を吸うと至福が下降するように感じられたら、修行の成果が上がっているとわかる。強い感覚として、息を吐けばここ、息を吸えばそこ、といったように身体的な感覚として感じるはずだ。根本教本によれば、下部に集中した時にはその感覚はほぼオルガズムに至るほど強いはずだ。

次に、すばやくたやすく気づきを転換させると、すべての感覚は頭のチャクラへと上昇し、基底部のチャクラのオルガズムの感覚は消える。それがステップ1で、あなたはそのテクニックをマスターしたことになる。

この主旨は、自分で自分のマインドのマスターになることだ。どちらの場所について瞑想していても、究極的にはあなたの望む場所にマインドをキープできるようになる。それがこの瞑想の本当に素晴らしく重要な帰結だ。それはあなたの金剛身（微細エネルギー体）であなたのルンがあなたのマインドとともに正確にスムーズに動いており、「あなたのルンの暴れ馬」をマスターした、手懐けられたという証だ。

第3章で紹介した暗喩のように、調教されていない私たちの意識は足がない男で、制御不能のルンは盲目の馬のようなものだ。しかし、手懐けられた馬はあなたの言うことを聞くから、行きたいところに行けるよう指示できる。

私は本書の冒頭で、カルマムードラはオルガズムの修行と修養だと述べ、オルガズムは単なる身体的なオルガズムだけではないと説明した。オルガズムに伴う様々な刺激的な感覚を体験できるよう、オルガズムを体験する際にはマインドフルになるようにとも述べた。その結果として得られる感覚や気持ちは、粗々しい身体的なオルガズムよりずっと精妙で洗練されたものだからだ。こうした精妙なオルガズムは通常のオルガズムよりずっとパワフルで、私たちのマインドを変革し、怒り、悲しみ、恐れを破壊できる。

この呼吸法はこの精妙なオルガズムへの扉で、こうした修行の最初のステップだ。こうした呼吸法であなたの熱と至福を高める術を学べば、より深く精妙に自分自身と自分のエネルギーを感じることができるようになる。あなたのマインドがリラックスしていればそれをコントロールできるようになり、この呼吸法で私たちのマインドはより精妙になる。

カルマムードラの後半の段階では、チャクラごとに異なるレベルの至福とオルガズムを感じられるようになる必要がある。灌頂が5つのチャクラを開き、カルマムードラでチャクラごとに独自に深く偉大な至福と光を感じることが学べる。こうした至福や歓びをすべて体験するには、堅固で精妙なマインドを持たなければならない。この呼吸法がその精妙さをもたらし、私たちは自分のマインドをどこかに向けてそこに留まらせることができるようになる。

こうした精妙な感覚は、都合に応じてどこででも育てられる。時には眠りに入る時に至福や空の強い感覚を感じることもある。だから、寝る前にベッドに横たわった時にこの呼吸法と観想を修行すれば役に立つ。脈管とチャクラにとって最もよい右向きに横になり、手を導き役として呼吸し観想すればよい。眠る時にはオルガズムの感覚はより精妙で強烈になるので、その感覚に慣れる役に立つ。

このとおりの方法では修行しない場合でも、観想にあなたの中央脈管を含むことが重要だ。1日を通じて時々、中央脈管に特別で純粋なフムのエネルギーを思い出す。これは死に際の精妙な意識のコントロールの仕方を学ぶバルドーのヨーガの訓練にとっても重要だ。

この瞑想で感じる感覚は私たちが死ぬ時に感じる感覚とよく似ており、死ぬ前のバルドー・ヨーガでも極めて似た瞑想呼吸法が推奨されている。この瞑想法にもふたつのティクレが関わる。あなたがこのシンプルなカルマムードラの瞑想を上手にできれば、死ぬ瞬間にも恐れや困惑は感じないだろう。息を吐く時に赤いティクレを上昇させれば至福で満たされ、息を吸うごとに白いティクレを下降させれば熱で満ちたように感じることを知っているから、恐れながら死ぬ代わりに、オルガズムを感じながら死ねるのだ！

これはちょっとしたジョークのようだが、実際にこれはよい死に方だ。最高で最も役立つ死に方だ。

男性のための観想法

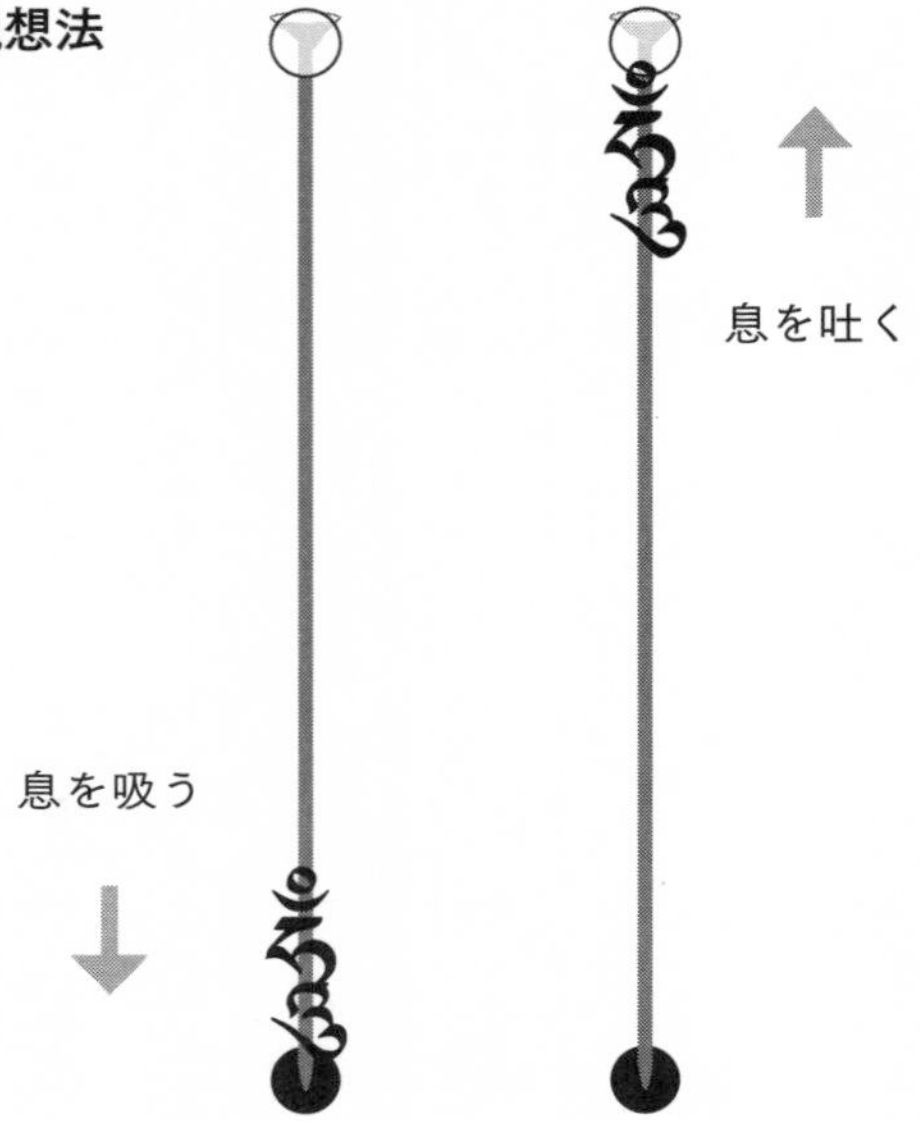

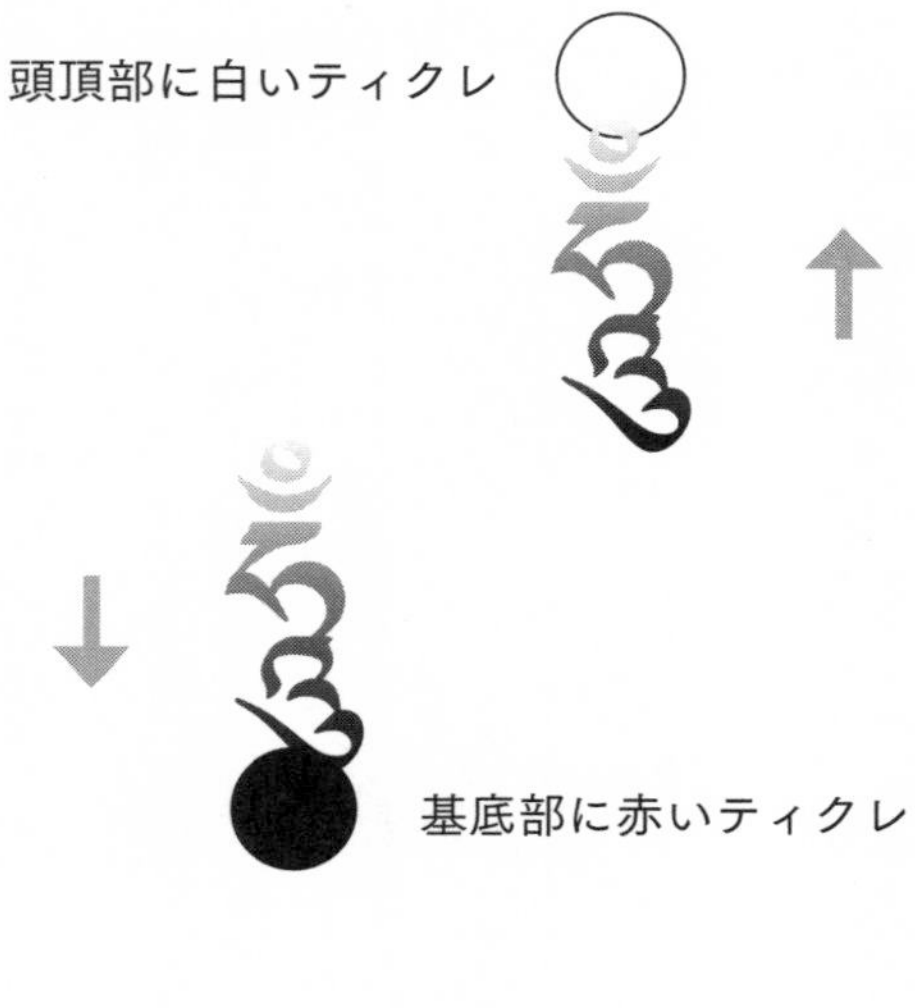

◆呼吸法の手順（男性用）

① 大日如来の7ポイントの姿勢で座り、290〜291ページで示した手順で観想する。呼吸は鼻からでも口からでも楽なほうでよい。

② ゆっくりと深く息を吸う。息を吸いながらハートにあったトルコ石色のフムの種字が呼吸とともに中央脈管を下ったら、その基底部の赤いティクレに触れる。

③ 呼吸し終わったら息を止めて、基底部の熱が強まり広がるのを感じる。

④ ゆっくりと深く息を吐く。息を吐きながら、フムの種字が中央脈管を昇り頭頂部の白いティクレと一体になる様子を想像する。上昇する際には、フムはその種字のいちばん下のフック（母音を示すマークのシャッキュー）に暖かな赤いティクレを少し引っかけて引き上げ、頭頂部のクールな白いティクレの月のエネルギーと混ざる。

⑤ 完全に息を吐いたら息を止め、頭頂部の白い至福のクールさが強まり広がるのを感じる。

⑥ 再び息を吸う。フムが中央脈管を下る際には、フムはその種字のいちばん上の円で白いティクレを少し引っかけて引き下げ、基底部でティクレの暖かな赤いエネルギーと混ざる。

⑦ 意識は集中させながら、リラックスした状態でこの呼吸を何回か繰り返す。

女性のための観想法
（赤と白のティクレが逆）

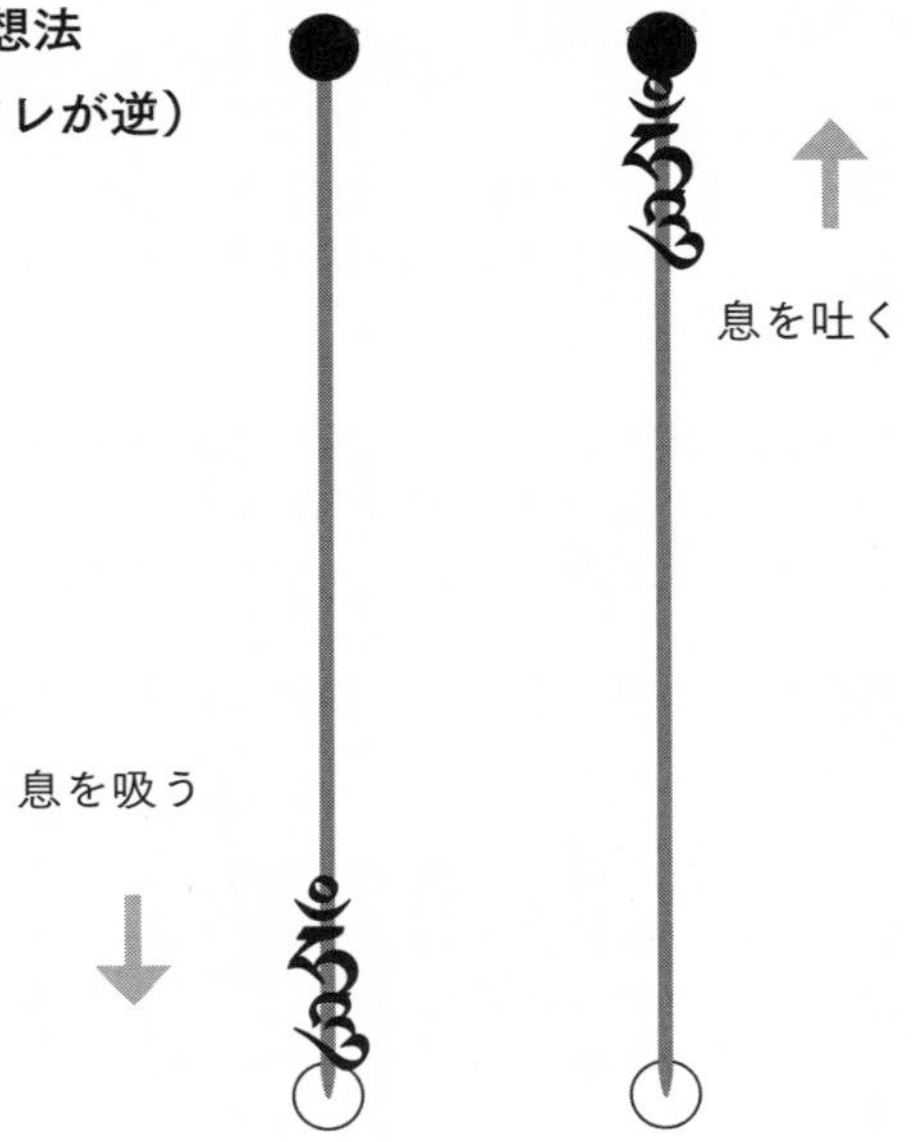

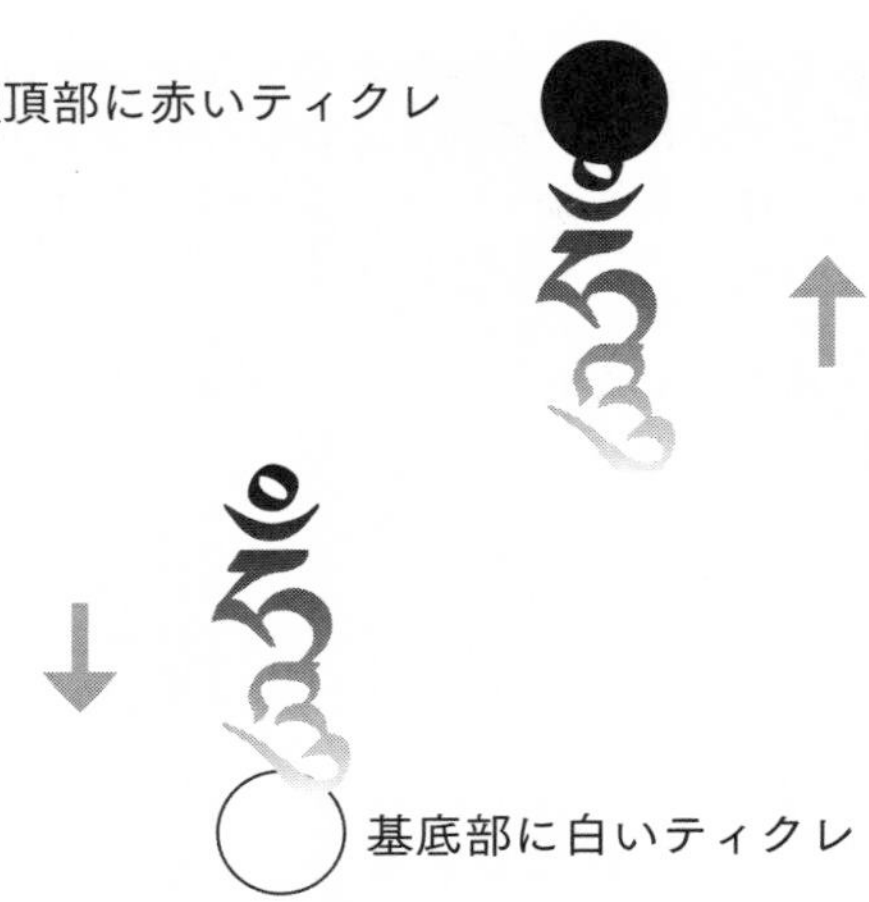

◆呼吸法の手順（女性用）*

① 大日如来の７ポイントの姿勢で座り、290～291ページで示した手順で観想する。呼吸は鼻からでも口からでも楽なほうでよい。

② ゆっくりと深く息を吸う。息を吸いながらハートにあったトルコ石色のフムの種字が呼吸とともに中央脈管を下ったら、その基底部の白いティクレに触れる。

③ 呼吸し終わったら息を止めて、基底部の熱が強まり広がるのを感じる。

④ ゆっくりと深く息を吐く。息を吐きながら、フムの種字が中央脈管を昇り頭頂部の赤いティクレと一体になる様子を想像する。上昇する際には、フムはその種字のいちばん下のフック（母音を示すマークのシャッキュー）にクールな白いティクレを少し引っかけて引き上げ、頭頂部の暖かな赤いティクレの太陽のエネルギーと混ざる。

⑤ 完全に息を吐いたら息を止め、頭の熱が強まり広がるのを感じる。

⑥ 再び息を吸う。フムが中央脈管を下る際には、フムはその種字のいちばん上の円で暖かな赤いティクレを少し引っかけて引き下げ、基底部でティクレの白くクールな至福のエネルギーと混ざる。

⑦ 意識は集中させながら、リラックスした状態でこの呼吸を何回か繰り返す。

＊ 赤と白のティクレが逆の男性用の手順に慣れてしまった女性は、それを継続してもよい。

ステップ2——見つめる、微笑む、触れる、そしてジャナムードラとの交合

次のステップは、想像により自分の感覚と至福感を高める修行だ。

このステップでは、ジャナムードラとも呼ばれるパートナーを想像する。最初のステップと同様、このステップもひとりでおこなう修行で、自分を刺激するテクニックだ。

この方法ではあなた自身があなたの守護尊で、先に述べたように純粋な金剛身（微細エネルギー体）だと観想する。あなたの中央脈管とふたつのティクレを観想するステップ1と同様、完璧な存在として自分自身を生起させることがとても重要だ。不満は何もない。年をとり過ぎているとか、愚か過ぎるとか、弱過ぎてはいけない。この修行中には、真に完璧で原初の仏陀（本初仏）として自分を生起させるのだ。

自分を諸仏や神々として目覚めさせたら、次のステップは、あなたの目前に美しいダーカ、またはダーキニーがいると想像する。たとえば、あなたが普賢仏母として生起した場合には、パートナーとしては普賢菩薩を想像するといったようにだ。

ここでの目的は、あなたの至福感を高めるためにあなたの想像のなかで完璧なパートナーと少しずつ関わっていくことにある。それを伝統的な４つの過程でおこなう。①タワ(見つめる)、②グッパ(話す、笑う)、③キュッパ、レクパ（抱擁する、触る)、そして④ジョルワ（交合）だ。

この４つの過程は、伝統的に密教のタントラの４分類と関係している。それを理解すれば、このそれぞれの分類の深い意味を享受する助けになる。

タワ、グッパ、キュッパは、３つの低級タントラであるクリア・タントラ、チャルヤ・タントラ、ヨーガ・タントラに関係している。こうしたタントラには、カルマムードラの交合修行の教示は含まれていない。というのも、ジョルワは最高のヨーガ・タントラが関係しているからだ。そのために、低級の３つのタントラでは仏陀と一体になる瞑想は含まれていないのだ。こうしたタントラは姉妹関係にあると考えてもよい。

クリア・タントラはすべて、様相、つまり物の外見に関係している。祭壇、寺院、供え物の形や清潔さと完璧さなどに関するものだ。自分のからだも洗ってきれいにする。こうした外的要素がよいコンディションをつくる。

いっぽう、チャルヤ・タントラは内なる思考過程に関するものだ。

三姉妹の末っ子がまず「ああ、あなたの部屋をきれいに保ち、素敵な家を持つことはとても重要」などと言う。彼女の焦点は外的状態にある（註釈20）。次に次女が「いいえ、あなたが内側でどう考え、感じるか、内なる感情が最も重要よ！」と言う。つまり、あなたの寺院があまり清潔ではなくても、あなたのマインドがきれいなら、それが最も重要だ、というわけだ。

そして姉妹の長女であるヨーガ・タントラが口を挟んでこう言う。

「ちょっと待って、違うわ。両方とも重要よ！」

ヨーガ・タントラでは、触れたり抱擁することも要素になっている。儀式的な養生は半々だ。外的な準備も内的な準備も半々で重要だ。この三姉妹は下から順番に少しずつ賢くなり、洗練されている。三女は「家をきれいにしなさい！」と言い、次女は「いいえ、いいえ、いいえ、あなたの頭をきれいにしなさい！」と言い、長女は「両方ともきれいにしなさい！」と言う。3人それぞれに異なる方法が許される、というより明らかにされている。

したがってカルマムードラの過程では、姉妹の末っ子にあたる最初の段階では「外見だけで十分」で、次女が「いいえ、笑ったり微笑まなければだめ」とし、長女が「いいえ、いいえ、いいえ、抱擁しなければだめ」とする。これは欲望のレベルによる。レベルごとに気分は高まる。

最後の長女の段階になると、セクシャリティ、交合に関しても語るアヌタラ・ヨーガ・タントラの範疇になる。彼女は姉妹のなかで最も年上で成熟している。第2章で説明したように、彼女は単なる外的内的な現実とかその調和といったことも超越して、こう言う。

「ちょっと待って。私たちの問題が何かをまず知り、それから、それが私たちの才能であるということに気づかなければならないのよ」

これが、不二の「スーパー・シスター」が述べる一体化への道である密教の真髄だ。

【註釈20】クリアのレベルで説明されるタントラの方法は、仏陀のための外界の祭壇やお供えの正しい準備の仕方が中心だ。修行者には儀式の一環として禁欲独身を実践し、心身を清く保ち、ある種の食べ物を禁食することが求められる。

4つの過程① タワ／見つめる

さて、仏陀のパートナーを想像する時には伝統的な肖像画などからまず正確な描写を再現しがちだが、それでは本当に平面的だし退屈なものになる。仏陀のジャナムードラをいかに正しく観想できたとしても、どうにもあなたを興奮させられないなら無意味だ。ここでの問題は、タントラ仏教のイメージに関する人々の考え方とその表現スタイルにあると思う。

伝統的な教本では、ヴァジュラ・ヨギーニ、ヴァジュラ・ヴァラヒ、クルクレ、勝楽金剛といったタントラの仏陀に関しては、とても挑発的によく描かれている。諸仏や神々は極めてセクシーに表現されているのだ。しかし、時にはそうした考え方を理解できない絵師が、タンカ（チベット仏教の掛軸）や宗教芸術のタペストリーをつくれば、そんなに官能的ではなくなってしまう。

しかし教本の原典によれば、こうしたイメージは極めて官能的でセクシーなはずなのだ。見ただけであなたを刺激するためのもので、それは文章を読んだだけでマインドが刺激されるのと同様だ。

金剛乗は積極的に創造的な想像力を駆使するものだし、タントラの教えはとても視覚的だ。視覚的な刺激を上手に利用できれば、それはとても効果的で変革をもたらす。

私は子どものころに、チベットでバルドーのパフォーマンスを観たことを覚えている。今日では多くの人にとっては『チベット死者の書』として知られる教えの乗だ。私が若いころは、この視覚がドラマ化され劇場で上演されていたのだ。いまでも私はそれをはっきりと覚えている。暗くした部屋で死んでいく母の苦悩を、演者が表現するのだ。彼女の感覚器を象徴する肖像があり、その肖像には穴があって、なかに入れたロウソクで照らされていた。彼女は子どものことを思いあぐねており、子どもたちは泣きながら「お母さん、私たちから離れないで！」と叫ぶ。異なる色彩のランプが異なる元素を象徴していて、死出の最中に感覚の意識が視覚的にマインドに現れる。この教育的な展示は私にとても大きな印象を残した。

ほとんどの男性が自分を興奮させるためにポルノ映画を観るし、世界中の人々がポルノ雑誌や本を読む。私たちは視覚的な生きもので、ポルノ産業と映画は大流行で、世界的な産業になっている。すでに述べたように、ポルノ映画は単に役者が演技しているだけで、不自然だし馬鹿げているものが多いが、その刺激はパワフルで、そうした刺激だけで興奮し絶頂感に導かれることもある。つまり私たちの視覚はとても重要なのだ。

最近では、広告やテレビコマーシャルにも裸の女性が氾濫している。裸の女性に惹かれるのは通常は異性愛者の男性で、こうした宣伝は彼ら向けだが、それは一般的な人間のメンタリティに即していることに違いはない。

あなたが異性愛の女性だったとして、目の前に若い男性、中年の男性、セクシーな男性、恰幅のよい男性、高齢の男性などがいたとする。彼らはみな人間でそれなりの魅力はあったとしても、彼らの一人ひとりにあなたは異なる気持ちを抱くだろう。彼らを見てそのなかのひとりがとても気に入ったら、突然、熱があなたのからだを上下しだす。そのほかの男性はもう見たいと思わない。その場を離れて家に帰っても、自分が気に入った男性のことを考えるのをやめられなくなり、夢にまで見るかもしれない！

これは誰にとっても同じだ。視覚的な瞑想は極めてパワフルだが、それは私たちが、何かに惹かれるとそれに意識を集中させるからだ。魅力がパワフルな集中力を生む。眺めたり見つめたりするのはウォームアップ、つまり前戯の過程なのだ。

それはストリップのショーにも少し似ている。その人が好きだったり良質のストリップ・ショーを観ている時には、集中力の問題は起こらない。

私たちは「明日何をすべきだろう？」などとは考えていない。私たちの焦点はいまにあり、口からよだれを垂らしたり、うまくいけばからだのほかの部分から液体がしたたるかもしれない！その時には集中力の問題はどこに行ってしまうのだろう？だから、眺めたり見つめたりすることがとても重要なのだ。


というわけで、ジャナムードラの最初のステップは美しく完璧なパートナーを観想することだ。人は馬鹿げたポルノから興奮できるのだから、私たちは自分のマインドのなかで自分自身のための高品質の映画を監督して鑑賞するのだ。

できる限り魅力的に刺激的にパートナーを観想するべきだ。完璧なあなたの秘密のパートナーの容姿を凝視するのだ。その隅々を仔細に眺め、自分のなかに湧き上がる興奮を感じる。そうした気持ちについて黙想し、マインドフルになる。欲望を込めてパートナーを見て、パワフルで妖艶で興奮した目に見つめ返されるのだ。あなたのなかに湧き上がる熱を感じ、それにマインドフルになる。欲望が募るがままに任せる。それを止めようとしたり、欲望を持つことに罪悪感をおぼえてはならない。それは変革され、利用されるためにあるホメオパシーのようなものだ。この欲望を利用し、解放する。

私たちは自分の欲望を破壊したり抑制したり抑圧すべきではなく、利用するのだ。私たちはみな人間であり、人間には欲望がある。それは間違ってもいなければ悪いものでもないのだ。あなたの瞑想はとても気持ちよく楽しいはずだ。

ジャナムードラの観想によって性的な興奮を生み出すのは難しいので、自分を興奮させられる現在または過去の愛人でこの瞑想をしたがる弟子もいる。あなたを興奮させる現在の、または過去のパートナーとの間にいい思い出があるなら、この瞑想中にそうした前向きな想いやイメージを利用してもよいが、あなたのジャナムードラとして完璧で純粋な仏陀のような存在として観想しなければならない。自分への刺激として昔の愛をマインドに呼び起こすのはよいが、あなたのマインドのなかでは、相手を仏陀のような存在と考えなければならない。自分自身を諸仏や神々として生起させるのと同様で、相手も凡人であってはならないのだ。

4つの過程② グッパ／話す、笑う

次のステップは、話すことと笑うこと、つまり自分たちを表現し合うことだ。

これまであなたは、あなたのジャナムードラのパートナーを見つめ、見つめ返されることで、興奮と熱を高めてきた。あなたのジャナムードラに微笑まれたら、あなたも微笑み返さなければならない。そうしなければ相手は退屈してしまうからだ！

次は言葉を交わし合うことで関わり合う。「わあ、今夜の君は素晴らしい。とっても素敵だ！」というように。居眠りしてしまうような瞑想をしているわけではないのだ！　退屈して眠ってしまってはならない！　あなたが退屈して眠ってしまったら、あなたのジャナムードラにすべてを任せることになる。そうではなく、クリエイティブになる時なのだ。あなたのジャナムードラに話しかけ、会話に熱中させなければならない。お互いに見つめ合い微笑みを返し、言葉を交わせば、あなたの欲望も熱も高まるはずだ。

グッパの段階では、微笑み合い、つまり顔の表情で意思疎通し、微笑みと言葉のやりとりをうまく組み合わせる。卑猥な言葉を使うチャンスでもある。カップルの修行における卑猥な会話については次の項目で改めて詳細に説明するが、要点は、自由に自然に出てくる言葉に任せる、あなたの熱と欲望を刺激する言葉を使う、情熱が発する声を止めてはならない、の3つだ。

4つの過程③　キュッパ、レクパ／抱擁する、触る

次は、自分に触れる第3段階だ。これは自慰行為に類似している。自分を興奮させるためにはしっかり自分に触る必要がある人もいれば、そんな必要はない人もいる。それはあなたのマインドのパワーがいかに強いかにかかっている。段階を踏むごとに、私たちの熱も興奮も増幅させなければならない。最初は呼吸法からはじめて、次に想像力を使い、今度はあなたの最良のパートナーであるあなた自身の手を使う。

もちろん、スートラの修行や僧院の伝統では自慰はかなり否定的に見られている。第2章で紹介した悪魔に悩まされる尼僧の逸話のように、僧院の修行僧や尼僧はこっそり自慰行為をすることに大きな罪の意識を感じる。しかしカルマムードラの教えでは、自分の感じ方を高めるためには自分に触って刺激してよいとされている。その目的は、すぐに射精やオルガズムに至ったりそれを急がせることではない。自分への刺激は、火を起こして燃え続けさせるために木に火をつけるようなものであり、決して近道のためではないのだ。

ジュ・ミパムは教本のなかで、性欲を高めるためにラのマッサージをするよう修行者に勧めている。観想が苦手で想像だけで刺激を得るのが難しい人も多いから、直接的な身体的刺激に頼るのはよい方法だ。最初の呼吸法があまりうまくできず、想像力も乏しい場合でも、身体的に自分を刺激すれば感覚的に興奮しやすいはずだ。自分に触っている間にも呼吸法は続け、あなたのジャナムードラに触り、触られている

と想像する。

性欲を高める方法は様々あるだろう。カルマムードラでは性感を強く感じる場所が8つか9つあるとされている。もちろん、からだのどこでいちばん感じるかは個人の問題だ。唇が感じやすい人は多いし、耳、首、肩が感じやすいという人もいる。乳房や乳首はほぼすべての人が感じやすい場所だろう。おへそや腎臓周辺、腿が感じやすい人もいる。手や足、時には頭が感じやすい人もいる。自分が感じやすい場所を知り、パートナーがいる場合にはお互いが感じやすく最も触られたい場所を伝え合うとよい。強く抱きしめたり、少し痛みがあるほど荒々しく触り合うのを好む人もいる。こうしたことも個人的な問題だ。ジャナムードラを相手として修行する時には、お互いに同じように触れ合って試すとよいだろう。

4つの過程④　ジョルワ／交合、そしてチャクラへの働きかけ

自分やジャナムードラと深くマインドフルな方法でおこなう、呼吸、観想、接触というここまでのすべては、あなたの熱と至福感を高めると同時にあなたの感じ方を深めることで、あなた自身の欲望とエネルギーを理解するためのものだ。

かつて私には40代の弟子がいた。彼は、この修行には自分は年老い過ぎており、またそうしたエネル

ギーを取り戻すにも年老い過ぎていると考えていた。そう自分にプログラミングして、きっとうまくいかないと考えていたのだ。私は彼に、急がず、1ステップずつ修行していけばよいと教えた。呼吸し、観想し、見つめ、微笑み、話す。それから触る。彼がそれを実行してみると、エネルギーが戻ってきた。

こうした方法を試せば、あなたの感覚も至福感も高まり広がるのだ。あなたのティクレも刺激され、あなたの金剛身（微細エネルギー体）のなかで増殖する。

さて、このようにして熱と至福感を生み出し、肉体的な刺激でそれを増幅させることに慣れたら、次にあなたの5つのチャクラに働きかけることができる。

私たちが興奮すると、からだとマインドに自然に熱と至福感が生まれる。するとこの熱が上昇し、頭頂部にある白い月、水銀のようなティクレを溶かす。そのティクレは頭頂部のクラウン・チャクラから喉のチャクラ、ハートのチャクラ、おへそのチャクラ、基底部のベース・チャクラに下る。ティクレが通過し、各チャクラを通って循環することで、私たちはより精妙なレベルで至福感と気づきを感じることになる。

一般的な、より肉体的な興奮とオルガズムによっても、私たちの頭頂部のティクレは少し刺激され振動し雫を落としはじめるが、ほとんどの人は頭や喉のかすかな昴まりを感じる程度だ。カルマムードラでは、チャクラに積極的に働きかけることによりオルガズムのような感覚を長引かせ、より洗練させられる。

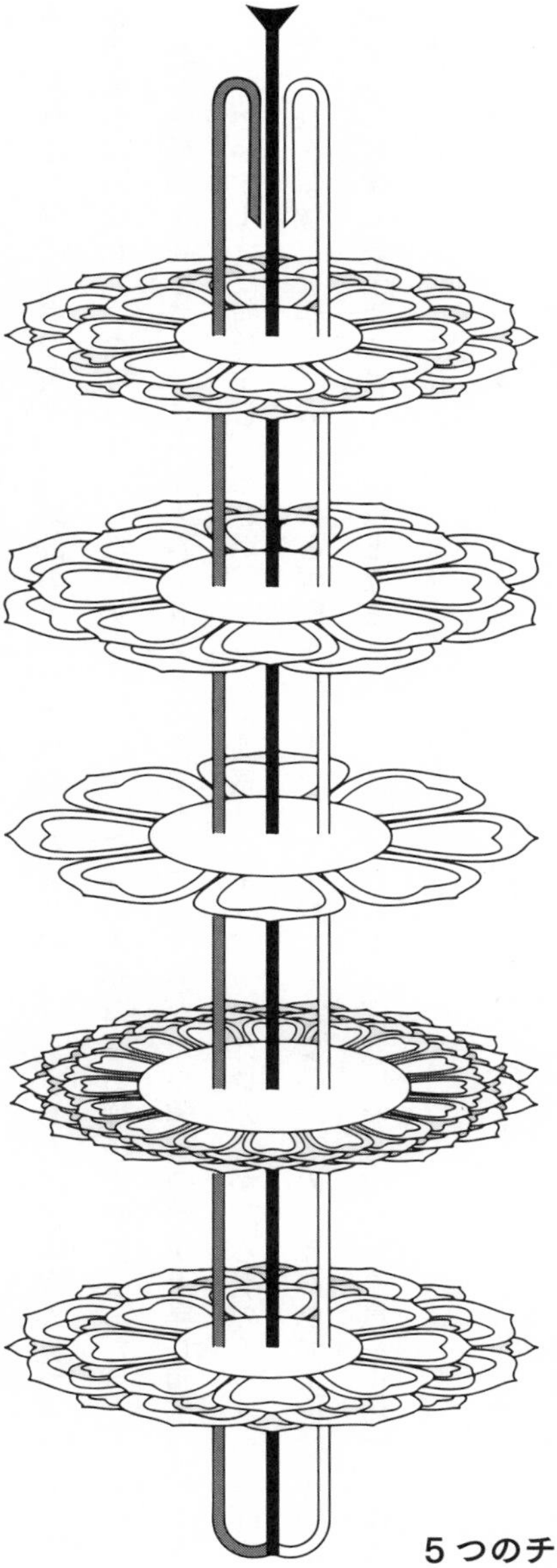

頭部
32の花弁（白）
デチェン・コルロ
偉大なる至福のチャクラ

喉
16の花弁（赤）
ロンチュ・コルロ
楽しみのチャクラ

ハート
8の花弁（青）
チョーキ・コルロ
仏法のチャクラ

おへそ
64の花弁（黄金）
トゥルペ・コルロ
顕現のチャクラ

基底部
32の花弁（緑）
デキョン・コルロ
至福を維持するチャクラ

5つのチャクラ

5つのチャクラは中央脈管上にある「脈管の輪」だ。伝統的な教本によれば、頭部のチャクラは白で32の花弁を持つ蓮の花のようで、喉のチャクラは16の花弁を持つ赤い花、ハートのチャクラは8つの花弁で青、おへそは64の花弁で黄金、基底部のチャクラは32の花弁で緑だ。こうした伝統的な外見でチャクラを観想するのに慣れていなければ、ただ各チャクラにティクレの雫が落ちる様子を想像するだけでもよい。

熱と至福感を高めてついにジャナムードラと交合する時には、あなたの興奮の熱が上昇し頭頂部のティクレを溶かすように観想する。それが起きると至福感は高まり、ティクレの雫が落ち喉のチャクラに溜まる。これを想像しながら、喉の中心と両側をそっとマッサージしてもよい。喉のチャクラで至福感が高まるように想像し集中する。その助けとなるように、苦しくならない程度になるべく長く息を止めて至福感と熱が高まるのを感じてもよい。

この過程を説明したセラ・カンドロの教本の一部を付録に収録した（426ページ）。各チャクラに特別に洗練された形の至福感が生み出される。

働きかけるチャクラにより、4、8、16、または32の至福感、快感がある。喉のチャクラでは「至福」、ハートのチャクラでは「至高の至福」、おへそのチャクラでは「特別な至福」、基底部のベース・チャクラでは「始原的な至福」を感じる。喉のチャクラを最初の至福として下向きに基底部まで数え、修行の仕方によっては、基底部から頭部へと上向きに数えていく。伝統的には、合宿で集中して統合的にカルマムードラの修行をする際には、喉からはじめて各チャクラの至福ごとに10日間ずつ修行する。

至福を想像すればゆっくり頭から喉に至福が流れるように、10日間かけてこの至福のエネルギーを養い、喉のチャクラに満たし活性化させるのだ。自分を諸仏や神々として瞑想し、ジャナムードラのパートナーと一緒にいると想像しながら自分自身を刺激する。

頭部のチャクラですべての至福感に集中し、次に至福の光の白い雫が喉のチャクラまで落ちる様子を想像する。こうしてあなたのからだに至福を導いていくのだ。通常は、白いティクレの雫がどんどん落ちてチャクラを満たすと、そこで水の波紋が広がるように至福の気づきが広がる。

10日間この修行を続けた後、次の10日間では、頭部のチャクラからハートのチャクラにエネルギーを送る修行をする。さらに次の10日間は、頭部のチャクラからおへそのチャクラにエネルギーを送る修行をする。最後の10日間は、頭部のチャクラから基底部のチャクラにエネルギーを送る修行をする。それで40日間の修行となる。それが終わるころには、各チャクラでそれぞれ順番に至福を保つことができるようになる。ティクレを上下させることにより生まれる各チャクラの様々な「歓び」を体験することにより、私たちは空(くう)を理解し、デトン・イェルメイと呼ばれる分別できない至福 ― 空を体験することになる。至福感を感じたらその本質を観察する。そうすればそれが空だとわかる。私たちは固執から解放されるのだ。もちろん、それには気を散らせてはならない。だから、カルマムードラはとても洗練された修行だが、適切な集中力と動機と理解なしに求めればとても危険な修行になるのだ。

重要なのは、修行中は一貫して私たちの至福の本質と気づきに意識を集中させることだ。つまり、私たちのマインドの基本的な性質を正しく認識し、至福と空が分別できないことを自分自身で体験することが

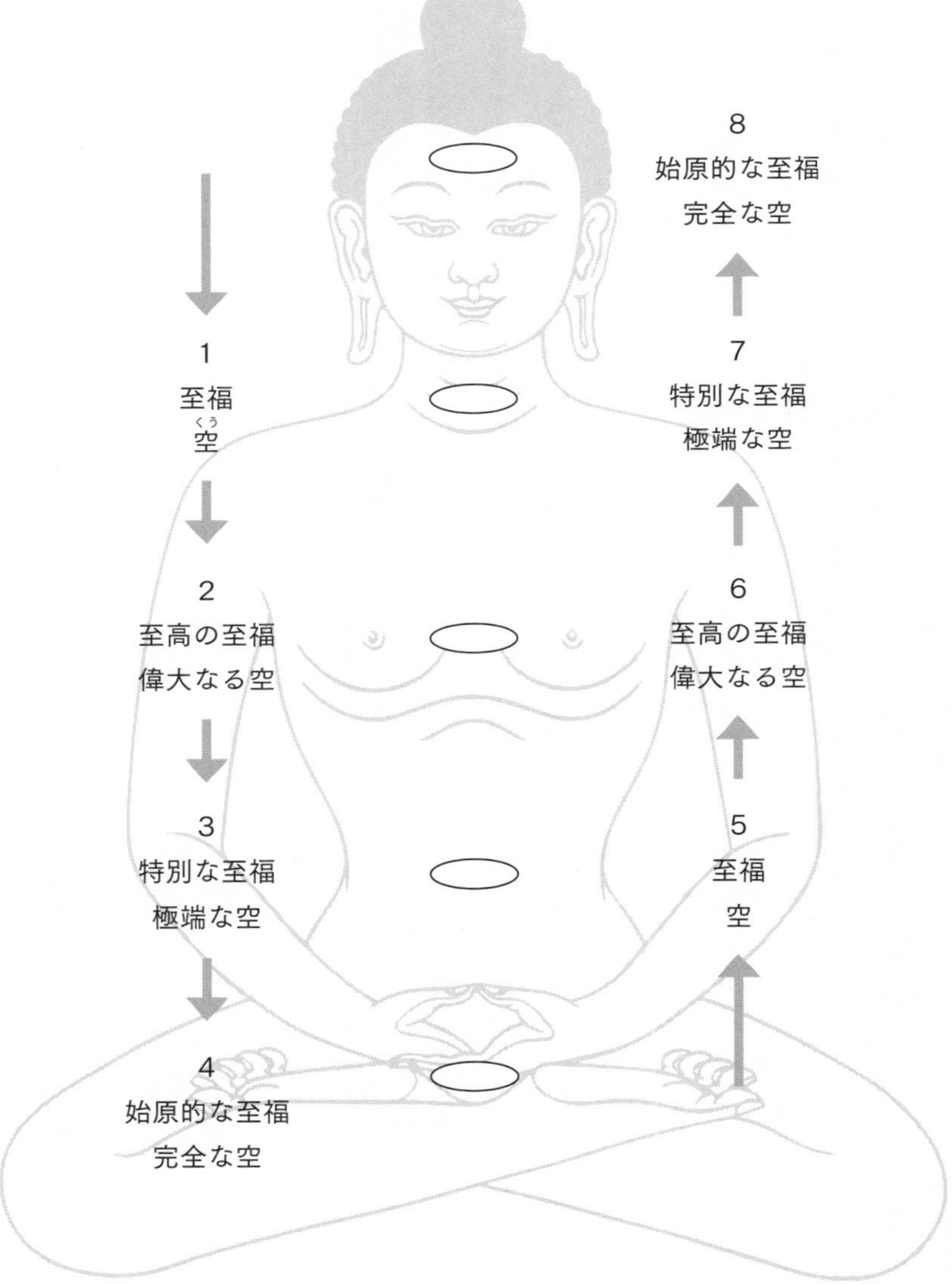

5つのチャクラとそれに対応する8つの至福と空

必要なのだ。

この過程の助けとして、ティクレとチャクラに関するこのカルマムードラの瞑想をする際のガイドになるよう、次の手順を紹介しておく。ひとりでもできるし、パートナーと一緒にもできる修行だ。これは上級のカルマムードラやトゥンモの修行をしたことがない弟子のための、ティクレを溶かす瞑想法だ。

観想法

◆手順①

あなたが普賢菩薩、普賢仏母、またはその他、あなたの守護尊だと観想する。安らかな諸仏や神々でも憤怒の諸仏や神々でもよい。あなたのからだは空で完璧で光に満ちている。これがあなたの人間のからだの本質だ。自分自身を不完全で限定的な肉体の人体と見る誤解を超越して、いまあなたは、あなたのもとの状態に戻り到達し、輝き、純粋で完全完璧な光のからだの状態にある。

◆手順②

頭を光で満たし、頭頂部に白いティクレ（女性は赤いティクレ）を観想する。ティクレは極小だが、無限で眩しい三次元の球体、頭蓋骨のなかの白い月だと想像する。同時に、おへその裏か指4本分下の下腹部に、とても熱く小さな赤い太陽か炎を想像する。月はとても白くとても眩しい。クールでエクスタシーを感じさせるものだが、おへそのほうの美しい三次元の太陽か炎は燃えるように熱く、輝き、至福を感じさせる（このおへそのあたりの炎は、男性が呼吸法の訓練で中央脈管の基底部に観想する赤いティクレとは少し異なる）。

この観想を安定させ、リラックスして、各ティクレから放射されるクールかつホットな至福感に満ちた感覚に浸る。あなたの肉体は守護尊のからだで、あなたのエネルギーは完璧に流れ、あなたのマインドは歓びに満ちている。

ひとりでおこなうにしろパートナーとおこなうにしろ、見つめる、笑う、触る、交合するという4つの過程を通じてこの観想を維持する。カップルで修行するなら一緒に座り、この観想を一緒にする。この瞑想に交合も含めるか否かはあなた次第だ。あなたのスケジュールやその日にどう感じているか、または修行に関する知識により、ただ一緒に座って観想し、自慰行為をしながら観想するか性交をするかはあなた次第ということだ。見つめる、笑う、触るまたは抱擁するという過程を進む間、内なる熱を瞑想する。

あなたのおへそで燃え上がる太陽か炎を想像する（註釈21）。これはトゥンモのヨーガに関わる内なる火だ。おへその下または下腹部のなかの、このとても小さな炎または眩しく輝く太陽は、あなたのセクシャルな熱と興奮のすべてが凝縮した真髄だ。この火が燃え、上向きに炎が伸びる様子を想像する。この熱と光があなたの頭の白いティクレに届き、溶かす。白いティクレの月は氷のようなものだが、それほど冷たくはなく、それでいて氷のように純粋で美しい（註釈22）。あなたの至福の火はあなたのおへそから頭に上昇し、凍った「氷」のティクレは溶けはじめる。

【註釈21】チベット語ではサムで「思う」、「認識する」で、映像的にイメージするという以上の広義な意味がある。観想への集中はタントラ修行の基盤だが、瞑想中には金剛身（微細エネルギー体）の確立要素としてすべての感覚を認識すべきだ。だから、観想や「見る」ことが得意でなくても心配することはない。聴覚、味覚、嗅覚にはおよばずとも、「想像する」ことで「感じる」、「集中する」、「知る」ことはできるのだ。

【註釈22】白いティクレは内なる炎でどんどん溶けるバターのようなものだと説明する教本もある。

観想法――ティクレを下降させる

◆手順③

溶け出したティクレは雫として落ち、あなたの喉のあたりのチャクラのなかに溜まる。この雫は強烈に眩しい月光の雫のようにあなたの喉を満たし、あなたは特別な洗練された形の至福を感じる。この至福は、あなたが愛人を抱擁しキスしたり、そのからだを撫ではじめた時の感覚に似ている。とても心地よく歓びに満ちたものだ。それが起きている間も、あなたはからだのなかに熱と自然なエネルギーが上昇するのを感じている。この熱が湧き上がるほど白いティクレの至福は溶けて落ちる。

しばらくの間この喉のチャクラの至福を瞑想し、それが空と分別不可能なものとして体験する。

◆手順④

火が燃え上がるにつれ、無尽蔵の白いティクレが溶け落ち、あなたのハートの中心に落ちる。至福はどんどん拡大し、強さ、強烈さも倍増してハートに落ちる。その間もトゥンモの火は熱さを増し、あなたの至福、歓び、快感も高まる。このエクスタシーの蓄積を瞑想する！

◆手順⑤

白いティクレがよりたくさん溶け、より多くの雫が落ち、「特別な至福」のおへそのチャクラに届く。各チャクラを経るごとに至福は強まる。各チャクラはティクレで完全に満たされ、こぼれ落ちて次のチャクラまで雫が落ちていく。

◆手順⑥

しばらくすると、ティクレの雫は性器のあたりまで落ち、あなたは極めて強い至福を体験する。ティクレの雫が性器のチャクラに落ちるのを感じながらその至福を瞑想する。あなたは心配、嫌な思い出、すべてのトラウマや気の迷いから解放される。あなたのマインドは穏やかで歓びに満ちている。

◆手順⑦

しばらく性器のチャクラの至福を瞑想した後、深呼吸する。息を吸って止め、肛門を引き締めおへそを引き上げる。こうして息を止めることで体温が上がり、あなたの至福感も高まる。

できる限り長い間息を止めて、それ以上止められなくなったらゆっくりと息を吐く。ゆっくりやさしく呼吸する。自分に負担をかけないように。そして息を吸って、おへそで再度息を止める。

おへそのあたりにあった火が燃え上がるのを見る、または認識する。火が激しくなればなるほど、あなたが体験する歓びと至福も高まる。ティクレがすばやく溶けて落ちだし、あなたは極端なエクスタシーを感じる。

観想法——ティクレを引き上げる

次の段階で、ティクレは基底部の性器のチャクラからおへそに上昇し逆戻りする。これまでと同様に、循環するティクレの甘露が次の場所であるチャクラに到達するごとに、あなたの至福はさらに強烈になり、より洗練される。

◆手順⑧

ティクレの甘露を基底部からおへそ、そしてハート、次にハートのチャクラまで引き上げ、さらに頭部のチャクラまで戻す。各チャクラの至福—空を瞑想する。

◆手順⑨

ティクレが頭頂部に戻ったら、全身が白いティクレで満たされていると想像する。あなたのからだは純粋なクリスタル製のボトルで、ティクレで満たされており、歓びと至福に輝き振動している。ティクレがあるところには歓びがあり、ティクレがあるところには至福がある。あなたはもはやチャクラだけではなく、すべての感覚器、皮膚、手の指先からつま先まで、全身でティクレを体感する。

このどこまでも広がる至福の状態で憩えば、あなたはすべての種類の怒りから解放される。すべての欲望、すべての依存症からも解放される。至福感がとても強いので、アルコールやタバコや仕事、麻薬といったものは必要なくなり、ただその完璧な体験に従っていられる。この状態であなたは完璧な内なる光明を体験し、すべての無知と困惑から解放される。

この分け隔てられない至福 ─ 空が、あなたの全身、マインドを満たし、空間も超えてすべての存在を通して、過去、現在、未来に広がる。それがすべての仏陀の本質だ。

エクスタシーを感じさせるこの至福とその感覚は、あなたのマインドとティクレから来たものだが、それまでのようにティクレを瞑想する必要はない。ただあなたの無垢のマインドの無限の至福を体験するだけでよいのだ。何も試そうとせず、ただリラックスして、手放すのだ。

あなたのマインドはクリスタルか静謐な清水のようなものだ。宙を見つめてみよう。あなたの視野は宙のように広大で邪魔するものは何もない。方向も中心もなく、起点もまったくない。あなたのマインドの本質はすべてにおよぶ宙のようなもので、善悪の分類はない。それは明るい純粋な太陽の光で、すべての宙の全域に無限に輝く。それが「光明と空(くう)の一体化」と呼ばれるものだ。

あなたのマインドの本質は広がり続け、時空を超越するものだ。あなたのマインドを箱に納めたり、限られたスペースの虜にすることはできない。それは無制限で時空からも解放されたものなのだ。それは存在からも不在からも解放されている。善悪も超越し、どんな分類も境界も超越している。それは超越的で至福に満ちている。あなたのマインドがそのままでいたければそのままにし、動き回りたがれば動き回らせればよい。

マインドの本質は、特定の場所からも動きからも解放されているのだ。

どのようにあなたが自分のマインドや思考や感情を体験しようとも、自由にしておくべきだ。あなたのマインドが考えごとをしていても、その考えや思考も至福に満ちたものなのだ。

あなたのマインドが休息していれば、至福に満ちた穏やかさと安らかさを保たせよう。あなたのマインドは形や色、すべての質からも解放されている。それは普遍的で超越的で、明晰で透明だ。あなたのマインドやあなた自身を虜にしてはならない。自分に審判を下してはならない。あなたのマインドは完全に時空から解放され、痛みや苦しみ、希望や恐れからも解放されている。

この状態を体験している時のあなたは仏陀のようで、あなたは仏陀のマインドに休息している。あなたが限定された個人としての「普通」のあなた自身を体験している時には、あなたのマインドはそれぞれの部分に分かれている。あなたの意識は幸福な瞬間、不幸な瞬間、心配、安心といったいくつもの箱に分類されている。あなたのマインドが数多くの破片に分かれてしまっているようなものだ。

あなたがこの言葉には表せない普賢菩薩の超越の境地にいれば、あなたはそうした自己や概念の箱やカプセルから解放される。この状態では、あなたが仏陀であることに何の疑いもない。あなたのからだの本質は「虹のからだ」で、あなたの風とエネルギーの本質は悟りが開けた智慧のエネルギーで、あなたのマインドの本質は至福──空だ。

この段階はとても重要だ。

アティ・ヨーガでは、透明な天然水晶をマインドの本質のたとえとする。天然水晶のように、あなたのマインドの本質は明晰で純粋で完全に透明で澄んでいる。水晶にあてるとどんな光も屈折し、虹の光のように見える。水晶はすべての色、どんな色も表せるのだ。これは私たちのマインドのようだ。

私たちのマインドは水晶で、その光は私たちの気づきで、私たちのマインドの動きや考えだ。光があたり水晶を通過すると、様々な色が見られる。しかしその光が水晶を変えたり、水晶に影響を与えることはない。水晶は光を受け取り、光は水晶を通過し、全スペクトラムの可視の色が生まれるが、水晶の本質は決して変わらない。透明なままだ。イメージを映すがそれ自体は変わらない鏡の表面のようなものだ。だから、これは私たちの思考のようなものだ。

アティ・ヨーガによれば、私たちのマインドはこのようにはたらく。何を体験しようとも、どんな外見、「色」が生まれても、ただリラックスして私たちの感覚器にそれを体験させればよいとする。いい音楽が聴こえてきたら、それを楽しみ、体験し、完全に現れさせればよい。そしてそのいい音楽が止まったら、それに固執せず、渇望も体験しない。それが現れた瞬間にその音楽を完全に楽しむのだ。道路の騒音のようなよくない騒音が聴こえた時も、それが聴こえたら体験して、手放せばよい。

これは五感、感覚体験の瞑想だ。私たちの人生は感覚体験を基盤としているのだから、この瞑想は極めて重要だ（註釈23）。こうした体験への渇望を募らせたり、避けずに対処できるようになれば、あなたの人生は豊かになり、驚異的で美しいものになる。

しかし、こうした五感による体験への対処の仕方を知らなければ、あなたは問題を抱えることになる。何か甘い物を食べたら、もっと食べたくなり、もっと、もっと、もっと、もっと欲しくなり、依存症になってしまう。その甘さがなければ人生は機能しなくなってしまう。それが依存症の定義だ。特定の物質や体験がないと機能できなくなる状態だ。アルコール依存症、薬物依存症、仕事依存症、ギャンブル依存症など、対象が何であれ同じことだ。だから、私はこの水晶のたとえがとても気に入っている。

アティ・ヨーガによれば、光があるなら、それを光らせ私たちの水晶を通過させればよいとする。光がある時には、それを虹にし、光がなければ虹もないが、それでもよい。水晶は純粋さを保ち、変わらない。暗闇のなかでも光のなかでも、水晶の本質は決して変わらない。

毎日の生活のなかで、あなたの頭や目、ハート、または全身が透明な水晶、または純粋で静謐で光輝く湖だと想像するシンプルな瞑想をすればよい。これにより、あなたの自然な安らぎと明晰さ、そしてチベット語ではリクパと呼ばれる、すべての質や労作も超越した私たちの生来の無垢の気づきに至るための助けになる。カルマムードラの修行をするしないにかかわらず、自分のマインドの真の本質を認識することは私たちにとって極めて重要だ。

この状態を読者が認識しやすいよう、次ページに、ユトク・ニンティクの教えのなかで私が見つけた特別なマハムードラ／アティ・ヨーガのテクチューの手順の概要を簡単に紹介しておく。

【註釈23】このドクター・ニダの説明は、付録にあるシャキャ・シュリのアティ・ヨーガ式のカルマムードラの次の教えに近い。「究極の現実、つまり現象の本質への見方を維持しながら創造のエネルギーに働きかけ、すべての形、音、匂い、味、体感を、魔術師による錯覚の演出（その本性）として認識するように訓練する」（412ページ参照）。

「無垢の気づきの始原的な智慧」
―― マインドの真髄たる本質に関するユトクの教え

マインドが究極の現実のからだ、ダルマカーヤとしてマインドを顕現させるための直伝、言いかえれば口伝のユトク・ニンティクの教示がふたつある。より下の門の偉大なる至福の道（カルマムードラ）と、より上の門の完璧な解放の道（マハムードラ）だ。後者の完璧な解放の道はマインドの真髄たる本質、言いかえれば剥き出しで無垢の気づきを意味するセム・トゥリを凝縮したものだ。

はじめに１カ月間、休ませた状態、「不変」の状態のマインドを瞑想する。次の１カ月間は、思考が活発になり輝き出す流動的なマインドを瞑想する。その後に、休んでいるか動いているマインドの「真の顔」の真髄について徹底的に探求し、究極的な答えが出るまで分析する瞑想をする。瞑想体験が自然に現れるまで、これを１カ月間続ける。そして下記のように描写される無垢の気づきの真髄、言いかえれば気づきの顔を瞑想する。


俗世 ― 涅槃に存在し現れるすべてはマインドのなかにあることを、自分で確認する。

マインドの真髄は始原的に無条件で、すべての精神的な労作から常に、すでに解放されている。

基盤はまったくないものの、無数の色で輝き出し、それは顕現するものの、いかなる「顕現させる主体」もまったく存在しない。

どんな基盤も根源もまったくない。

それは語られる、考えられる、理解される、表現されるすべてを超越し、

གཡུ་ཐོག་སེམས་ཁྲིད་རིག་པའི་ཡེ་ཤེས་མ་བཞུགས་སོ།

གཡུ་ཐོག་སྙིང་ཐིག་གི་ཡིད་ཆོས་སྐུར་འཆར་བའི་ཁྲིད་ལ།
འོག་སྒོ་བདེ་ཆེན་ལམ་དང་སྟེང་སྒོ་རྣམ་གྲོལ་ལམ་གཉིས་ཡོད་པ་ལས།
ཕྱི་མ་རྣམ་གྲོལ་ལམའམ་སེམས་ཁྲིད་རིག་པ་རྗེན་མའི་སྙིང་བསྡུས་ནི།

ཐོག་མར་ཟླ་གཅིག་ལ་སེམས་གནས་པའམ་འཛོག་བསྒོམ་བྱ། དེ་ནས་ཟླ་གཅིག་ལ་སེམས་འཕྲོ་བའམ་འགྱུ་བསྒོམ་བྱས་རྗེས། འགྱུ་གནས་གང་རུང་གི་སེམས་ངོ་མཐར་ཕྱིན་པར་དཔྱད་བསྒོམ་གྱིས་ཟླ་གཅིག་ལ་ཉམས་མྱོང་ཐོན་པར་བྱ། དེ་ནས་རིག་ངོ་ནི་གཤམ་ལྟར་སྟེ།

སྣང་སྲིད་འཁོར་འདས་སེམས་སུ་ཐག་ཆོད་བྱ།། སེམས་ངོ་ཡེ་ནས་གདོད་མར་སྤྲོས་པ་བྲལ།། གཤིས་ཅིར་མ་གྲུབ་སྣ་ཚོགས་མདངས་སུ་འཆར།།
འཆར་བཞིན་འཆར་མཁན་གཞི་རྩ་བྲལ་བར་གྱུར།། བློ་བསམ་ཤེས་བརྗོད་བློ་ཡི་ཡུལ་ལས་འདས།། ཐམས་ཅད་འདུས་པའི་རིག་པ་གཅེར་བུར་ལྷང་།། སྣང་བ་ཕྱི་དང་རིག་པ་ནང་མ་ལུས།། ཡེ་ཤེས་ཟངས་ཐལ་མ་ལུས་གཉིས་སྣང་མེད།།

概念的マインドの領域を完全に超えている。

それはすべてを内包する、明るく生き生きとした無垢の気づきだ。

外界の外見はただ外側には留まらず、リクパは内側にのみ存在するのではない。

始原的な智慧は内側と外側の間をただ邪魔されずに通過するのではなく、無垢の気づきは超越的だ。

二元性からは完全に解放され、外側の物やここにいる認識者の認識もない。


辛い悪い感情や精神状態を拒絶する「拒絶者」もまったくいない。

それは存在の根底にある基本的な状態で、始原性だ。

まったく何も認知せずに、それを認知するのだ！

自然な気づきの始原的な智慧の瞑想的な体験は、しっかり現れる。

無理に起こそうとはせずに、この自然で、無制限で、考えられない、そして自発的な存在の自らの輝きを導く。

気を散らさずに、この裸でゆったりとしてリラックスした状態を保つ。

そうすれば、間違いなく、この人生で普賢菩薩の仏陀のマインドに到達できる。

—— 若ユトク・ヨンテン・ゴンポ（ゴンポ 2005）の教えの一部を
2017 年 10 月 10 日にドクター・ニダが詩で抄訳（註釈 24）。

【註釈 24】ユトクのアティ・ヨーガの教えをより深く学びたい読者には、ドクター・ニダの著書『Mirror of Light』（チェナグサング 2016）と『Weapon of Light』（チェナグサング 2017）をおすすめする。

ཉོན་མོངས་ངན་པ་སྤང་བྱ་སྤང་མཁན་བྲལ།།

ཡེ་ཇི་མ་བཞིན་གྱི་གནས་ལུགས་དེ་ནི།། མཐོང་རྒྱུ་མེད་པའི་ཚུལ་གྱིས་མཐོང་བར་བྱ།

ཉམས་མྱོང་རིག་པའི་ཡེ་ཤེས་འགྱུར་མེད་འཆར།།

སོ་མ་ལྷུག་པ་མ་བཅོས་རང་མདངས་ {བཟོ་མེད་} ལྷོད།

རྗེན་ཁྲོས་སེ་བའི་ངང་ལ་མ་ཡེངས་བསྐྱངས།།

ཚེ་འདིར་ཀུན་བཟང་དགོངས་པ་མངོན་འགྱུར་རོ་ {ཐེ་ཚོམ་མེད}།།

ཅེས་གཡུ་ཐོག་གསར་མ་ཡོན་ཏན་མགོན་པོའི་གསུངས་ཚིག་བཅད་དུ་བསྡུ་མཁན་ནི་སྨན་པ་ཉི་ཟླ་ཡིན། ༢༠༡༧_༡༠_༡༠ལ།

アドバイスの追記

通常カルマムードラの教本では、トゥンモの火については直接は触れたり説明されてはいない。トゥンモでは赤いティクレをごく小さな燃える炎と観想し、それが燃え盛ると頭頂部の白いティクレを溶かす。トゥンモの火を観想し慣れているのならそれでもよいが、カルマムードラの修行の際には、培った興奮から自動的にリアルで生理学的な熱が生まれるのが普通だ。その熱はトゥンモの修行で生み出す熱に似ている。

通常、私たちの動きが活発になるとからだが熱を生む。高揚、刺激、動き、興奮などに熱が伴う。この修行では、私たちがすでに興奮を伴うものとして体験している熱がティクレを溶かすと想像するだけでもよいのだ。熱がなくとも、白いティクレが自然に溶けて雫となって落ちる様子を想像することさえできる。火の観想に慣れているのならそれでもよいが、通常、興奮すれば熱が高まるので、必ずしもおへそのあたりで火が燃え上がるように想像する必要はないのだ。至福と高揚によるからだの熱はすでにあり、白いティクレの雫がすでに落ちているのだから。

つまり、あなたのそれまでの修行や能力に応じてマインドフルにおこなえばよいのだ。

毎回必ず熱や至福を強く感じるとは限らない、ということも覚えておいたほうがいい。しばらく性関係を持っていなければ、より強い性欲を感じやすいだろう。セックスしたすぐ後だと性的なエネルギーが少し低下しているように感じるかもしれない。

概して性欲が強いほど、カルマムードラの修行はうまくいきやすい。その欲望をいかに活かして、瞑想への集中力を高めるかが目的だ。あなたにすでに性欲があるなら、至福と熱を観想して高めやすいだろう。想像するだけで射精やオルガズムに至ることもあるかもしれないが、欲望にストップをかけ、瞑想を終えてしまうような普通のオルガズムにならないように気をつける必要がある。その可能性はあるとしても、あなたのゴールは絶頂感を得ることや射精することではないのだ。オルガズムのような反応をコントロールして長引かせるのだ。


興奮し過ぎた時には少し休むほうがよい。あなたのマインドがパワフル過ぎて、射精や絶頂感に導かれることもあり、射精寸前でそれを止められそうもないと感じたら修行を中止して起き上がり、歩き回ったり冷たいシャワーを浴びたりして、クールダウンできるようにする。そして落ち着いたら再開すればいい。

もちろん（先に射精の項目で説明したように）射精は奨励するし、短いオルガズムを何回も体験することもできるが、それが頻繁にならないように、修行の一部としてコントロールの仕方を覚える。普通のオルガズムを体験せずに、その代わりにもっと拡張的なオルガズムを培えば、性的エネルギーを維持、増大できる。それは男性にとっても女性にとってもだ。いったん絶頂に達したり射精すれば、そうしたエネルギーは消えてしまいやすい。

こうした修行であなたが培う熱は歓びに満ちたもので、あなたのマインドをより明晰に覚醒させてくれる、とても強靭な質を持っている。ちょっと引き下がって休み、またはじめればよいのだ。または、あまり興奮を感じないならマッサージして自分を刺激すればよいが、絶頂に至ってはならない。

教本のなかでユトクは、絶頂感を得たいという欲求が強いヨギやヨギーニは身体的なヨーガのエクササイズをすべきだとしている。彼が指示しているエクササイズのひとつは、「解放されたライオン」と呼ばれるものだ。

この姿勢では、親指で両耳を押して蓋をし、唇を小指と薬指ではさんで口に蓋をし、中指で鼻を左右から押して両鼻孔を閉じ、人差し指で瞼を押さえて両目に蓋をする。これで顔に並行線がつくられる。息を吸いながら耳口鼻目を閉じて息を止め、頭と上半身を5回ずつ、最初は時計回りに、次は反時計回りに回転させる。息を止めたまま、頭と上半身をすばやくスムーズに、そっと円弧を描くようにスイングさせるのだ。このエクササイズは座ったままでも立ってでもできる。

終わったら、指を離して、大きな声で「ハアーアーアー」と言いながら口と鼻から勢いよく息を吐く。このヨーガのエクササイズは主に上半身のためのものだ。

もっと簡単なエクササイズもある。仰向けに床に寝て両膝を立て、息を吸いながら腰を宙に浮かせる。腕を使って押し上げてもよい。背骨を宙に浮かせた状態で息を止め、息を吐きながらからだを床に戻す。または、口伝の伝達を受けて「壺の呼吸法」(ブムチェン)を学んでいる人は、それをおこなってもいい。この重要なヨーガのエクササイズでは、息を止め下腹で息を撹拌する。

カルマムードラの呼吸法をする際、からだに緊張や痛みを感じることがあるかもしれない。頭や胸、あるいは腰やほかの様々な場所に閉塞感を伴う痛みを感じることがある。この瞑想の効果のひとつはあなたのエネルギーの流れがよくなることだが、時には流れたエネルギーがどこかで詰まり、痛みを生じさせることもあるのだ。これはチベット語ではツァー・スー、ルン・スー、ティグ・スーと呼ばれ、順に脈管、風、ティクレによる痛みという意味だ。ティクレを上下させているとエネルギーがどこかで詰まり、不快に感じることもある。

痛みを感じたら、次のエクササイズをするとよい。あぐらをかくか結跏趺坐（けっかふざ）で座り、腕を伸ばし手で床を押すことで、全身を引き上げる。お尻と尾てい骨を数センチ床から浮かせたら、そっと、しかししっかりとお尻を床に落とす。怪我をしないようにそっとおこなうことが必要だ。このエクササイズの最中には息を止め、息を吐く前にすばやく21回、腰を浮かせて床に落とす。

これは「下に落とす」エクササイズで、ソフトなベブと呼ばれる。エネルギーの詰まりとからだの痛みに効く素晴らしい療法だ。

こうした修行の最中にミニ絶頂感やオルガズムを感じることはかまわないが、とても強く突然で爆発的な絶頂感は、あなたの欲望を低下させかねない。前に述べたように、そうしたものには躁うつ的な性質があるのだ。とても突然でとても高揚したかと思うと、とても落ち込みとても疲れた感じになる。

しかし、至福と刺激の小さな波やピークにはよいこともある。さらにオルガズムを高め、私たちの至福を長引かせる役にも立つからだ。私たちのゴールは、そうした小さなオルガズムの波を高めてどんどん強くし、それをより長く維持することだ。その方法がわかれば、あなたはオルガズムを1時間、2、3、6時間、または24時間維持することができるようになる！

あなたのマインドでミニ・オルガズムを感じながら、仕事に行くことを想像できるだろうか？　あなたがなぜそんなに幸せそうなのか、誰もが不思議に思い、心のなかで、「この人はいったいどうなっているのかわからないが、とても素晴らしい！」と思うだろう。

誰かに誹謗されてもあなたは気にもしない。私たちの至福を拡大し洗練させる。それがカルマムードラの目的だ。

ほとんどの場合、性交の目的は通常の短いオルガズムを得ることだと私たちは考えている。この種のオルガズムももちろんパワフルな体験だが、そのパワフルな体験が終われば、消えてしまう。突然の極めて高度な幸せを体験するが、引き続き、とても低く急降下して、そして眠ってしまう。セックスについて話したりオルガズムについて研究する必要などないという反論もあるだろう。それは自然で機械的な反応だから論議に値しないというわけだ。

昔のカルマムードラのヨギやヨギーニは、オルガズムが何たるかについてかなり研究した。どれだけ多くのレベルのオルガズムを人間は体験できるのか、どうしたらオルガズムを拡張させせよりよく体験できるのか、どうしたらそれを自分たちのエネルギーとマインドを変革させるためのパワフルなツールとして使えるのかを、彼らは理解したかったのだ。

こうしたことに関して懐疑的な人には、自分で実験してみることを奨励する。驚異的な主張に対して懐疑的になるのはよいことだし自然だ。だからこそ、懐疑派には3カ月、いや、もっとよいのは3年間のカルマムードラの集中修行を推奨したい。集中修行すれば、自分自身のからだとエネルギーとマインドを開発する時間を自分に与えて、自分の可能性を発見できるからだ。

カップルで真面目にカルマムードラを修行したければ、カップルでの集中修行に3～4週間はあてなければならない。そうすればカルマムードラのエネルギーを本当に感じられるだろう。その月をハネムーンと考えればよい。

しかし、私がそう言うと嫌がる弟子もいる。たとえば、ローマの人々にとってはハネムーンはせいぜい1週間なのだ！　いつもながらそうした場合には、時間が許す限り、できるだけしっかりと、最善を尽くせばよいとアドバイスする。カルマムードラの1週間の集中修行をするだけでも、修行のよい基盤となる。様々な期間、ひとりでどこかに行き集中修行することもできるし、日常生活の合間に、毎日家で修行することもできる。

しかし一般的には、カップルでカルマムードラの集中修行に出かける際には、周囲の人には秘密にしておいたほうがよい。これには現実的な、エネルギー上の、またはスピリチュアルな理由がある。以前述べたように、個人の守護尊についてては秘密にしておいたほうがよいのと同様だ。

チベット語では、伝統的なカルマムードラの集中修行の名前のひとつはサンチュで、「秘密の行為」という意味だ。カップルで修行したければ、完璧で邪魔が入らない場所――自然のなかかリゾート地が必要だ。根を詰めた集中修行をする際には、グルのガイダンスのもとで、何が必要なのか明確に理解したうえでおこなうべきだ。

結論としては、欲望を通したマインドのトレーニングには主に3つのステップがある。呼吸法、観想、そして肉体的な刺激だ。これはソフトな自主トレーニングだが、パートナーとの修行への大切な準備段階となる。自分自身のからだとエネルギーとマインドをマスターしたうえでのパートナーとの修行は、極めてパワフルになり得る。

ステップ3――パートナーとの修行とカップルへの助言

この項目では、こうしたテクニックを活かしてよりマインドフルにセックスしたい一般のカップルにいくつかアドバイスしたい。これは大切なことだと本当に思うのだ。

密教によれば、私たちには存在と気づきの4つの状態がある。起きている状態、深い睡眠状態、夢を見ている状態、そしてオルガズムの状態だ。この状態が、総合的に私たちの人となりと認識を生み出している。私たちは毎日目を覚まし、毎日深く眠り、毎日夢を見て、なかには毎日オルガズムを体験している人も多いだろう。オルガズムは生来の私たちの一部、人間としての体験の一部だ。それなら、毎日カルマムードラを修行してもよいのではないか？

金剛乗の修行者の多くは、起きている間に瞑想するし、バルドーやドリーム・ヨーガ、スリープ・ヨーガも修行しているのに、オルガズムの状態の修行は怠っている。オルガズムは私たちのマインドについて理解し、そのコントロールの仕方を覚え、私たちの基本的な本質に気づくための、もうひとつの機会なのだ。

もちろん、多くの人にとってはオルガズムを体験できないのが問題で、そのためにストレスを溜めたり不幸だと感じたりしている。普通のオルガズムやすばやいマインドレスなセックスをたくさん体験していれば、それが不幸、執着、依存症のもとになることもある。だから、あなたが肉体的に疲れていたり、時間がなかったりしても、あなたとあなたのパートナーは眠る前に少しだけ時間をとり、一緒に座って、先に紹介した呼吸法を一緒に体験したほうがよいと私は信じている。

カップルが一緒に座って同時に息を吸い、息を吐きながら、一緒に観想する。それで興奮してきて双方ともそうしたくなったら、見る、笑う、触る、交合するという修行に進めばよい。またはただ一緒に眠ればよい。

こうした方法は完璧で伝統的で究極的なカルマムードラの修行ではないかもしれないが、簡単でパワフルだし、カルマムードラの修行の一部にはなる。読者もこうした修行の一端を味わうことはできるし、こうした精神修行をより深く実践したければユトク・ニンティクの前行を終え、教えを受ければよい。

カルマムードラの修行をすれば80の精神的苦しみのすべては自然消滅し、あなたは何もする必要はない。多くの人は本能的にこれについては知っているだろう。

人がとても怒ったり、とてもストレスを感じたり神経質になった時には、どうするか？　自慰行為だ！　うまく自慰行為ができてよいオルガズムを体験できれば、とてもほっとして、すべて大丈夫だと感じられる。これは80の精神的苦しみに関連している。こうしたものは概念的状態、精神的な難儀で、すべての苦しみの根本原因だ。そうしたすべてがカルマムードラで消せるのだ。

カップルが性交する際にティクレが溶けて各チャクラに雫となって落ちると想像すれば、先に説明したすべての80の精神的苦しみを排除できる。

とても多くの人が三毒に悩んでおり、欲望、ストレス、怒りに満ちて困惑している。それが私たちの俗世の本質なのだから、性的に活発な人々にとってはこれはとてもよい修行なのだ。カップルでこの修行をすれば、80の精神的苦しみのすべてを消すか減らす道になる。うまく使えば性体験は苦しみの排除役、変革のツールになるのだ。性行為はあなたの気分を変え、機嫌をよくし、よい痛み止めになる。それだけたくさんのよい効能があるのだ。

この原則は誰もが従え、誰にとっても有益だと私は信じている。だからこそ、頻繁にセックスするカップルにとってはカルマムードラの修行法と考え方を活かしてマインドフルにセックスすることが極めて重要なのだ。

ひとりでする修行として先に私が説明した、見る、笑う、抱く／触る、交合する、という伝統的な４つの過程は、カップルでの修行にもあてはまる。時間をかけることが重要なのだ。親密さとロマンスを育てるということなのだ。こうした方法は、片方ができる限りすばやく欲求を満たそうとするだけの5分や10分足らずの性行為ではない。あなたがカルマムードラの達人修行者でないとしても、このアプローチはとてもよく、大切だ。

人は多様性を必要とする。「ああ、私はいつもパスタを食べる。うまくつくれるから、ただ毎日食べ続けるわ！」というわけにはいかない。時には違うつくり方をするか、パスタを食べるにしても器や食べる場所を変えなくてはならない。異なる風味や味わいを楽しむためにはバラエティが必要なのだ。だから、カップルも時には場所を変えてみたりしたほうがよい。時には性交のために理想的な場所を見つけ、しっかり一緒に時間を過ごすことが、カップルにとっては重要だ。

セックスはふたりの人間がストレスをぶつけ合い、お互いに不満を表現したり、自分の欲求のために相手を自分勝手に利用するためのものではない。「だから、セックスがしたい。射精したい！」ではだめなのだ。相互の理解と尊重が極めて重要なのだ。

ソロのジャナムードラの修行の4つの過程と五感を通じて、あなたのマインドの楽しみと至福を増加させるための手順のすべては、パートナーとの修行にもあてはまる。パートナーとカルマムードラをする際には、「見て観察する」ことや肉体的な外見もとても重要だ。双方とも着飾って魅力的に見せるべきだ。私の知り合いの女性は50代だが、服装やスタイルや髪の色、ジュエリーを頻繁に変える。若い女性のようなのだ。そこで私がその理由を尋ねると、自分の楽しみとしてだけでなく、彼女の夫も楽しめるようにだと答えた。

「私が服を変えると、そのたびに夫にとっては赤の他人になるから、夫が私への関心を失うことはなくなる！」

私は、それはとても賢い方法だと思う。これはカルマムードラの教えとも一致する。常にパートナーにとって魅力的である必要があるのだ。

これは一部の人々が考えるように、女性だけの責任ではない。20年、30年結婚していたとしても、カップルの双方が上手にクリエイティブに想像力豊かに自分の外見を整えれば、常にお互いにとって新鮮でいられる。セクシャリティを上手にアーティスティックに扱えば、常に楽しめセクシーに感じられ、退屈はしない。常に役立たせられるエネルギーと欲望にあふれている、ということだ。

語り合い笑い合うことも、カップルでの修行にとっては重要だ。セクシャリティはアートだ。つまり自分の欲望と官能性を操るアーティストでいなければならないのだ。それは前段階と同様で、どう装うか、どう化粧するかといった外見にもあてはまる。話術のアートは親切で快く気持ちいい言葉、会話ということだ。

会話中には、微笑んだり、音楽を聴いたり、お香に火を灯したり、おいしいものを食べたり、五感に関わるそのほかの方法を伴わせることもできる。チョコレートを味わったり、香水をつけたりして楽しむこともできる。あなたの全般的な欲望、楽しみの足しになることをすればよい。

覚えておくべきは、カルマムードラでは感覚的な快感を養い、楽しむ必要があるのだ。だからチョコレートが好きなら、小さなかけらを口のなかでゆっくり溶かしてマインドフルに楽しむ。あなたの舌は味覚という感覚——意識につながっているから、より長い間チョコレートが舌の上に留まれば、あなたの脳はより満足できる。その風味を楽しむことなくマインドレスにひと口で食べてしまったら、あなたのマインドはもっとチョコレートが欲しいという欲望で一杯になる。すでに胃は満腹でも、マインドは不満でもっとチョコレートを味わいたいという欲望を持つことになる。

通常の欲望を超越するための修行では、感覚的な快感をマインドフルに楽しむというこの方法が鍵となる。

おいしく甘いものを食べ、甘い言葉をささやけば欲望を刺激できるが、卑猥な会話を交わすのもパワフルで官能的だ。ジャナムードラと同様で、パートナーとの修行でもダーティな会話がとても役立ち重要な場合もある。とはいえ、あなたやあなたのパートナーにとって、どんな「ダーティ」な言葉が効くのかは、まったくもって個人的なことだ。ある人にとっては刺激的な言葉も、ほかの人にささやいたら逃げ出されることもある！

レルン・リンポチェはその教本のなかで、特別な英語の表現を使っている。チベット語では「ツォク・タム」で、文字どおり「ダーティ・トーク」だ。レルンはその達人だった。あなたにとってはショッキングかもしれないし馬鹿げているかもしれないが、タントラの学者にとっては、これは極めて興味深いテーマだ。

誰もが知っているように、私たちが誰かと親密になりキスしたり触ったり、性交している最中には、私たちの言葉や声は音楽のように自由で自発的になる。また、いい歌や音楽がかかっていればダンスしやすいことも誰もが知っている。セックスに関しては、セックスの最中に交わすダーティな言葉や音はすべて、私たちを奨励するサウンドトラックのようなものなのだ。セックスしている最中にあなたのパートナーが「あー、あー、あー」とよがり声をあげたら、あなたはそのエネルギーを感じる。それはとてもパワフルで、たとえそれが振りをしているだけであっても、その音楽は私たちに影響を与える！それはまさにアートだ。

ジュ・ミパムは『カーマスートラ ― カルマムードラ』の教本のなかで、「声を押し留めてはいけない」としている。あなたが声に出す「あむ」とか「はむ」といった音は、それがどんな音であろうとも、それが天国からのサウンドのようであっても地獄からのもののようであっても、そのまま音を出せと言っているのだ。彼によれば、そうした音は私たちの脈管からの波動で、「そうした音は自由に出すべきで、恥ずかしさや恐れから抑圧してはならない」としている。

私が思うには、男性は通常（とくに異性愛のポルノ映画では）、男性にとってより重要なのは女性を興奮させ、女性に叫び声をあげさせることだと信じているようだ。しかし、男性の音声の波動もパートナーにとって重要だ。あなたの性嗜好がどうであれ、お互いに出す音はとてもパワフルだ。ジュ・ミパムが言うように、そうした抑制されず自発的に出る欲望のサウンドは事実、私たちの微細なからだの脈管が出す生来のマントラのサウンドなのだ。

「話すこと」と自分を表現することのもうひとつの側面は、オープンな会話でお互いについてよりよく理解し合うことが重要だということだ。

オープンでお互いを尊重したコミュニケーションの欠如は、カップルが離婚する主な原因になる。カップルがほとんど性的な接触を持たなければ、人間関係の基盤もあまりなくなる。よいセックスもよいコミュニケーションもなければ、問題が起き、別居に至りやすくなる。パートナーは、ほかの人に関心を持ち、自分をよりよく理解したり、話をよく聞いてくれたり、支えになってくれる別の人にもっと惹かれるようになるかもしれない。そうした場合には必然的に離婚に至る。うまくいかなくて一度離婚するのはかまわないが、2回、3回、4回と離婚を繰り返すことは疑問だ！ 最近ではいつも離婚で忙しい人たちもいる！ だからこそ、既婚のカップルにとってはカーマスートラとカルマムードラの両方の考え方と修行が役に立つと私は思うのだ。カップルがオープンな会話を持てなければお互いを理解することは極めて困難で、相互理解こそが重要なのだ。セックスはたくさんしているかもしれないが、理解を分かち合っていなければほとんど無意味だ。

性交について言えば、異性愛の女性にとっては、挿入する前のウォームアップに男性があまり時間をかけないことがしばしば問題になる。また、女性が好む体位を男性が試したがらないこともある。

3つめの問題は、平均的に、男性はあっという間に絶頂感に達し射精してしまうので、女性にとっては、はじまってもいないうちに性交が終わりがちになることだ。そのために、女性の多くが男性は射精するのが早過ぎると思っているが、長くかかり過ぎると思っている場合もある。男性がパートナーのニーズと希望を理解していれば、時間がかかり過ぎることは問題にはならないだろうが、異性愛の男性がパートナーをあまり理解していなければ、その女性は寝ながら「ああ、神様！ いつになったら終わるんでしょう?」と思っているかもしれない。いっぽう、男性は「ああ、すごい！ なんとうまくいっていることか。俺には驚異的なスタミナがあるぜ、そのとおりだ！」と思っていたりする。これはパートナーを理解しない同性愛の男性や女性でも同様だ。

あなたのパートナーが疲れたり、あまりその気になっていなければ、彼らはそう言うべきで、その場合には少し休んで、お茶でも飲んだりポルノ映画を一緒に観たりすればよい。コミュニケーションし、再びつながる方法はいくらでもある。


抱く、触る、そして交合する段階でも、コミュニケーションが鍵となる。何をしてもよいが、最も重要なのはお互いに理解し合い、相手の敏感な部分を知り、相手がどう抱かれ、キスされ、触られたいかを理解していることだ。

3～4つめの過程では気分が非常に高まっており、明晰な集中力と焦点をもって深く瞑想することが最も重要だ。気持ちが昂揚するにしたがい、あなたの至福の真髄をしっかり直接見つめ、その「真の顔」、本質を認知する。白いティクレの雫が落ち、あなたの喉のチャクラを満たした時には、喉に触れ、その感覚をしっかり感じそこにフォーカスする。そうすることにより、あなたのマインドはどういうわけかそこに留まり、喉のティクレは明るく歓びに満ちて輝き、月のような白い光が輝きだす。フォーカスしたまま瞑想するのだ！

たとえばティクレの雫があなたのハートのチャクラに落ちた時には、澄みきった無限の青空のように、あなたのマインドを広大にオープンに純粋に保つ。

時にはあなたやあなたのパートナーが、偉大なる至福の深淵な感覚をからだで体験することもあるだろう。時にはそうした感覚をからだの輪郭を超えて、テーブル上で、家全体で、屋外の樹の下で、あなたが目にするすべてで感じることすらあるだろう。すべてが至福のなかで至福として存在する。これが「純粋なビジョン」と呼ばれるものだ。あなたのマインドが、至福をとても強く純粋に体験すると、何かを見ても、そのものに至福があると感じるのだ。そうした体験をしはじめたら、あなたのカルマムードラがうまくいっている兆しだ。

こうした体験が、自然に空（くう）の理論と体験につながる。これがデトン・イェルメイと呼ばれる至福と空の切り離せない統合だ。強烈な至福を体験するが、同時に私たちの体験の真の本質や状態、私たちが認知するものは空だとわかる。からだで至福をとても強く感じるが、その間にもその至福は空の状態から分離できない。それは夢のなかで目を覚ますようなもので、まったく同じだ。明晰夢を見る時には、夢を見ながらも、あなたの本質や夢のなかのすべての見かけの本質は空でもあることがわかっている。

空、言いかえればそれらを体験するいかなる内在的で恒久の独立した「自己」も存在しない。すべては主体や対象の分類を超越して生起する。カルマムードラの最終的、究極のゴールが仏教の最終的なゴールであるのもこの理由からだ。すべての現象の真の本質に完全に気づくことだ。

カルマムードラでは、私たちはこの空、言いかえれば「自己の不在」を、至福を通して発見する。チベット語ではダクメイと呼ばれる無私は、私たちの個人的な自己不在性とすべての明白な現象の不在性を意味する。

第5章

医学、科学と健康

いまでは病理学者も医師も、
多くの疾病は本質的には心身症だと言っている。
マインドが病気や苦しみの原因となるという考え方を受け入れ、
ストレスが様々な身体上の健康問題の主要な要因だと認識したのだ。
しかし興味深いことに、いっぽうで彼らは、
マインドをコントロールすることが病気の治療法のひとつに
なり得るということについてはなかなか認めようとはしない。

内なる科学と癒しの科学

チベット語では、仏教はナンドゥン・リクパとも呼ばれる。このフレーズは文字どおり、「科学」または「真実の智」（リクパ）を意味する。「内なる」（ナン）「問題、意味、または現実」（ドゥン）、つまりは「内なる科学」である。

チベット人はまた、仏教徒をナンパ、または「インサイダー」と表現する。これは歴史的にほとんどのチベット人が仏教徒で、仏教徒以外の人は部外者や外国人だったからだと解釈されているが、実はもっと深い意味もある。仏教徒は現象や体験の原因や意味を内側に見つめる、ということなのだ。仏教の真髄である内なる自己の学びを修行するなら、必然的に自分のマインドに関わることになる。

仏陀は8万4000の精神的な苦悩があるとし、あらゆる感情と対処の仕方について語っている。私たち人間は豊かな感情、気持ち、思考、思想や夢想を持つ。そうしたすべては、存在の内なる次元と呼ばれるものの一部だ。この存在の内なる次元を学ぶことを、ナンドゥン・リクパと呼ぶ。そして朗報は、8万4000の精神的な苦悩に対処する8万4000の仏法、こうした極めて様々な思考や感情に対して、個人の特有の精神性に応じて対処する無数の方法があることだ。

チベット語にはソワ・リクパという言葉もある。「癒しの科学」という意味で、チベットだけでなくブータン、ラダック、シッキムなどのヒマラヤ地方や、シベリア、モンゴルの一部でも実践されてきた、古代医学の体系を意味するチベット語だ。この独自の伝統にはインド、中国、古代ギリシャやペルシャなど、偉大な外国の医学の体系も取り入れられているが、仏教と仏教以前の考え方により形成された独自のヒマラヤ地方の特性も留めている。

ソワ・リクパには病気の予防、病気の治療、延命、そして幸福の養生という4つの目的がある。最近では、私はソワ・リクパを「健康と幸福の科学」とも意訳している。これは直訳ではないが、マインドとボディは分け隔てられないという認識から、からだだけでなく私たちの複雑な心理にも深く働きかけるツールを提供する豊かな医学体系を正確に表せるからだ。

よりスピリチュアルなレベルでは、ソワ・リクパは「気づきの滋養」とも訳せる。ソワには「滋養を与える」という意味もあり、リクパは「科学」や「知識体系」という意味だけではなく、本書で述べてきたように、私たちの生来の始原的な智も意味するのだ。ユトク・ニンティクの精神的伝統とその医学や癒しとの密接な関連について私がソワ・リクパを語る際には、「智の滋養」という意味も含んでいる。

偉大なるユトク・ヨンテン・ゴンポは、私たちにふたつの「宝物」をもたらした。ひとつは、ソワ・リクパの根本医学教本である『ギューシー』(四部医典)だ。これは健康と病気についての基礎知識、解剖学、胎生学、病理学の非常に洗練された理解、脈拍および尿の診断を重要視する極めて効果的な診断システムで、食事療法や生活習慣、漢方薬、外用療法を含む多種多様な治療法から構成されている。ユトクがもたらしたもうひとつの宝物はユトク・ニンティクで、本書で紹介している仏教の金剛乗の教えだ。チベット医学を学んだりその恩恵を受けるために仏教徒である必要はないが、ユトクのこれらのふたつの宝物はコインの両面のようなものだ。両面揃うことで完全なセットとなり、肉体だけでなく、肉体とエネルギー、マインドの統合システム全体の健康と幸福に役立つ方法を提供している。

ユトク・ニンティクの修行の究極の目標はもちろん、完全な精神的解放、解脱だ。しかし、その実践者が修行の道で修得できる健康と活力の増進、長寿、診断や治療の改善といった恩恵も過小評価はできない。

いまでは病理学者や医師も、多くの疾病は本質的には心身症だと言っている。マインドが病気や苦しみの原因となるという考え方を受け入れ、ストレスが様々な身体上の健康問題の主要な要因だと認識したのだ。しかし興味深いことに、いっぽうで彼らは、マインドをコントロールすることが病気の治療法のひとつになり得るということについてはなかなか認めようとはしない。

チベット伝統医学、ソワ・リクパでも、病気の4分類のひとつとして心身症を認識している。病因は特定しにくいが、「錯覚による病」の明らかな影響が見受けられ深く感じられる病気だ。

チベット伝統医学では、病気を心身症のほかに、大別して3種類に分類する。カルマや遺伝による病気、患者の体質や気質を形成する3つの要素、ルン（風、気）、ティーパ（胆汁、血液）、ペーケン（粘液）の不均衡による病気、そして古代から伝えられてきた「挑発による病気」だ。挑発による病気とは、目に見えないスピリチュアルなフォース（力）が個人の健康に悪影響をもたらす、と古代から伝えられてきたものだが、病理学、医学に即してみれば、細菌やウイルスも目に見えないフォースといえるかもしれない。

ソワ・リクパでは、先述のように病気を4分類して、それぞれに見合った解決法を提供する。

「錯覚による病気」には教育が必要だ。「マインドがつくり出した病気」には薬は効かず、マインドそのものでしか治せない。「カルマによる病気」は本人の行動でしか治せない。前向きな種を撒き続けることで、過去生で犯した可能性のある悪行の効果も時間が経てば帳消しにできるかもしれない。「体質や気質の3つの要素の不均衡による病気」の治療法は、チベット伝統医学の根本教本『ギューシー』（四部医典）に記されている。

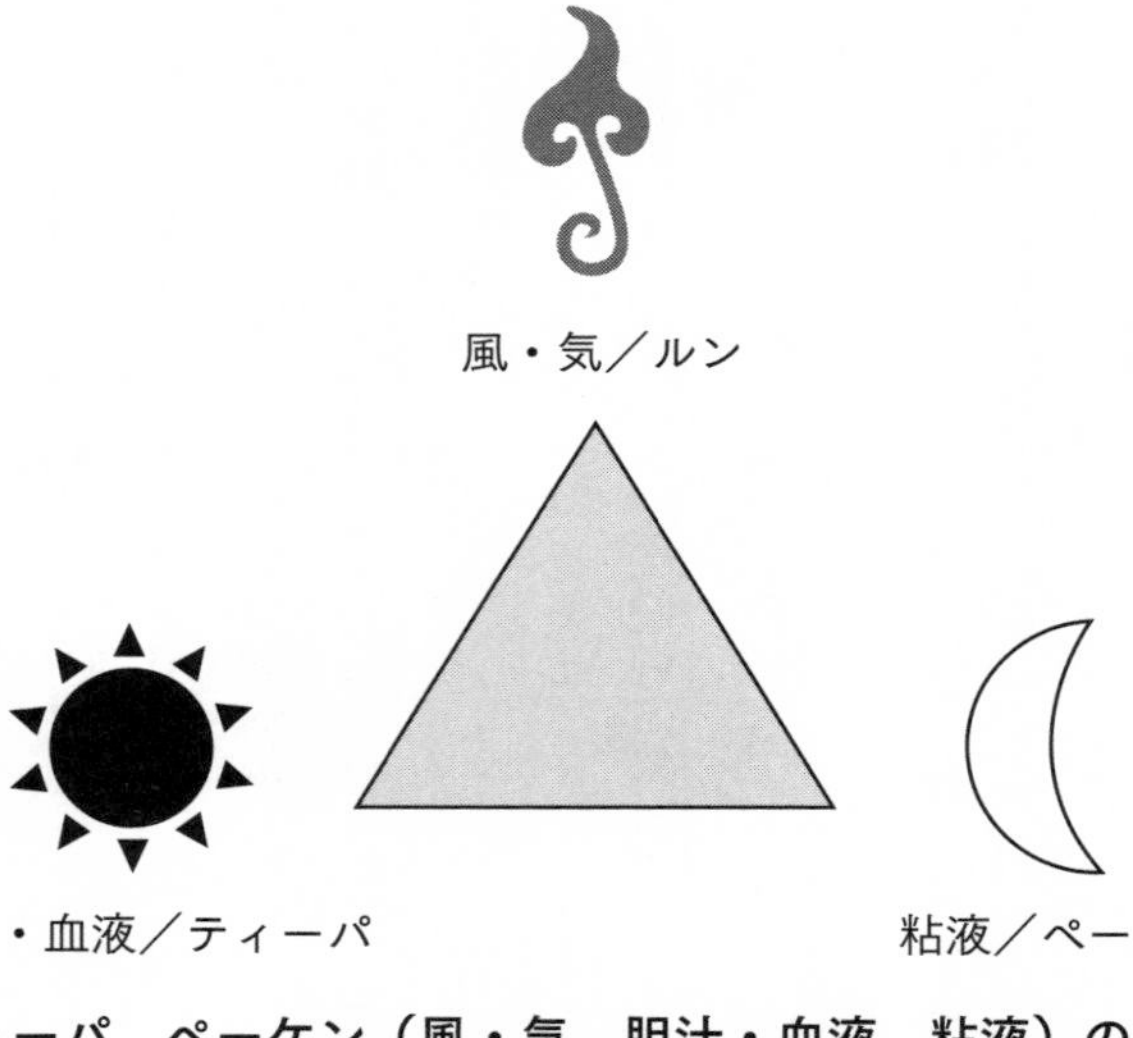

ルン、ティーパ、ペーケン（風・気、胆汁・血液、粘液）のダイナミックなエネルギーからなる３つの体質・気質

チベット伝統医学の教えによれば、この３つの不均衡の根源は順に欲望、怒り、困惑という精神的な三毒にある。

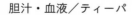

治療の樹

『ギューシー』(四部医典)が教える４つの治療法と付加療法のスピリチュアル・ヒーリング。

この教本で述べられている主な癒しの方法は、食事療法、ライフスタイル、薬物療法、そしてクンニェと呼ばれるマッサージ、温灸、カッピング、鍼といった外用療法の4種類だ。しかし、四部医典では触れられていないものの、実はチベット医学の重要な要素である5つめの癒しの方法がある。挑発が原因の病気の場合には、その挑発がスピリチュアルなものなら、概して特殊な儀式やマントラ・ヒーリングといったスピリチュアル・ヒーリングしか効果がないのだ。

本書で紹介したような、からだを動かすヨーガ、マントラのチャンティング、呼吸法、瞑想など、ボディ、エネルギー、マインドに働きかける修行もスピリチュアル・ヒーリングの分類に入る。ソワ・リクパの癒しの方法は極めて多岐にわたり、効果的だ。

なお、チベット医学についてさらに学びたい読者には、拙著『Tibetan Book of Health : Sowa Rigpa, the Science of Healing』（チェナグサング 2017）をおすすめする。

四部医典によれば、性の健康やウェルネスに関する様々な問題には食事やライフスタイルの選択、チベットの自然薬療法、外用療法ならびにボディ、エネルギー、マインドに働きかけるスピルチュアルなテクニックで対処できる。「カルマムードラと性の健康」という項目には具体的なアドバイスも掲載されているが、個人的な問題の性質や原因を明白に理解するためには有資格者のチベット医の診断を受けたほうがよい。

マインドとからだの健康にどう対処するかを再検討し、古代の癒しやスピリチュアルな伝統を活用することは重要だ。

現代人の間では精神の病が蔓延している。通常、疫病といえば微生物がもたらすからだの病気のことだが、今日ではとくに先進国の疫病はメンタルな性質や起源によるものが多い。世界中で何千万人もが、うつ病を患ったり、あるいはうつ病と診断されている。心理学の研究や心理療法の数が増えれば患者の数は減りそうなものだが、その逆になる場合が多いのだ！

ここで役に立つのが、ノンドン・リクパという仏教の教えだ。このアプローチでは、誰かがうつや不安症やパニック障害になるまで待つ必要はない。患者を治療にするには、彼らが精神病になる前に対処するのだ。この「内なる科学」は精神病を予防し、それが私たちの人生に悪影響を与える前に対処する。

カルマムードラは、今日多くの人々をわずらわせている精神的、身体的な苦悩に対する解決策の一端を担える。「カルマムードラはセックスに関することだから、関係するのはもっぱら身体的なことで、心理的な問題への効果は限られているはずだ」と思う人もいるだろう。しかし、読者はすでにご存じのとおり、そうではないことは明らかだ。

仏教の「内なる科学」は私たちにとって未知で、時には危険な人のマインドの奥深くを見させてくれる。私たちのマインドは深淵で複雑で非常に込み入っている。だからこそパワフルな方法で働きかける必要がある。私たちの精神の苦悩の強さに対抗するには、極めてパワフルなエネルギーが必要なのだ。

仏教の内なる科学は、私たちが強く必要としている人のマインドについてのより深い理解とより深淵な知識を提供してくれる。

第2章で、金剛乗の見方では私たちにとって究極的な本質は至福だと説明した。私たちは至福とともに生まれ、至福とともに生き、至福とともに死ぬのだ。

最近では、金剛乗を20年間も修行しているのにまだうつで処方薬を飲んでいる、という人に会うことも珍しくなくなった。私にとってはちょっと悲しいし、困惑させられる。そうした人々は修行の基本を理解せずにその修行に飛び入り、様々な種類の修行に関わっているが、金剛身の意味もマインドの本質もまったく理解していない。もちろん、向精神薬によって救われる人もいるが、幻想や幻覚を観想や到達の兆しまたは超常的な能力の兆しと取り違えたり、金剛乗の見方と精神疾患の症状を混同するのは問題だ。金剛乗の修行の一部には精神疾患との相性が悪いものもあるから、注意が必要である。

とはいえ、ダルマ（法）の修行は多くの心理的な問題の助けになることもある。ダルマを新たな「セルフヘルプ」や単純な心理学とみなすことを認めない指導者もいる。もちろん、ブッダダルマ（仏法）は宗教とも捉えられ、それは究極の解脱に向けた完結型の修行の道で、多くの人にとっては正しい修行だ。しかし、実に多くの現代人が不幸で不健康で、その結果として深く真摯にダルマの修行ができるほど精神も安定しておらず、精神状態もよくなく自信もない。

もしシンプルな仏教修行が、そうした人々がより幸福で健康で安らかで安定するための助けになるなら、それもよいと私は思うのだ。もちろん仏教には究極の目標があるが、仏教の瞑想によって人々がより短い期間で、比較的世俗的な意味で恩恵を得られるなら、彼らこそ、真に有意義な方法でダルマを修行できる立場にあるともいえるだろう。

タントラのヨーガの科学

タントラと医学との共通点の発見

前章で、ジャナムードラのパートナーを瞑想修行の一部として利用する方法を説明した。ジャナムードラのパートナーはスピリチュアルな意味でもエネルギー面でも完璧で、私たちにとってベストな秘密のパートナーだ。完璧な智慧の伴侶、「印」を生み出すことで、とても微細な感覚と動きを構築し、感情を洗練させることができる。こうした特別な修行をすることで、私たちは自分の微細なマインドのクリア・ライト（光明）の意識を知り親しむことができる。

夢のない睡眠のクリア・ライト・ヨーガとカルマムードラは、関連している。睡眠と夢のヨーガにより、私たちは異なる睡眠の段階と、マインドと意識の異なる体験に慣れ親しめる。そのうちに、こうした意識の状態と体験に自らを誘導し、理解し、コントロールできるようになる。カルマムードラもまったく同様だ。これは本当に驚異的なことである。

一般の人にとって、普通の熟睡はブラックホールか昏睡のようなものだ。起きてから自分にこう言う。

「あれ？ ああ、何が起きたんだ！」

最近では、機器の発達により睡眠の様々な段階について知ることができ、それらがどんなもので、脳のどんな活動と関連しているのかなどがわかる。しかし、何世紀も前に、ヨギやヨギーニは洗練された機器もなしに意識のこうした様々な段階と状態を探究できた。数百年も前に、彼らはどうやってそうした詳細を知り得たのだろう？ 彼らは自分のマインドの多様な可能性についてしっかり検証し、深く瞑想したからこそ、そうしたことがわかったのだ。金剛乗の説明が時に医学情報に極めて近いのは、こうした修行者の熱心で実体験的な黙考による調査のおかげだ。

タントラのヨーガはもちろん医科学ではない。しかし、マインドをオープンにして医科学との重複点や関連について調べてみる価値はあるだろう。科学的な言い方をすれば、オルガズムの体験には内分泌とホルモンが必要だ。視床下部が特定のホルモンを睾丸と卵巣に送り、ボディとマインドの変化を刺激する。これは、ティクレが血液に入りからだの特定の拠点に送られる仕組みに似ている。生殖腺につながり影響する脳の視床下部は、カルマムードラの修行において「偉大なる至福」の頭頂部のクラウン・チャクラであるデチェン・コルロが、「至福を維持する」生殖器のチャクラと関わるようにできているのと同様の方法だ。

カルマムードラの修行で使われる主な脈管で「至福の脈管」であるデウェイ・ツァーは、継続的な刺激を受けると膣から突起するといわれ、修行中の至福を増加させるとされており、クリトリスを彷彿させる。このことから、西洋の科学者が認識する数世紀前に、クリトリスの存在とそれがいかに女性の性的快楽にとって重要かを、カルマムードラの識者が理解していたことがわかる。

こうした関連性を見ると、ティクレの流れはホルモンに関連し、チャクラはある意味では分泌系に関連しているようにも思える。ホルモンや分泌腺などは物理的にも科学的にも計測可能な現象だが、瞑想した時、種字やチャクラの色を変える時、光を観想する時などには、私たちの身体的な構造や物質に何らかの影響を与えるのだ。

こうした関連性を考えれば、カルマムードラの教本の現実性がわかり、科学的に実践しやすくなる。そして、カルマムードラは科学的にも整合性と経験上の基盤があることが明快になる。

クリア・ライトのような金剛乗のとても微細な側面は、現代科学では計測も分析もできない。しかし、金剛乗のなかでも現代科学の方法で確認、計測できるものは多く、将来、機器が発達すれば、意識のより微細なレベルも計測可能になるかもしれない。

私はチベットのドリーム・ヨーガの科学研究に参画したことがあり、科学者と金剛乗の修行者の間の対話を継続させていくことを強く支持している。そうしたコラボレーションはとても重要だろう。

今日では多くの場合、宗教の伝統と医科学は根本的に対局にある。世界には実に多くの宗教があり、どんな宗教にあなたが関わっていようが、私たちみんなが人間であり平等だということには変わりがない。私たちすべての人間には、食べ物を食べようとするといった生物学的動機があり、性欲も同様に生物学的な欲求だ。こうした理由から、性欲を持つことは何も悪いことでも否定的なことでもなく、正常な感覚であり私たちにとって生来のものだ。

しかし、文化や宗教や社会がそうした強い欲求を抑えたり弾圧しようとすれば、性行動をとろうとした時に、秩序が乱れ、病気や疾病を患ってしまう。つまり、私たちは制御不能で性的な衝動や欲望をどうしたらよいかわからずにいるのだ。

第2章で述べたように、性欲は本当にパワフルなエネルギー、フォースで、それを受け入れられれば、パートナーと、またはひとりで瞑想修行の一部に取り入れることができる。いったんこの欲望、エネルギーのフォースを私たちのツールにできれば、車のようなものだ。突然、注意深く上手に運転できるとてもよい車を持ったようなものである。こうした方法なら、他人を傷つけずに済む。性的に誰かを虐待したり、自分のセクシャリティを濫用せずに済む。私たちは楽しみ、運転し、飛び、探検できる。自分のエネルギーをマインドフルに導いているのだから、何も悪いことはない。

実際、アヌタラ・ヨーガによれば、このエネルギーはとてもパワフルなので、うまく導けば欲望から自分を完全に解放できるのだ。それはホメオパシーのような療法だ。毒で毒を制する。毒で毒から解放されるのだ。だからこそ、このエネルギーの操り方を学ぶことがとても重要なのだ。

ある意味では、金剛乗の瞑想はとても医学的だ。自分自身と自分のエネルギーを理解し働きかけることを、私たちに教えてくれるからだ。

医学、解剖学、生理学を学ぶ際には、裸の人体を検証しなければならない。服を着たままの人体は検証できないのだ。その代わり、そのからだを切り刻み、表面の外見だけでなく内面を見て何が起きているのかを調べ、人体の構造や機能を理解する必要がある。だから、ある意味では金剛乗とよく似ているのだ。

医学と同様に金剛乗も問う。

「素っ裸で何もまとわない状態の、最も究極的で基本的な人の本質は何だろう?」

宗教の多くは「裸の人間」は見たがらない。セクシャリティに関しての医学的な類の話からは目をそむけたがる。セクシャリティが話題になると、多くの伝統的宗教は「まあ、セクシャリティなんて、そんな話はするな! 服を着せろ、隠せ!」と言いたがる。そしてすべてにカバーがかけられ、こうした宗教で語ることができるのは私たちの服装だけ――外側のカバー、装飾、ファッションとそれらについての常識的なことのみだ。どんな服やジュエリーを身にまとうべきか、どんなスタイルが適切かといったことについては、いつまでも話し続けられるかもしれないが、裸の本質の現実については決して話さない。

金剛乗は本当に赤裸々な伝統だ。裸の人間としての私たち自身を見つめ、生物学的な機能と、内なる心理学的機能と、その極めて複雑な相互関係について学ぶ教えだ。

金剛乗の究極のゴールは、私たちの本質を完全に理解し、私たち人間の微細なからだ、エネルギーの脈管と人のマインドがどう機能しているかを、完全に理解することだ。こうしたすべてを知り瞑想のテクニックをマスターできたら、私たちはついに覚醒し、仏性を達成できるのだ。

カルマムードラと性の健康

セックスに関連する健康問題で最も顕著なのは、男性では勃起不全（Erectile Dysfunction：ED）と早漏で、女性ではオルガズムや性的快感の欠如、抑圧された月経だ。不妊、性に関する恥の意識や羞恥心、そのほか心理的、感情的な問題にも、現代人の多くが悩まされている。

最近では世界中の人々がストレス過剰で、多くの男性が心理的な要因から勃起不全になっている。また、心理的な問題は、女性が性的快感を得られない原因にもなっている。こうした症状に関しての生物医学とチベット医学の見方は、重なる部分と異なる部分がある。

生物医学によれば、性機能不全はしばしばストレス、薬剤の過剰摂取、循環器障害や糖尿病による血液の循環の問題と関連づけられている。これは伝統的なチベット医学からみてもまったくはずれてはいないが、チベット医学では性機能不全は、冷たい飲み物や胃への負担が大きい食べ物のとり過ぎ、冷え、運動の足りないライフスタイル、腎臓機能の低下、新陳代謝の悪さなど、また、ある種の感情的不安定にも関連づけられている。

ソワ・リクパによれば、「冷たい腎臓」は女性の性欲の低下にも関連づけられる。もちろん勃起不全や性欲の低下には、原因がひとつの場合も複数の場合もある。

伝統的なチベット医学では、性やリビドーに関わる障害はロツァの問題とされる。ロツァとは不妊や性欲低下に関する問題を意味する。男性と女性の不妊には様々な身体的、心理的原因があるので、適切な医療を受けることが重要だ。

男性が勃起不全の場合、人はよくロツァの問題だと評する。ロツァに関する議論は主に男性の問題や懸念に関してで、伝統的にはロツァの話題は主に男性がもっとたくさんの子ども、とくに男の子を持てるようにする助けとなる医療と関連づけられている。

しかし、女性にも性機能不全はあり、これもロツァの不足で説明できることがある。性交への欲望があまりなく性的快感やオルガズムを得るのに苦労するのは、主に男性より女性なのだ。

したがって、私は医師として、女性のロツァの問題も見過ごしたり無視すべきでないと考えている。

ロツァの問題には遺伝性のものもあるが、心理的な問題で欲望を失う人もいる。正確な原因が何であれ、こうした問題はカップルにとってはとても長期にわたる問題にもなり、このストレスや間違った薬剤、治療法などが皮肉にもさらにカップルのロツァに悪影響を与えることになる。

ロツァの問題が遺伝性の場合には、その診断は簡単で、血液循環の改善に向けた科学的な薬剤やその他治療薬、治療法以外には、救われる道はあまりない。一般的にロツァの原因となりやすいのは、化学薬品の使い過ぎ、麻薬の濫用、質の悪い食事、過剰な努力、寒さや湿気など極端な環境での生活、腎臓病、神経や血管の病気だ。

社会的、精神的な要因がロツァに悪影響をおよぼすのは、男性も女性も同様だ。たとえば心理的なトラウマ、極端なストレス、恥の意識、悼みなど、社会的、精神的な要因がロッァに悪影響することも多いのだ。したがって、心理的な健康を回復させるための医療も極めて重要である。患者にとっては、しっかりコンサルテーションを受け、問題が主に身体的なものか精神的なものか、エネルギー面のものかを判断するテストを受けることが、極めて重要だ。

「冷たい腎臓」は、主に身体レベルでの問題を指す。循環に関係づけられる問題で、腎臓や性器、泌尿器が冷え過ぎると、熱がほとんど伝導しなくなり、リビドーを低下させることにもなる。こうした問題は慢性的な場合もあるし、全身症状の場合もあるし、一時的なものもある。食べ過ぎで消化器に問題がある場合も内なる代謝の熱に関係し、リビドーを低下させる要因になる。

こうした問題には、食事、運動、治療薬で腎臓を温めるといった治療をおこなう。医師はショウガやカルダモンティー（ハーブティーの一種）といった、体を温め消化を助ける食べ物や飲み物、自然薬を処方することもある。生命力となるエネルギーが凍てついたような状態にあるため、解凍し温める必要があるのだ。温灸や温めた塩の湿布といった外用療法もとても役に立つ。

こうした治療法は腎臓を対象としているが、患者の神経系が繊細または弱っているためにリビドーや体内の生命エネルギーの流れに問題を生じている場合もある。ある種のルンのエネルギーの流れが滞っている場合には、「冷たい腎臓」につながる。

カルマムードラの教本の多くが、ルンの治療薬やそうした問題に対処する治療法を勧めている。クンニェのマッサージやホルメ（モンゴルの温灸として知られるハーブの温湿布）は、「風」の体質のバランス回復にとてもよい治療法だ。

高齢化もリビドー減退に関連している。

一般的に女性は50歳ごろから閉経に向かうが、病気や遺伝性でもっと早く閉経することもある。更年期の女性は息切れ、ほてり、発汗、不眠や不安、気分のムラを体験することがある。性欲も減るかもしれない。こうした症状が数カ月から1、2年続く。更年期には、女性によってはセックスの回数を減らしたほうがよい場合もあり、「風」と胆汁の不調には良質のチベット伝統医学の自然薬が役立つ。

こうした人生の過渡期には、ホルモン療法が助けになる場合もある。閉経後も性欲はあり、妊娠の恐れなくセックスできるし、セックスを続けることが奨励される。からだもマインドも幸福にしてくれるからだ！

男性の精子がいつ減少するかは、それほど明らかではない。しかし、滋養に富む食事やある種の薬物や抽出液により、男性は90歳まで性機能を改善できる。

70歳を過ぎたころから男性の性器は徐々に弱まり、性欲も減退する。そんなことは聞きたくないという男性もいるだろうが、仏教徒ならこの世のすべては無常であることは否定できない事実であることを認識すべきだろう！

とにかく、あなたが高齢者で、まだリビドーが強く健康なら、性欲を抑制すべき理由は何もない。性欲は強いがペニスがあまり使い物にならない場合でも、薬を使って快感を得ることはできる。伝統のチベット医学のハーブ薬は、最初の効き目は少し穏やかだが長期的な効果が期待でき、副作用も少ない。化学製剤は強力だが、過剰摂取は有害で生命の危険すら招く。化学製剤の媚薬も、高血圧や低血圧の人、心臓病の人には危険だ。薬の過剰摂取で性交中に死亡する男性もいるのだ。セックスの後に気が遠くなったり、脳卒中の後遺症で麻痺がある人、腎臓や肝臓に疾患がある人にとって、こうした薬剤は害のほうが多い。

概して市販薬には気をつけたほうがよい。むやみに買って飲むべきではないのだ。資格のある医師に相談すべきで、自分や専門ではない他人の意見やアイデアに従って間違った薬剤や不適切な薬剤を摂取することは、断じてしてはならない。

カルマムードラの教本の多くは、修行者が勃起不全を患っている場合にはハーブ薬その他の治療法を利用することを勧めている。このことからしても、パートナーが勃起できないような場合には、場合によっては薬を服用してもかまわないと私は思う。身体上の問題が低リビドーや勃起不全の原因の場合には、薬物療法は効果的で、温灸、温湿布やマッサージといった治療法も効果的だ。

リビドーや勃起不全と同様に、男性、女性の不妊にも多くの原因がある。読者のなかには、不妊症はカルマムードラの修行に何らかの影響があるのかと疑問に思っている人もいるかもしれない。不妊症の要因は様々なため、一般論的な答えは出しにくい。

不妊症には年齢、熱の不足、臓器や脈管の炎症や問題など、様々な原因がある。ツァー、ルン、ティクレの問題で、エネルギー面での対処が必要な場合もある。したがって、不妊症がカルマムードラの修行に必要な能力に影響する場合もあれば、あまり関係しない場合もある。

不妊治療の説明に加え、伝統的なチベット医学では、健康問題の予防としていつ性行為を避けるべきかといった示唆もある。タントラの医学では、一般的には妊娠中と生理中のセックスは勧めない。出血、身体的不調、精神的不安、感情的不快、生理中に一部の女性が感じる弱体感などを理由に、四部医典では生理中にはセックスは避けるべきだとしている。同様に、病気や体力が弱まっている時、精神的に不能な時、あるいは誰かの死に強い悼みを感じている最中にも、セックスは避けたほうがよいとされる。

しかし、これは絶対的な掟ではない。セックスに慣れていない少年は、生理中の女性とセックスすると何かに感染したり「不浄になる」と考えるが、それは馬鹿げている。もし生理中の女性がセックスを求め、パートナーの双方が病気ではなく、健康状態もよければ、セックスを楽しむことはまったくもって適切だ。女性が出血中には避妊をしなくても妊娠しない可能性が高い。

とはいえ、すべての出血が月経によるものではない。排卵期の最中に少し出血する女性もいて、出血中や出血後に排卵することもある。

女性のからだにも男性の生殖能力にも個人差があるので、避妊目的で女性の生理中にセックスすることは勧められない。生理中に激しいセックスをすれば出血が増えることもあるので、ベッドにタオルを敷くなりして血液を吸収させる工夫が必要だろう。男性も女性もセックスの後には性器を洗い、いつも同様に清潔には配慮する必要がある。

また、女性が妊娠中も、女性がその気で快適で健康で、パートナーが上手にセックスできるなら、セックスすることはかまわない。しかしパートナーがうまくなければ、痛みや圧迫やトラウマになり得る。だから四部医典は、その期間はセックスは避けるようにと教えたのだ。

しかし、ふたりともがその気ならセックスすることは問題ではない。伝統的な専門家は、背後位や横位のセックスは出産を楽にするとするが、すべては女性の身体的、精神的な状態による。

いつ性行為をするのが最もよいのかは、場合による。伝統的なチベット医学では、性行為の頻度やタイミングは季節、年齢、体力、身体的なタイプや体質、性質による、としている。射精の頻度に関して前章で述べたように、自分のからだと性向を知ることが、健康的で現実的な選択をするためには重要だ。

究極的には、健康的なリビドーを持つために最も大切なのは、道徳的な正しい方法でセックスに関わることだ。自分のからだに合った食生活をし、相性がよく興味や関心も一致し、心から話し合えるパートナーがいれば最高だ。

あなたにとって運命の相手であるカルマ上のパートナーを見つけたら、あなたと相手はハートとマインドで調和して結ばれている。あなたの精神的な苦悩の多くは癒され、ロツァ関連の問題からも解放されるだろう。だから、あなたのハートとマインドの面倒をよくみるのだ！

性的な健康に関してもう一点重要なのは、第4章で述べたような、精液の溜め過ぎだ。四部医典の第2巻『説明としてのタントラ』の第14章にある、ライフスタイルの推奨に関する議論では、様々な活動において極端な行動は避け、からだの自然なリズムを尊重するよう勧められている。

たとえば無理な絶食にも過食にも注意すべきで、睡眠不足、過眠、排尿の我慢やその欲求がない時の排尿なども避けるようにとされている。抑圧もその逆も、体内のルンのエネルギーの流れをただちに損なうことになり、そのほかの多くの健康問題を引き起こす。

性行動に関しても、男性が射精を我慢し続ければ、精液が自然に漏れ、泌尿器の疾患、排尿の阻害、尿道結石などに至る。勃起不全にもなるかもしれない。そうした問題の予防や治療には、男性は射精し、ごま油、牛乳、鶏肉といった栄養のある食品を食べ、少しアルコールも飲むようにと教本は勧める。

もちろん精神修行として少しずつ訓練することでもこうした問題は避けられるが、一般的にはほとんどの男性にとっては、この点では中庸が肝心というところだろう。

肺を食べる犬のように――性的な傾向と反応の男女差について

カルマムードラの教本によれば、一部の女性は出産後に性欲をなくすことがあるとされている、ということは前章で述べた。教本によれば、そうした女性もカルマムードラの修行により性的なエネルギーと欲望を再構築できる。

先に述べたように、出産時の帝王切開や会陰切開によって女性の脈管が傷ついたり、性欲や至福を導く能力が一時的に低下することはある。しかし、女性の低リビドーの原因が身体上によるものだけであるのは稀で、心理的、感情的、社会的な要因があり、文化的な常識にも関係することが多い。女性は赤ん坊の世話や授乳に追われがちで、新生児を抱えていては睡眠もろくにとれないかもしれない。

こうした理由からも、出産後に性欲がなくなる女性が多いのだ。すぐに性欲を取り戻せる女性もいるし、長くかかる女性もいる。そのため、夫の多くは妻が「自分とではなく赤ちゃんと結婚した」と思ってしまう。しかしこれは単なる男性の誤解で、男性は女性がどんなに大変かを理解していないのだ。

妊娠や出産の体験は男性には理解できない。帝王切開や出産に伴う外科手術を受け、お乳を出したり、飲ませたり、1日24時間赤ん坊に対してマインドフルでいるために睡眠を十分に得られないことも、男性は理解していない。このようなことを何も理解していない夫たちは自分勝手で、新米ママの疲労困憊も気持ちも思いやらずに「僕はその気なのに、君はその気にならないとは、一体どういうことか！」などと思うのだ。

私は時々、女性同士のカップルの場合にはパートナーをよりよく理解できるのが利点だと思う。同じ女性だから、パートナーの身体的ニーズはよく理解できる。男性には女性がよくわからない場合が多い。女性は生理中には異なる感覚や感情を体験することもあるが、それは男性にはわからない。

異性のカップルがどれだけ愛し合い理解し合い、お互いを尊重していても、大概は興奮して性交に適した状態になるには女性のほうが長くかかる。女性はより長い性的前行、つまり前戯が必要だともいえるだろう。これはウォームアップの過程だ。ヨーガにも様々なウォームアップのヨーガがあるが、女性も、少なくとも女性の多くはそれが必要なのだ。これが性に関わる大きな男女差のひとつだ。

男性のなかにはウォームアップは退屈だと思ったり、興奮し過ぎてウォームアップを完全に飛ばしたがる人もいるだろう。こうした態度をとる限り、男女の間にはギャップが生まれ、性体験も異なるものになってしまう。これは問題だ。大抵は女性が諦め、興奮せず、濡れもしない状態で、本当に欲せず、または快感も得られない性交をする。男性を歓ばせたいというだけでそうするのだ。こうしたセックスの例が多過ぎる。

もし女性が男性のパートナーに「実はね、本当はセックスしたくないのよ！」と言ったら、男性の過半数は「そんなことはあり得ない！　これまで20年間、いつもセックスしてきたのに！」と思うだろう。それは女性がただパートナーを歓ばせるために、またはただ満足させるためにやってしまおうとしていただけのことなのだ。こうしたケースはたくさんある。

さらによくないことに、研究結果によれば、セックスは結局男性の欲求と満足が優先となり、自分は痛みを感じたり快感を得られないのはよくあることだと、多くの女性が考えている。西洋では、少なくとも女性の27％は性交中のオルガズムを体験しない、とも聞いたことがある。過去に性的なトラウマがあり、自分のセクシャリティから切り離され、至福を導けなくなっている女性もいる。

パワフルで深遠なオルガズムを体験するために最も大切なのは、手放すことだ。手放すためには、快適でリラックスしていて安全で、圧迫や不安がないことが必要だ。性欲があまりなかったり阻害されていたり興奮できない人々にとっての最も優れた解決法のひとつは、174ページで説明した、ジュ・ミパムが勧めたラのマッサージだ。

究極的にはラのマッサージは、リラックスし、ウォームアップし、つながるためのものだ。よりゆっくり、フォーカスし、私たちの感覚を洗練させ、より手放しやすくさせてくれるものがとても役に立つ。

オルガズムに関する記述には機械的でシンプルなものもあるが、実際には人体の自律反応は複雑だ。「オルガズム」という言葉はギリシャ語の「オルガスモス」が語源で、膨らむ、または興奮するという意味だ。膨らみ興奮するのは確かにオルガズム反応の側面だが、そのほかにも多くの側面がある。溜まった性的緊張の突然の解放、恥部の筋肉のリズミカルな収縮、複数の部位での痙攣、全般的な陶酔感だ。また私たちは、普段とは異なるからだの動かし方をして声を出す。

オルガズムは男性も女性も体験するもので、ほぼ自律神経の不随意な反応による。絶頂感の後には通常リラックスし、これは「不応期」と呼ばれる。研究者によれば、これはオキシトシンとプロラクチン、またエンドルフィンといったホルモンの分泌によるもので、これらは私たちの体内でできるモルヒネ、鎮痛剤のようなものだ。

しかし強いて言えば、「不応期」の体験には男女差がある。女性は絶頂を感じた後、より絆を強め、キスし、抱擁し合ったりすることが必要だが、男性のほうは射精した後には「射精後の冷え」と呼ばれる落ち込みを感じ、疲れ、イライラし、眠りたくなったり、触られたくなくなったり、相手から離れたがる。もちろん個人差はあるが、一般的には私たちの多くが自分の体験や文化・情報から、男女差があることを認識しているだろう。

今日では科学者がこの男女差について、ホルモンという側面からよりよく理解しようとしている。絶頂に達した後のホルモンの反応には大きな男女差があることが、いまではわかっている。これが態度の違いに出ているようなのだ。タントラの修行と関係がある可能性もあり、射精やオルガズムの後にこうした副作用を体験することがあることから、タントラでは修行中にはむやみに精液を失うような行為をすべきではないとされているのかもしれないのだ。

こうした科学的な発見について考えてみるのは興味深いことで、オルガズムや性体験への理解も将来的には深まれば望ましい。

オルガズムに関しては、一般的に女性のほうがオルガズムを強く感じる。男性はひと晩に何回オルガズムが得られるか？ 通常は、特別に訓練しない限り、男性がひと晩に複数回のオルガズムを得られるのは稀だ。しかし、女性は普通に楽に何度も、5分ごと10分ごとにでもオルガズムが得られる。ほとんどの女性がパワフルなオルガズムを複数回体験できるのだ。これがカルマムードラのベースだ。

だからこそ、私は女性のほうがカルマムードラをパワフルに、またはたやすく達成しやすいと思うのだ。女性のほうがカルマムードラに長けていると言ってもよいだろう。

カルマムードラが男性の修行として描かれがちで、女性の修行者のためには書かれていないことはすでに述べた。伝統的にカルマムードラの教本は男性の修行が中心で、女性向けのものは少ない。さらに、昔はカルマムードラの修行ができる機会は男性のほうが得やすかったため、修行者のほとんどが男性だった。すべては男性にとって修行に適した女性を求めることが中心だった。

これは実際には極めて皮肉なことだ。というのも、日常生活を見てみれば、カルマムードラのアプローチは女性とその肉体にとってのほうが適しているようだからだ。

普通は女性のほうが興奮するのに時間がかかるが、カルマムードラも、すべては感覚を高めていくことにかかっている。普通は女性のほうが、見つめたり、話したり、触れるといったウォーミングアップのすべての過程に反応しやすい。女性がしっかり濡れるまで性交に入るのを待たなければならない。時間をかけてあれこれ工夫してパートナーの準備ができ、その先に進めるようになるまで刺激しなければならない。ほとんどの女性にとっては、ウォームアップに時間がかかるのが自然で当然だ。

これは見事にカルマムードラに一致する。カルマムードラの方法を仔細に見てみれば、女性のほうにより向いているのだ。

しかし、そうであっても男性のほとんどはそんなことは気にもかけない。男性が女性とセックスする時の態度は、売春婦を買う時と変わらないのだ。

「さあ、お金は払ったし、君は裸だから、やるぞ」

こうした男性に買われたかわいそうな少女たちは、自分では快感は得られずただ男性にサービスするだけだ。それはポルノのようなものだ。

「さあ、誰かがお金を払ってくれたから、こうした、ああした性行為をやってみせなければならない。何も感じないし、感じる必要もない」

多くの男性はそれができる。たいした前戯もウォームアップも感情もなしにセックスして満足が得られるのだ。もちろん、女性だって男娼を買って「さあ、20分間分支払ったから、こうしてちょうだい」と言うことはできるが、異性愛の男性と女性の間には、セックスに関してはこうした違いがあるようだ。同性愛やそのほかの伝統的ではない性嗜好のカップルの場合には異なるのかもしれないが、チベットでは概して、セックスに関しては男女差があるという。

チベットでは、男性のセックスに対するアプローチに関するジュ・ミパムの言葉がある。

「飢えた犬が動物の肺を丸呑みするようなものだ」

男性がセックスで自分自身を満足させる方法は、獲物の肺に食らいつく飢えた犬と同じ、ということだ。動物の肺はふかふかしている。スポンジのようなもので、肉のようだが中身はほとんど空気だ。だから栄養もなくおなかも膨らまない。そして犬は、それを食べたら「ワン」で終わりだ。犬は肉をしっかり味わいもせず、食べもしない。ただ「ワン」で終わりなのだ。実際、犬はそんなもので、本当におなかをすかしている時には、しっかり噛まない。ひと口で呑み込んで終わりだ。

これはまさにそのとおりだと思う。男性の性欲は概して、動物の肺を食べる犬のようなものだ。

いっぽう、女性の性欲はもっとなだらかな過程をたどる。見つめて、微笑み、触れ、抱き、蓮華の花が濡れたら、からだの準備ができたことになる。そして挿入されたら蓮華の花は開花し準備万端だから、工業用のようなドイツ式の潤滑剤はいらない。私は時々、おかしなことだと思う。男性のエンジニアが一緒に座って考えている。

「さて、すばやくやるためには何か必要だ！　いまセックスしたい！　待てない！　女が濡れてない？　じゃあ、その問題を解決しよう！」

しかし、現実の問題としては、それは女性側の問題ではなく男性の問題なのだ！

だから究極的には、カルマムードラの最善の修行法は男女が完全に調和した形でおこなうべきだと私は思う。カップルがお互いのからだ、心理、ニーズをよく理解することが非常に大切だ。世俗的なセックスをするにしても智慧のセックスの修行をするにしても、平等でバランスがとれた方法によっておこなわなければならない。

概して男性がカルマムードラを学べば、セックスもずっとうまくなるだろう。カルマムードラの修行をいくらかすれば、興奮した途端にセックスに飛びつき、射精することはなくなる。カルマムードラでは、ゆっくり時間をかけてウォームアップすることを男性に奨励するからだ。すばやく簡単に興奮できたとしても、カルマムードラで必要とされている、ゆっくりと意識を集中させた過程は男性にとってよい。自分たちのエネルギーの微細な感覚、流れ、快感をしっかりと感じ、体験するための役に立つからだ。

レイプを犯す男性があまりに多い理由のひとつは、多くの男性がセックスに関してとても怒りに満ちた強引な態度をとるように教えられているからではないかと私は考えている。性的な感情に関して攻撃的で、やさしくも官能的でもない。親密さもロマンスも情熱も愛情も、そこにはない。ただ、飛びつき、つかみ、やるだけだ。馬鹿げている。あまりに多くの男性がパートナーとの関係にこうしたアプローチをとるために、決して満足感が得られず、より怒り、破壊的になる。

セクシャルなエネルギーは確かにパワフルだ。強引で圧倒的なことも多い。だからそれを乱用すれば他人を傷つけやすいことはすでに見てきた。しかし、カルマムードラの修行によってその強引で強烈なエネルギーをうまく利用して、自分もパートナーも幸福にすることができるのだ。

結論としてのコメント

カルマムードラの修行は深遠だが、いまも昔も誤解に包まれている。本書では、いまでも流布されているカルマムードラに関する誤った情報をできる限り正し、現代人に理解しやすいようシンプルに直截にこの古代の教えを説明することを心がけた。私の表現方法は必ずしも伝統的ではないが、私の目的は、現代感覚で新たに説明することでこの古代の教えを尊重することだ。

概してカルマムードラは高度で秘密の修行とされるが、ドゥクパ・クンレー、ジュ・ミパム、レルン・ジェペイ・ドルジェ、ユトク・ヨンテン・ゴンポのように、よりオープンに教えを公開した偉大な指導者も何人かいる。本書の目的は秘密の教えの秘密を明かすことではなく、それが明らかになって理解されれば人々の役に立ち癒しになるであろう大切なテーマについて、その認識を高めることだ。

概してセックスはとても繊細なテーマで、多くの文化では公には議論されない。しかし、そうした制約が多くの苦しみや痛みのもとになる。性はすべての一般人の普通の生活の一部であるのだから、それをよりよく理解することは必須なのだ。

私は医師として、性を偉大でパワフルな薬にたとえる。そしてそれは、無数の患者のからだ、エネルギー上、精神に利する可能性がある薬だ。性は多くの人に癒しと内なる安らぎをもたらし、適切に使いさえすれば真の幸福の鍵となり得る。

私は公衆衛生、社会の健全性、教育という観点から、以前より性やカルマムードラについて書いてきた。本書には自著『欲望論（Treatises Desire）』（日本未発行）からの引用を本文と付録で紹介している。

私はこの本を数年前に、とくにチベット人向けに書いた。チベット社会では概して性教育が不足しており、チベット社会、なかでも私が育ったような放牧民社会に情報を提供することが重要だと考えたのだ。性的な健康、エロティックな快楽、心理学など、性に関する情報が西洋人のようには得られないからだ。チベット人は詩が好きなので、私はより多くの人に読んだり聞いたりしてもらえるよう、詩の形で書いた。

この詩の最初の部分は一般の人々の性についてで、とくに衛生その他、チベットの一部では認識不足のテーマが中心だ。第2部では医学的な見地からの性で、伝統的なチベット医学だけではなく性病のような一般の懸念する問題にも触れている。このふたつの章は、本書には入れていない。そうしたテーマはすでに認識している西洋の読者向けだからだ。しかし、この詩の第3部は付録に収めた。詩のなかのスピリチュアルな部分で、カルマムードラの修行について議論している。

本書が多くの人に気づきをもたらし、多くの人の役に立てば幸いだ。

終章

功徳の献納

シャンロン・ドルジェ・ドゥドゥル
チベット伝統医学の守護尊

献納

（本書の）美徳と功徳により
下門の偉大なる至福をすみやかに得られますように
そしてすべての存在が例外なく
この到達のレベルに至れますように

生来の貴重で偉大なる至福に
未だ目覚めていないすべての人が目覚めますように
そして目覚めている人にとっては、それが減退することなく
増大し続けますように

言葉では言い尽くせないこの生来の至福に
人々のハートが目覚めますように
かつては私の母親だった過去世も持つ強欲な人々が
すみやかに至福のレベルに至れますように

བསྔོ་བ།

དགེ་བ་འདི་ཡིས་མྱུར་དུ་བདག།
འོག་སྨིན་བདེ་ཆེན་འགྲུབ་གྱུར་ནས།།
འགྲོ་བ་གཅིག་ཀྱང་མ་ལུས་པ།།
དེ་ཡི་ས་འགོད་པར་ཤོག།

ལྷན་སྐྱེས་བདེ་ཆེན་རིན་པོ་ཆེ།།
མ་སྐྱེས་པ་རྣམས་སྐྱེ་གྱུར་ཅིག།
སྐྱེས་པ་ཉམས་པ་མེད་པར་ཡང་།།
གོང་ནས་གོང་དུ་འཕེལ་བར་མཛོད།།

བརྗོད་བྲལ་ལྷན་སྐྱེས་བདེ་བ་འདི།།
སེམས་ཅན་སྙིང་ལ་སྐྱེ་བ་དང་།།
ཆགས་ལྡན་མ་གྱུར་ཐམས་ཅད་ནི།།
བདེ་ཆེན་ས་ལ་མྱུར་འགོད་ཤོག།

偉大なる金剛の師ユトクの教えが広まり
人々の役に立ちますように
彼の弟子、付人として生まれ変われますように
永遠に彼への尊敬の念で頭を垂れます！

無上のヨーガ・タントラの
深淵なる修行の道の悟りが開けた意図と視点を認識し
修行できますように
この世が続く限り
望む者すべてが解脱できますように！

交合した師のからだが堅固な結合を保てますように
その悟りが開けたタントラの活動の４つの側面がすべて
宇宙全域に広がりますように
深淵なる教えの真髄である甘露を味わい、
ふたつの真実（比較上、究極の現実）を
すみやかに達成できますように

རྡོ་རྗེ་འཆང་ཆེན་གཡུ་ཐོག་པའི།།
བསྟན་པ་དར་ཞིང་འགྲོ་ལ་ཕན།།
མཆོག་དེའི་འབངས་སུ་སྐྱེས་ནས་ནི།།
དུས་རྟག་སྤྱི་བོས་མཆོད་པར་ཤོག།

ཟབ་ལམ་བླ་མེད་རྒྱུད་སྡེ་ཡི།།
དགོངས་པ་རྟོགས་ཤིང་ཉམས་སུ་ལོན།།
སྲིད་པའི་བར་དུ་གནས་གྱུར་ནས།།
འདོད་ཆགས་འགྲོ་བ་གྲོལ་བར་ཤོག།

བླ་མ་ཡབ་ཡུམ་སྐུ་བརྟན་ཞིང་།།
འཕྲིན་ལས་རྣམ་བཞི་མཁའ་ལ་ཁྱབ།།
ཟབ་ཆོས་བདུད་རྩི་སྤྱོང་ནས་ནི།།
དོན་གཉིས་ལྷུན་གྱིས་འགྲུབ་གྱུར་ཅིག།

欲望に満ちたヨギやヨギーニのためになるように
願いと望みを込めて、私は書しました
とはいえ、秘密のマントラを開示し、公にするにあたり
私が犯した過ちがあるとすれば、
私はそれらを告白します
それらが究極の「空(くう)」、仏法の境地に解脱できますように

——自著『欲望論(Treatises Desire)』(日本未発行)の結びの韻文

འདོད་ལྡན་རྣལ་འབྱོར་ཕོ་མོ་ལ།།

ཕན་འདོད་རེ་བས་བྲིས་ན་ཡང་།།

གསང་སྔགས་ཁྲོམ་སྒྲོགས་ཉེས་པ་གང་།།

མཆིས་པ་ཆོས་ཀྱི་དབྱིངས་སུ་བཤགས།།

付録

カルマムードラのテキスト

レルン・ジドゥルン・ジェペイ・ドルジェ

太陽と月のチューレン——錬金術的エリクシルの抽出

（レルン・ジドゥルン・ジェペイ・ドルジェ　1697–1740）

チューレン（錬金術的エリクシルの抽出）の太陽と月の抽出法と伝統への嘆願の祈祷は、唯一無二の女神、ニマ・シュヌ（若々しい太陽）の無垢な観想により捧げられた。

自発的に生起した淑女、その究極の現実のからだたる法身は大日如来で、その喜ばしいからだは偉大なるロータス・ペマ・ワングであり、その発散するからだは蓮から生まれたグルの伴侶で偉大なる母のイェシ・ツォギャル、勝利の智慧の女神たる、現実の若々しい太陽に私は祈る！

この価値ある道（カルマムードラの方法）が磨かれ、清められますように！
俗世―涅槃のセクシャル・ヨーガの魔法のような技術が無であり、かつ偉大なる欲望の純粋な表現として達成されますように！

生起する欲望の偉大なる金剛杵（訳者註：タントラでは金剛杵は男性器、金剛鈴や蓮の花は女性器の象徴の場合もある）、シャルワ・チョクパ・ドルジェ・チェンポに私は祈る！

この価値ある道（カルマムードラの方法）が磨かれ、清められますように！
それは偉大なる秘密の乗、智慧と価値、空（くう）と至福の始原の智慧の統合の道のすべてが醸し出された真髄！

前行、主な修行、後の修行のすべてを完遂し、私のマインドが熟し、解脱できますように！

美の目撃、人の気を奪う魅惑的な横目の一瞥、肌のやさしいタッチから、至福が生まれますように！

からだも口も甘く香り、乳首がかたく、白鳥のように優雅な女性に会えますように！

蓮の花（ヴァギナ）が丸く、暖かく咲き誇り、純粋で深遠で（註釈25）、健康な脈管を持ち、甘い声で、偉大な慈愛を遍く広げる、愛に満ちた女性に会えますように！

タントラのヨーガの賢い修行者で、秘密の教えを洗練させて保存する女性に会えますように！


少しずつ興奮し、人を酔わせるムードや仕草に長け、交合の仕方も上手で、セックスが好きで、悪知恵や虚偽や偽善知らずですべての嫉妬も放棄した、崇高な秘密のムードラに会えますように！

二段階の道の伝統の教えが清められますように！

外側ではからだを保つ魔物、見えない魔物による障害が起きませんように！

私の体内では生命力が増加し、私の四元素が調和を保てますように！

秘密のレベルでは私の脈管、雫、風と微細なマインドが役に立ちますように！

辺鄙な地の修行の場に至福の修行の寝室を整え、極端に親密な交合に至れますように！

かつてないほど私たちが情熱の炎で燃えたら、身口意（しんくい）の素晴らしい酔い心地の輝きで、私たちのからだが燃えますように！

「弓矢」、「カメ」、「トラ」、「魚」、「ライオン」などあらゆるセクシャル・ヨーガの可能な限りの体位と行為に励み、日夜休みなく修行に時間を費やし、至福―空（くう）の可能性をマスターできますように！

苛立ったり嫌になったりせずに興奮を持続させることで私たちのマインドを堅固にし、女性の伴侶が障害なくすべての欲を満たせますように！

磁石に惹きつけられるような「カルマ」ムードラでの交合で、基盤と道筋、魅惑の修行をこなし、体験と自己実現をともに果たせますように！

必要とされた純粋な観想を唯一無二の女神、ニマ・シュヌが捧げ、欲望に酔った男、チョクパ・ドルジェがその金剛の鎧で祈り続けた崇高な「セクシャル・ヨーガ」の方法の伝統の教えに捧げる祈祷。

【註釈25】チベット語ではズラム・ギィエ・ドゥロッド・イダン・パドゥマ・ダム・ズィン・ザプ。これは同時にたくさんの意味を表するレルンの素晴らしい言葉だ。カルマムードラの教本ではよく見られるように、レルンは、パートナーのヴァギナをチベット語でペマ、蓮の花と表現している。彼は蓮の花を5つの形容詞で表現しているが、そのそれぞれにはふたつか3つの意味がある。丸い／円形の、充実した／拡張した、熱い／温かい、は興奮した状態の女性器の肉体的な特徴を観察した表現だが、同時に花の特性（ギィエは拡張したという意味だが、花弁が開くことを意味する）を示す動詞でもある。また、こうした表現は瞑想による、またはヨギの覚醒と修行に関わる言葉でもあるのだ。完璧に清められ、自然で、つくりものではない仏性もギィエ（拡張的）で、「熱を得た」はヨギの達成とも同義だ。「純粋」と「深遠」というふたつの言葉にも、それぞれふたつの意味がある。前者には「聖なる」という意味のほかに「きつい」という意味があり、「深遠」（ザプ）は肉体的に「奥が深い」ことも示唆する。

セクシャルなチューレン（太陽と月の錬金術的エリクシル抽出法チューレン）の続きを次に記す。

エマホ！　驚異的だ！　私、ヨギのチョクパ・ドルジェは、三根、勝利の仏陀の海に拝礼する！

私が34歳だった年、不快な鉄の牡犬の年（1730―1731年）チュトの月の館の月（6月ごろ）（註釈26）の29日、オルガ地区東部にあるダーキニーの偉大なる歓びの園で、幸運なる弟子、ドルジェ・セルドク（〝黄金色の金剛〟）が純粋なタントラの物質の材料と甘露をもたらし、私たちはラチック・シュヌーと3軒の住居からのダーキニーを客として招いた。そのタントラの宴に多くのダーキニーとダーカ、尊いグル、多くの金剛の鎧をつけたタントラの「兄弟」（タントラの灌頂と誓いを一緒に受けた修行者）が集った。お供えの白いスカーフが空になびき、歓びの庭に降り注いだ。賓客たちは畏れ多く歌い踊り、ダーキニーとダーカに多くの献上物が与えられ、祝福のパワーが全員に注がれ、よいスピリチュアルな体験の光に包まれた。

私はその夜、ひと晩じゅう、時間を気にせず、瞑想状態で過ごした。ある時、ちょっと居眠りをして反り返ると、ラチック・シュヌーが美しく微笑む女性に見えた。私のなかに尽きない欲望が湧き上がった。彼女は片目で私に視線を投げかけ、（彼女の視線により）エネルギーが高まり少し震えた。様々な言葉が興奮の至福に火を灯し、ついに私の希望は成就した。彼女は仰向けに寝た。私は彼女の下着を脱がせて右側に置くと、彼女の蓮の花のなかから生まれた偉大な秘密の至福の液から、欲望の水の滝が現れ、沸騰した。彼女は歓喜し、快楽の声をあげながら私に語りかけた。私たちがオルガズムの至福を体験した後で、彼女は愛らしく次のように私に教えた。

「私はセックスの訓練を受けた女。セクシャル・ヨーガの魔法の技術により、三界のすべての生きものを支配し、すべての逆境を取り除き、すべてを達成します。だから、ヨギは私とセクシャルな儀式をすべきでしょう。それには３つの段階があります。前行と主な修行と性交後の行為です。

前行ではあなたの至福の〝寝所〟か修行の場に、必要な資質をすべて備えた魅力的な女性を集めなさい。女性の純粋で清いからだは甘い香りがし、そのバガ（ヴァギナ）は暖かいものです。そのやわらかな肌は触り心地もやさしく、その声は快く、その表現は自由奔放。その卑猥な言葉でマインドを変革させます。基本的には慎ましいのですが、興奮はあまり抑えられません。そのハートは感じやすく、嫉妬はあまりせず、性欲が旺盛な女性が望ましいのです。

私に注意を呼びかけながら、その女性に守護尊への〝黄金の〟解脱のお供え（セルケム）を準備させなさい。至福の印たる伴侶と一緒に前行の儀式をしなさい。この女性が私の体現だと想像して、目を閉じ、彼女の肌に爪を走らせ、何か適切なことを言いなさい。卑猥な会話で冗談を言い、あらゆる前戯をじっくりして、興奮と至福を呼び覚ましなさい。あなたの手で彼女の下半身に触れ、揉みなさい。彼女にのしかかり、からだを押しつけ、いわゆる〝親密な行為〟に入りなさい。彼女にキスし、前戯としてあなたの唇と舌で吸い、舐めまわし、彼女が明らかに興奮したら、仰向けに寝かせて下着を脱がせなさい。膝の間で彼女のヴァギナに挿入しなさい。彼女のバガがよく機能するように、彼女の脚を曲げ、股間を開かせなさい。微笑み、キスし、堅く勃起したあなたの金剛杵（ペニス）を挿入し、バガのトップに向けて（ふたりの）至福が強まるまで繰り返し擦りなさい。これが〝親密な行為〟、ニェウェ・ジョル、また近くに引き寄せるための前行と呼ばれるものです。

主な修行として、ヨギは自分をチョクパ・ドルジェとはっきり観想し、女性は自分が私だと確信します。そして、いったん〝（金剛杵の）欲望の誇り〟の状態で〝火と空の秘密の祝福〟をおこなったら、あなたの金剛杵をバガの奥深くまでしっかりと押し入れ、左右にねじったり、突き上げたり、まっすぐ押したりします。矢のように送り、弓のように引くのです。もう一度引き抜き、金剛杵で擦ったり押したり様々なやり方で彼女の（ヴァギナの）口のあたりをマッサージしなさい。このマッサージで彼女を歓ばせ、雌虎に飛びかかるように再び彼女に挿入しなさい。

ライオンのように雄々しいポーズを保ち、魚のように腰を前後に揺さぶりなさい。あなたの手で彼女の首を抱え、亀のようにそろそろ動きなさい。あなたの膝の後ろで彼女の脚を曲げ、腰で押して挿入しなさい。ゆっくりとやさしく至福を触発し、存在の真髄、あなたの真の本質で無言で休みなさい。精液の真髄のコントロールを失わずに、あなたの最も内なるマインドをしっかり集中させなさい。ティクレ、つまり精液のエネルギーの雫を引き上げたり逆流させるヨギの修行を知らないなら、ティクレがついに下りだし彼女に入ろうとしたら、あなたのティクレは輝かしき諸仏や神々のすべてを歓ばせるお供えの雲だと想像して、射精しなさい。すぐには金剛杵を引き抜かずに、彼女の快楽が（彼女の好きなように）完結するのを待ちなさい。終わったら、あなたと彼女が結ばれた性の真髄を舐め、薬指につけて味わいなさい。これがすべての迷妄を消す至高のチューレン、エリクシルの抽出です。

性交後の段階では、いったん主な修行を完遂したら、すぐには離れず、抱き合ったままでいなさい。お互いの頬にキスし、お互いのやさしさと偉大な愛を感じ、感じている至福を持続させなさい。こうした後戯が至福を容易に生むための最も大切なポイントです。

キャラウエイ、サクシフレージ、スパイクナード、シェラックのレジン、ブラック・アガーウッドと鹿のムスクをゴマ油と混ぜ、あなたと伴侶のおへそ、おへその下のポイント、彼女のヴァギナの外側、あなたのプライベートな部分に塗れば、性感帯が完璧になります。

ハゲタカ、燕、白鳥、野生の驢馬の脂肪を煮詰めた軟膏を何度も金剛杵と蓮の花に塗れば、温まり、精力が強まります。生姜と黒胡椒、クローブと驢馬のアスの脂肪を混ぜ、あなたの横腹、腎臓のあたりに塗れば、冷え性が解消できます。

からだを離して起き上がってからも、手をつないでからだの接触は保ちなさい。お互いに触れ合い、おいしいものを食べて（ティクレの質が落ちるのを防ぎ）、再びお互いを楽しみ合いなさい。お互いの口と舌を使って食べ物を食べさせ合い、その味わいを楽しみなさい。チューレンからの抽出液で、健全で適切な成分からできた薬の薬効を高めなさい。歌ったり踊ったり、楽器を弾いたり、卑猥な会話をしたりといったあらゆる振る舞いで、至福を生み出す方法をしっかり実践しなさい。

人が体験できるこうした類の至福は、消耗、使い過ぎ、心配、考え過ぎ、精神的感情的な苦悩、極端な攻撃性や憎しみによって質が悪化してしまうので、そうしたことを放棄すれば、至福はどんどん強くパワフルになります。あなたのタントラの誓いを破ることになるような人や物事と関わってはなりません。もし関わってしまったら、あなた自身を清める儀式を行い、いかなる汚染も浄化しなければなりません。〝視界を拡大する懺悔〟で自分の過ちを懺悔しなさい。こうして、私の性の儀式を実践しなさい！」

ニマ・シュヌ、レルン・ジェペイ・ドルジェが宝とするダーキニー
ペハル守護尊の寺院、中央チベットのサムエ僧院
［写真：ドクター・ニダ・チェナグサング］

まさに金剛の言葉のようなこの指示は、チョクパ・ドルジェによりまったく虚偽なしに書き留められた。

性の儀式を通じて他者のために仏陀の境地に到達したい人には誰にでも、この教えを見せよ！その徳のパワーによって、すべての見かけ、すべての存在と現象は例外なく性の交合のチャクラとして現れ、自然の状態の自己認識の気づきを修得することにより、すべてのものとすべての人が一度に解脱し、光のからだになるように！

この章では、唯一無二の女神、若々しい太陽、ニマ・シュヌが教えた方法の詳細を語った。

【註釈26】チベット人は、任意の年の月を計算するために非常に多様な暦システムを使用する。ここではレルンは11世紀のチベットへのカラーチャクラ・タントラの導入によって普及したシステムを使用している。このシステムは、その年の各満月が発生する（おおよそ12回）月宿の後の月に名前をつける。月暦の29日は、守護尊に捧げる修行として指定された日。

トクデン・シャキャ・シュリ

始原の無垢の偉大なる至福への早道

（トクデン・シャキャ・シュリ 1863-1919）

偉大なる至福の始原の無垢、気づきの保持者の最高で偉大なるハートの真髄、成就した聖人に至る段階的な指示。

至高のグル、ほかならぬ輝かしき始原の守り手たる普賢菩薩よ！ なんと素晴らしいことか！ 偉大なる至福の始原の無垢、それは努力の垢で汚されてはいない！ 前例のない、最も深遠な、パワフルな奇跡の修行者、偉大なる気づきの保持者への道の究極の重要な真髄！

始原の無垢な偉大なる至福の智慧の表現を洗練させ、始原の気づきの畏れ多きグルの秘密の真髄の指示を完結させるために、光明に輝く偉大で無上の究竟の乗のヨーガの王の覚書をここに提供する。

まず、カルマムードラの修行の適切な伴侶はスタイルが美しく魅力的だ。上半身も下半身もよく発達し、その声は高く細やか。その乳房はとがり、ヴァギナは小さく、よく締まり、コンパクト。からだの３カ所（たとえば頭と喉と胸）に、身口意を示す生まれつきの印がある。とくに左の脇の下に、白い仙薬「すべてがひとつ」の形をした生まれつきの印があることが多い。そのからだと蓮の花はおいしい匂いで、その声はやさしく快い。彼女の発する言葉は正直で、深遠な教義や秘密のマントラは（不資格な）他人の方向には息も漏らさない。そして知的で賢く、偉大なる慈愛に満ちている。とくに、秘密のマントラを修得したマスターや教義を深く信じ、尽くす。性の出会いの道に熟練し、究極の至福を体験できる。その蓮の花で金剛杵を「吸い」、引っぱるすべを知っている。

༄༅། །ཀ་དག་བདེ་ཆེན་མྱུར་ལམ་གྱི་ཁྲིད་རིམ་རིག་འཛིན་གྲུབ་པའི་ཐུགས་ཏིག་གསང་ཆེན་བླ་མེད་ཅེས་བྱ་བ་བཞུགས་སོ།།

དཔལ་གདོང་མའི་མགོན་པོ་དང་གཉིས་སུ་མེད་པའི་བླ་མ་མཆོག་ལ་ཕྱག་འཚལ་ལོ།། ཨེ་མ། རྩོལ་བཅས་འབད་པའི་དྲི་མས་མ་གོས་པའི།། རབ་ཏུ་རྩོལ་མེད་བདེ་ཆེན་ཀ་དག་ལམ། །གྲུབ་དབང་རིག་འཛིན་ཆེན་པོའི་ལམ་གྱི་སྲོག། སྔོན་མེད་ཡང་ཟབ་མཐར་ཐུག་འདི་ན་གསལ།། ཐེག་མཆོག་འོད་གསལ་རྫོགས་པ་ཆེན་པོའི་རྣལ་འབྱོར་གྱི་རྒྱལ་པོ། ཀ་དག་བདེ་བ་ཆེན་པོའི་ཡེ་ཤེས་ལ་རྩལ་སྦྱངས་པའི་ཚུལ། རིག་པའི་བླ་མ་མཆོག་གི་མན་ངག་ཡང་ཟབ་གསང་བའི་མཐར་ཐུག་གི་ཐྲིན་ཁྲིས་ཅུང་ཟད་བཀྱི་པ་ལ།

དང་པོ་བདེ་སྟོང་ཤེས་རབ་ཕྱག་རྒྱ་མཚན་ཉིད་དང་ལྡན་པ་ནི་ལུས་མཛེས་ཤིང་ཡིད་དུ་འོང་བ། སྟོད་སྨད་རྒྱས་ཤིང་སྐད་པ་ཕྲ་བ། ནུ་མ་འབུར་ལ་ཐྲ་ག་དམ་ཞིང་རུབ་པ། གནས་གསུམ་ན་སྐུ་གསུང་ཐུགས་ཀྱི་རྨི་བ་ཅན། ཁྱད་པར་མཆན་ཁུང་གཡོན་ན་དཀར་པོ་ཅིག་ཐུབ་ཀྱི་རྨི་བ་ཡོད་པ། ལུས་དང་པདྨ་ལ་དྲི་ཞིམ་དུ་ཞིམ་པར་མནམ་པ། ངག་འཇམ་ལ་སྙན་པ། ངང་པོར་སླུ་ཞིང་། གསང་སྔགས་ཀྱི་ཆོས་ཟབ་མོ་རླུང་ཕྱོགས་ཙམ་གཞན་ལ་མི་སྒྲོགས་པ། བློ་ཆེ་ཞིང་ཤེས་རབ་དང་སྙིང་རྗེ་ཆེ་བ། ཁྱད་པར་དུ་སྒྲུབ་པ་པོ་དང་གསང་སྔགས་ཀྱི་ཆོས་ལ་དད་ཅིང་མོས་པ། སྦྱོར་བ་ལམ་མཁས་ཤིང་བདེ་བ་ཆེ་བ། པདྨས་རྡོ་རྗེ་ལ་གཞིབ་པར་ཤེས་པ།

あなたの修行の場であなたと向き合い、楽にして座りなさい。始原の気づきの創造的な表現を止めることなく、あなたとここに描かれたような卓越した資格を持つムードラ（伴侶）は、偉大なる至福の始原の無垢のこのすばやい道の修行をすべての生きる者のためにすべきだ。解脱し、すべての概念的思考を超越する現象の偉大なる解消に飛び入ることを意図して前進せよ。そしてリクパの始原の無垢の状態から迷い出ることなく、次を実行せよ。

はじめに、微笑み、欲望を表現しながら伴侶のからだと顔を見つめ、あなたの至福の体験を止めることなく、気づきの自然な輝きを持続させる。

次に、様々な甘いメロディとセクシーな会話で伴侶と歌い踊り、自然で生来のリクパの独自の基盤から光る気づきの輝きを持続させ、育てる。

次に、その基盤、自然から来る至福の側面のあなたの体験を止めることなくリクパを持続させ、伴侶のからだのおいしい香りを嗅ぐ。そして伴侶の舌、唇などを吸い、気づきの自然な輝きの至福に満ちた体験を止めることなく、リクパを持続させる。

次に、伴侶のからだに触り、彼女の感じやすく、くすぐったい部分と乳房に爪を走らせ、あなたの金剛杵で彼女の蓮の花の外側に触れ、気づきの自然な輝きの至福に満ちた体験を止めることなく、リクパを持続させる。前行の修行たる「前戯」の段階でもこのようにし、至福をどんどん高める。究極の現実、現象の本質の見方を維持しながら、感覚の創造のエネルギーに働きかけ、様々な形、音、匂い、味、触感は魔術師の錯覚の表現（それが真実）であることを繰り返し確認する。

དེ་ལྟ་བུའི་ཕྱག་རྒྱ་མཚན་བཟང་དང་།རང་ཉིད་དབེན་པའི་གནས་སུ་བདེ་བའི་སྟན་ལ་ཕན་རྡུན་འཁོད་ནས། རིག་རྩལ་མ་འགགས་པས་སེམས་ཅན་ཐམས་ཅད་ཀྱི་དོན་དུ་བདེ་ཆེན་ཀ་དག་གི་སྒྱུར་ལམ་ཉམས་སུ་བླང་ནས་བློ་འདས་ཆོས་ཟད་ཆེན་པོར་ལ་བཟླ་བར་བྱ་སླམས་པའི་ཀུན་སློང་སྔོན་དུ་སོང་ནས། དེ་ནས་རིག་པ་ཀ་དག་གི་ངང་ལས་མ་གཡོས་བཞིན། དང་པོ་ཕྱག་རྒྱ་མའི་གཟུགས་དང་གདོང་ལ་འཛུམ་པ་དང་ཆགས་པའི་ཉམས་འགྱུར་གྱིས་བལྟ་ཞིང་། རིག་གདངས་བདེ་བའི་མྱོང་ཆ་མ་འགགས་པའི་ངང་སྐྱོང་།

དེ་ནས་ཕྱག་རྒྱ་མས་གླུ་གར་སོགས་སྙན་པའི་དབྱངས་དང་ཆགས་པའི་གཏམ་སྨ་ཚོགས་སྨྲ་བ་ལ། རིག་པ་རང་བབ་ཀྱི་གཤིས་ལས་རིག་གདངས་བདེ་བའི་མྱོང་ཆ་མ་འགགས་པའི་ངང་སྐྱོང་། དེ་ནས་ཕྱག་རྒྱ་མའི་ལུས་དྲི་ཞིམ་པོ་སྣོམ་སྟེ་རིག་པ་རང་བབ་ཀྱི་གཤིས་ལས་བདེ་བའི་མྱོང་ཆ་མ་འགགས་པའི་ངང་སྐྱོང་། དེ་ནས་ཕྱག་རྒྱ་མའི་རོ་འཛིན་དང་མཆུ་སོགས་གཞིབ་ཅིང་ནུ་ནས། རིག་གདངས་བདེ་བའི་མྱོང་བ་མ་འགགས་པའི་ངང་བསྐྱངས། དེ་ནས་ཕྱག་རྒྱ་མའི་ལུས་་ལ་རེག་པ་དང་། གཡའ་ཟའི་གནས་དང་ནུ་མ་ལ་སེན་སོ་འདེབ་པ་དང་། རྡོ་རྗེ་པད་མའི་ཕྱི་ལ་རེག་པར་བྱས་ཏེ། རིག་གདངས་བདེ་བ་མ་འགགས་པའི་ངང་བསྐྱངས། དེ་ལྟར་སྔོན་འགྲོའི་རིམ་པ་ལ་བརྟན་པ་ཆེར་ཐོབ་ནས། གནས་ལུགས་ཀྱི་ལྟ་བའི་ངང་ནས་གཟུགས་སྒྲ་དྲི་རོ་རེག་བྱ་ཐམས་ཅད་སྒྱུ་མ་མཁའ་གྱི་སྒྱུ་མའི་ཆོ་འཕྲུལ་ལྟ་བུར་རྩལ་ཡང་ཡང་སྦྱང་ནས།

次は、主な修行

始原の無垢なリクパの状態から揺れることなく、あなたとあなたの伴侶が普賢菩薩と普賢仏母として交合しているという神聖な気づきの輝きに基づく見方を失わずに一体になれるように、金剛杵を蓮の花に押し込む。ふたりの間でやさしく揺れるエネルギーの雫、ティクレが少しずつ落下しはじめたら、動きをさらにゆっくりにする。

秘密（その場所）まで落ちたら、動きを止める。マインドを働かせて判断する瞑想によっても変えられたり汚されておらず、どんなまとめ、構成、または感覚によるスカンダス（個人の心身を構成する5要素)、ダチュー（18種類の感覚)、アヤタナス（12種類の認知力）などによっても曖昧にされていない、始原的に無垢な空（くう）――リクパの智の真髄たる「普通の気づき」の状態で休む。外側、内側、その中間のすべてといういかなる区別からも解放された、この存在と気づきのまったく明らかな状態に留まる。慈愛の側面から来るリクパの至福の側面のあなたの体験を止めることなく、この（究極の無条件の）本質の状態で揺らぐことなく休む。

あなたの至福が消えそうになったら、伴侶は少し、ゆっくりとやさしく動く。(射精などが）コントロールできなくなりそうになったら、すべての動きを止める。宙をぼんやり見ながら、基本のリクパが自然に存在する状態で、揺らぐことなく休む。あなたの至福を止めることなく、リクパの創造的な表現に働きかけられるよう、何度も訓練する。そして、最後にティクレを逆流させて、目を上向きにして雫を上向きに送る。

དེ་ནས་དངོས་གཞི་རིག་པ་ཀ་དག་གི་ངང་ལས་མ་གཡོས་བཞིན། རིག་གདངས་ཀུན་བཟང་ཡབ་ཡུམ་གྱི་ལྷ་སྣང་མ་འགགས་པའི་ངང་ནས་རང་དང་ཕྱག་རྒྱ་མཉམ་པར་སྦྱོར་ཏེ། ཧོ་ཧཱེ་པདྨ་ལ་བསྣུན་ཏེ་གཉིས་ཀས་དལ་བུས་བསྐྱོད་པའི་ཐིག་ལེ་རིམ་གྱིས་བབ་པ་ན། བསྐྱོད་པ་ཛེ་དལ་བྱེད་དེ། ཐིག་ལེ་གསང་བར་བབ་པ་ན་བསྐྱོད་འཕྲོ་བཅད། ཐ་མལ་གྱི་ཞེན་པའམ། རིག་པ་ངོ་བོ་ཀ་དག་སྟོང་གསལ་ཡིད་དཔྱོད་བློས་བྱས་མཚན་མའི་སྒོམ་གྱིས་མ་གོས་མ་བསླད་པས་རྗེན་པ། ཕུང་ཁམས་སྐྱེ་མཆེད་གང་གིས་མ་སྒྲིབ་པ། ཕྱི་ནང་བར་གསུམ་རིས་མེད་ཟང་ཐལ་ལེ་བའི་ངང་ནས། ཐུགས་རྗེའི་ཆ་ལས་བདེ་བའི་མྱོང་ཆ་མ་འགགས། དེ་གའི་གཞིས་ངང་ལས་མ་གཡོས་བཞིན། བདེ་བ་ཡལ་གབ་ན་ཡུམ་གྱིས་དལ་བུས་རེ་བསྐྱོད། །འཆོར་གབ་ན་བསྐྱོད་འཕྲོ་བཅད་དེ། མིག་ནམ་མཁའ་ལ་བཞག་ནས། དེ་ལྟར་རིག་པ་རང་བབ་ཀྱི་གཞིས་ལས་མ་གཡོས་བཞིན། རིག་རྩལ་བདེ་བ་མ་འགགས་པ་ལ་རྩལ་ཡང་ཡང་སྦྱང་ཞིང་། མཐར་ཐིག་ལེ་གྱེན་དུ་ལྡོག་པ་ནི། མིག་གི་དབང་པོ་གྱེན་དུ་ལྡོག་ནས།

気づきの始原の無垢のスペースの上向きの広がりにしがみつくことなくフォーカスすれば、ティクレは努力せずとも逆流する。

次にティクレを広げる。伴侶から離れ、両手を膝にあてて、全身を完全にリラックスさせる。自発的で、上にも下にも外側にも内側にも固定した参照点を持たない気づきの始原の無垢の状態で休む。好きなだけ長くこの状態で休む。ティクレは努力せずとも、独自に脈管の「目」のあたりまで旅する。

この方法で、唯一これにより、気づきの偉大なる始原の無垢の状態で気が散ることなく休むことで、ティクレの（動きの）すべては下がり、保たれ、逆流して広がる。それは努力せずに起こる。

継続してこのようにティクレに働きかけ、その劣化を防ぐ。よりよい修行の間に、4回ほど沈渣（ちんさ）からティクレの純粋な真髄を醸したら、最後にそれを、余すことなく伴侶の空のような子宮に送り出す。時に（概念的な）残りがまだあれば、劣化しない生来の気づきの状態に溶解させることによって解放する。

つまり、この道の真髄をつかみ、それを実践することにより、主体—対象（二元）が集まった現象のすべては消え、1回の人生で消滅する。ついに動かず不変のリクパの内なる領域や広がりをあなたは獲得することになる。

རིག་པ་ཀ་དག་སྟེང་གི་ནམ་མཁའི་དབྱིངས་ལ་འཛིན་མེད་དུ་གཏད་པས། ཐིག་ལེ་རྩོལ་མེད་དུ་ལྡོག་པར་འགྱུར་རོ། དེ་ནས་དགམ་པ་ནི། རང་ཉིད་ཕྱག་རྒྱ་དང་བྲལ་ཏེ། ལག་གཉིས་པུས་མགོ་ལ་བཀབ་ནས། ལུས་ཐམས་ཅད་ཤིན་ཏུ་ལྷོད་ནས། རིག་པ་ཀ་དག་སྟེང་འོག་ཕྱི་ནང་གང་དུའང་གཏད་སོ་མེད་པར། རང་བབ་ཏུ་ལྷོད་དེ་ཡུན་ཅི་རིང་མཉམ་པར་བཞག་པས། ཐིག་ལེ་རྩ་མིག་ཐམས་ཅད་དུ་རྩོལ་མེད་རང་སར་འགྲིམ་པར་འགྱུར་རོ། དེ་ལྟར་རིག་པ་ཀ་དག་ཆེན་པོའི་ངང་ལས་མ་གཡོས་པས། དེ་ཁོ་ན་ཉིད་ཀྱིས། ཐིག་ལེ་དབབ་བཟུང་ལྡོག་དགམ་ཐམས་ཅད་རྩོལ་མེད་དུ་ངང་གིས་འབྱུང་ངོ།

དེ་ལྟར་རྒྱུན་དུ་ཐིག་ལེ་མ་ཉམས་པ་བྱ་ཞིང་། བོགས་འདོན་གྱི་སྐབས་སུ་ཐིག་ལེ་དྭངས་སྙིགས་ལན་བཞི་ཙམ་ཕྱིས་ནས། མཐར་ཡུམ་གྱི་མཁའ་ལ་ལྷག་མེད་དུ་བཏང་སྟེ། དེ་ཚེ་རྗེས་ཤེས་དྲུམ་པ་རི་འདུག་ན། རིག་པ་རང་སོ་མ་ཉམས་པའི་ངང་ལ་ཟད་པར་ལ་བཟླ་བར་བྱའོ། དེ་ལྟར་ལམ་གྱི་སྒྲོག་ཏུ་བཟུང་ནས་ཉམས་སུ་བླངས་པས། ཚེ་གཅིག་གི་གཟུང་འཛིན་གྱིས་བསྡུས་པའི་ཆོས་ཐམས་ཅད་ཟད་སར་འཁྱོལ་ཏེ། མཐར་ཐུག་རིག་པ་འཕོ་འགྱུར་མེད་པར་ཀ་དག་གི་ནང་དབྱིངས་སུ་བཙན་ས་ཟིན་པར་འགྱུར་རོ།

この（存在の）次元（から来る）の微細に輝く深遠さの始原の智慧から、外側の輝きのふたつのからだの側面、顕現が、遊び心に満ちたダンスと楽しみ、または水に映る月のマジカルな姿のように輝きだす！ その瞬間に、それらは弟子の献身と欲求への反応として（発散した形を）十億送り出す！

ああ！ なんと驚くべき幸運な者たち！ この努力なしのすばやい獅子のジャンプ（すべての本質）に入れば一瞬にして理解し判別できるとしたら、なぜあなたは努力と労苦の道に乗り出すのか？

私が得た —— この手段中の手段、偉大なる至福の始原の無垢の道、この秘密中の秘密、ダーキニーの生命 —— 血、この最も深遠中の深遠（な教え）、この聖なる者のマインドの真髄！ それは典型的で奇跡的な道の驚異、そうした方法の最も深い海の真髄、ヴィダャダーラ・ナーガルジューナのハートの宝石、ナーガの王、すばやい道の偉大なる秘密、すべての望みを叶えるすべての宝石のなかの王、アユ・インドラの冠。最高の能力を携えた者のための、最高のヨーガの至高の道以外の何ものでもなく、それはより低い乗の、より能力が劣る個人のための入門編ではない。

タントラの守護女神よ、（この）最も深遠な秘密をどうぞ守りたまえ！

དེའི་ངང་ལས་གཏིང་གསལ་ཕྲ་བའི་ཡེ་ཤེས་ལས། ཕྱི་གསལ་གཟུགས་སྐུ་རྣམ་པ་གཉིས། གདུལ་བྱའི་མོས་ངོར་ཆུ་ཟླའི་རོལ་གར་བཞིན་དུ་སྣང་ཅིག་རེར་ བྱེ་བ་ཕྲག་བརྒྱར་འགྱེད་པར་འགྱུར་རོ། ཨེ་མ་ཤིན་ཏུ་སྐལ་བཟང་སྐྱེས་བུ་དག །རྩོལ་བཅས་ངལ་བའི་ལམ་ལ་འབད་པ་ཅི། རྩོལ་མེད་མྱུར་ལམ་སེང་གེའི་ འཕྱོང་སྟབས་ཅན། འདི་ལ་འཇུག་ན་སྐད་ཅིག་བྱེ་བྲག་ཕྱེད། ཐབས་ཀྱི་ཐབས་བྱུར་བདེ་ཆེན་ཀ་དག་ལམ། །གསང་བའི་གསང་བ་མཁའ་འགྲོའི་སྙིང་གི་ཁྲག །ཟབ་པའི་ཟབ་པ་དམ་པའི་ཐུགས་ཀྱི་བཅུད། སྙིང་པོ་ངོ་མཚར་ལམ་གྱི་རད། དེ་ལྟར་ཐབས་ཀྱི་ལམ་ཟབ་རྒྱ་མཚོའི་བཅུད། །རིག་འཛིན་གླུ་ཡི་དབང་པོའི་སྙིང་གི་ནོར།། གསང་ཆེན་མྱུར་ལམ་ཡིད་བཞིན་དབང་གི་རྒྱལ།། ཨཱ་ཡུ་ཨེ ཏྲའི་སྤྱི་བོའི་རྒྱན་དུ་ཐོབ། ། སླར་ཡང་དབང་པོ་རབ་དང་ལྡན་པ་ཡི།། ཐེག་མཆོག་མཆོག་གི་རྣམ་འགྱུར་མ་གཏོགས་པ། ། ཐེག་དམན་དམན་པའི་གང་ཟག་འཇུག་ངོག་མིན། ། ཟབ་གསང་བསྲུང་བར་གཏད་དོ་སྔགས་སྲུང་མ༔ ༔

偉大なる至福の始原の無垢のこの道、この深遠で最も秘密の完結への道は、ドゥルブワン・ジャル・ドゥルジェの道の生命力、彼のマインドの深さのようなもの。様々なベース・チャクラの偉大なる至福（カルマムードラなど）の方法は、新学派でも旧学派でもタントラの多くの教えのなかにまとめられているが、それらすべてには努力が伴う。いままで、まったくの努力なく、すべての概念的思考を超越して始原の無垢のリクパの状態から出現したこのような本質的な教えを宣言した者はいない。極めて高貴なこの偉大なる秘密の独自の道は、金剛乗における私たちの伝統の汚れなきヨーガの王として未来の世代に向けたもので、ほかの者たちが修行すべきものではない。

ああ、黒いタントラの守護女神よ、あなたの第３の目で、この教えを愛を込めて守りたまえ！

ཞེས་པ་བདེ་ཆེན་ཀ་དག་གི་ལམ་ཟབ་ཡང་གསང་མཐར་ཐུག་འདི་ནི། གྲུབ་དབང་འཇའ་ལུས་རྡོ་རྗེ་རྩལ་གྱི་ལམ་གྱི་སྒྲོག་དགོངས་པའི་མཐིལ་ལྟ་བུ་ཡིན་ཏེ། གཞན་གསར་རྙིང་གི་རྒྱུད་སྡེ་ཕལ་མོ་ཆེར།། རྩོལ་བཅས་ཀྱི་འོག་སྒོ་བདེ་བ་ཆེན་པོའི་ཐབས་ལམ་ཅི་རིགས་ཤིག་བཀྲོམ་ཡོད་ཀྱང་། གློ་འདས་རིག་པ་ཀ་དག་གི་ངང་ལས་ཤིན་ཏུ་རྩོལ་མེད་ཀྱི་གནད་འདི་ལྟ་བུ་ནི། སྔར་གང་གིས་བསྒྲགས་མ་ནུས་པའི། གསང་ཆེན་གྱི་ལམ་ཁྱད་པར་མཆོག་ཏུ་འཕགས་པ་ཡིན་པས། ཕྱི་རབས་རྡོ་རྗེ་ཐེག་པ་རང་ལུགས་དྲི་མ་མེད་པའི་རྣལ་འབྱོར་རྒྱལ་པོ་མ་བཏོགས། ། གཞན་གང་གིས་སྤྱོད་ཡུལ་མ་ཡིན་པས། སྔགས་སྲུང་ནག་མོས་དཔལ་བའི་མིག་བཞིན་དུ་གཅེས་སྤྲས་ཀྱིས་སྲུངས་ཤིག། །།

セラ・カンドロ

教えの歌

（セラ・カンドロ・クンザン・デキョン・ワンモ 1892-1940）

（下記は自己実現への段階の基盤である5つの道と13のプミが、ベース・チャクラの偉大なる至福の道であるカルマムードラによってどう完成されるかの教えである）

第1の道：蓄積の道

偉大なる至福のダーカの魔法のような歌と踊りのパフォーマンス、
空（くう）の広がりの智慧の女王
（男性と女性のカルマムードラの伴侶）、
多くの外側と内側のお祝いでお互いを歓ばせる者、
これが蓄積の道。

第2の道：和合の道

ひとりで、そして一緒に座り、
4つの歓びの始原の叡智の炎、
彼らの偉大なる至福の脈管を勃起させ、
彼らの歓びに満ちた戯れ —— これが和合の道。

སེ་ར་མཁའ་འགྲོའི་གསུངས་མགུར། {འོག་སྔོ་བདེ་ཆེན་ལམ་གྱིས་ལམ་ལྔ་དང་ས་བཅུ་གསུམ་རྫོགས་ཚུལ་གསུངས་པ་གཤམ་ལྟར།}

{ཚོགས་ལམ}

གཅིག་ཏུ་འཁོད་ཅིང་གཉིས་ཀྱིས།། དགའ་བཞིའི་ཡེ་ཤེས་འབར་ནས།།
བདེ་བ་ཆེན་པོའི་རྩ་བསླངས།། དགའ་མགུར་སྤྱོད་པ་སྦྱོར་ལམ།།

{སྦྱོར་ལམ}

གཅིག་ཏུ་འཁོད་ཅིང་གཉིས་ཀྱིས།། དགའ་བཞིའི་ཡེ་ཤེས་འབར་ནས།།
བདེ་བ་ཆེན་པོའི་རྩ་བསླངས།། དགའ་མགུར་སྤྱོད་པ་སྦྱོར་ལམ།།

第３の道：見つめる道

① 蓮の花の安らかな曼荼羅、その４つの花弁には
バムの種字が飾られていて、
その下り坂（男女の性器）に
金剛杵の憤怒のしるし、
白いフムの種字が現れる。
至高の悟りを明かすために。
あなたは撹拌し集める方法を用いて修行し、
歓びを超える第１の段階を修得する。

ダーキニーの至上の至福の脈管を通じて
ダーカのティクレが刺激される（註釈 27）。
偉大なる至福のクラウン・チャクラで振動し、
始原なる至福の智慧が顕れる。

第４の道：瞑想の道

② 下劣な苦しみの感情と迷妄に打ち克ち、
あなたはすべての不純から解放された潔白の第２の段階を修得する。

③ ティクレが喜びと豊かさのチャクラ（喉）に届いた時、
至高の歓びの始原の智慧が広がり増大し、
あなたは輝く光の第３の段階を修得する。

{མཐོང་ལམ}

༡ ཞི་བ་པད་མའི་དཀྱིལ་འཁོར།། འདབ་བཞི་བཾ་ཡིག་མཚན་པར།།

ཁྲོ་བོ་རྟགས་ཀྱི་རྡོ་རྗེ།། དཀར་པོ་ཧཱུཾ་ཡིག་ཐུར་བསྟན།། མཆོག་གི་དངོས་གྲུབ་རོལ་ཕྱིར།།

བསྒྲུབས་སྦྱོར་ལས་སྦྱོར་དང་པོ།།

རབ་ཏུ་དགའ་བའི་ས་ཐོབ།། ཡུམ་གྱི་རྩ་མཆོག་གཏལས།།

དཔའ་བོའི་སེམས་འཕྲིན་སྐུལ་ནས།། བདེ་ཆེན་འཁོར་ལོར་གཡོས་པས།།

དགའ་བའི་ཡེ་ཤེས་མཐོང་སྟེ།།

{བསྒོམ་ལམ}

༢ ཉོན་སྒྲིབ་རག་པ་བཅོམ་ནས།། དྲི་མ་མེད་པའི་ས་ཐོབ།།

༣ སེམས་སྤྲིན་ལོངས་སྤྱོད་འཁོར་ལོ།།

ཁྲབ་སྒྲིལ་མཆོག་དགའི་ཡེ་ཤེས།།

གསུམ་པ་འོད་འཕྲོས་ས་ཐོབ།།

さらなる学び、訓練、清めがいらない第５の道

④ 微細な苦しみの感情と迷妄に打ち克ち、
あなたは精明の第４の段階を修得する。

⑤ ダルマ、究極の現実のチャクラ（ハートの中心）にティクレが至り、
一帯に広がる迷妄の霧と増幅する困惑は清められ、
自発的に生来の始原の智慧が直接顕現し、
５つの（世俗的な）風は智慧の風に熟し、
これにより、あなたは学びがたい第５の段階を修得する。

⑥ ティクレの甘露の輝きが
顕現のチャクラ（おへそ）に広がる時、
独自の特別な始原の智慧が直接顕現し、
意識の微細な迷妄に打ち克ち、
あなたは直接の、明示的な達成（第６の段階）を修得する。

⑦ 永遠で分割できず無限の光明、
非二元性の至福をあなたが認知すれば、
自分にも他人にもまったく執着しない
至高の第７の段階に達することができるだろう。

{མི་སློབ་པའི་ལམ}

༤ ཉོན་སྒྲིབ་ཕྲ་བ་བཅོམ་ནས།། བཞི་བ་འོད་བྱེད་ས་ཐོབ།།

༥ སེམས་སྤྲིན་ཆོས་ཀྱི་འཁོར་ལོར།། ཁྱབ་སྙིལ་གཏི་མུག་སྒྲིབ་དག།
ལྷན་སྐྱེས་ཡེ་ཤེས་མངོན་གྱུར།། རླུང་ལྔ་ཡེ་ཤེས་སྨིན་པས།། ལྔ་པ་སྦྱང་དཀའི་ས་ཐོབ།།

༦ སེམས་སྤྲིན་བདུད་རྩི་ཐྲིལ་མ།།
སྐྱུལ་བའི་འཁོར་ལོར་ཁྱབ་པས།།
ཁྱད་དགའི་ཡེ་ཤེས་མངོན་གྱུར།།
ཤེས་སྒྲིབ་ཕྲ་བ་བཅོམ་ནས།།
མངོན་གྱུར་དྲུག་པའི་ས་ཐོབ།།

༧ བདེ་སྟོང་གཉིས་སུ་མེད་པའི།། འོད་གསལ་ཁོར་ཡུག་འབྱམས་ཀླས།།
བདག་གཞན་དམིགས་སུ་མེད་པའི།། བདུན་པའི་ས་མཆོག་ཐོབ་སོང་།།

⑧ 風と雫が結合してひとつになり、
見かけの3つのビジョンの精神的な刷り込みに打ち克ち、
あなたは不動の第8の段階を修得する。

⑨ ティクレの真髄の流れが
至福を持続させるチャクラ（性器）に広がる時、
歓びを超越し伴わない始原の叡智が直接顕現し、
あなたは究竟の資質である第9の段階を修得する。

⑩ 主体と対象を見て取る二元性のマインドを払拭し、
すべての精神的な幻惑や見かけを
すべての知的概念を超越したあなたの究極の根底の本質で
仏法、純然たる現実に統合し、
あなたは脈管、風と雫の元素を清め、完成させ熟させる
第10の段階を修得する。

⑪ 瞑想の道の必須の要素を完遂し、
あなたはティクレの真髄と対面し、
瞬時に、光明なる意識のパワーで、
3つの迷妄と刷り込みに完全に打ち克つ。
それ以上の学びはいらない至高の道を完遂し、
あなたは普遍の光の段階（第11の段階）を修得する。

༨ འདུས་མདོར་རླུང་ཐིག་ཁ་སྦྱོར།། སྣང་གསུམ་བག་ཆགས་བཅོམ་པས།།
མི་གཡོ་བ་ཡི་ས་ཐོབ།།

༩ སེམས་སྙིང་བདུད་རྩིའི་ཆུ་རྒྱུན།། བདེ་སྐྱོང་འཁོར་ལོར་ཁྱབ་པས།།
དགའ་བྲལ་ཡེ་ཤེས་མངོན་གྱུར།། ཡོན་ཏན་ཡོངས་རྫོགས་ས་དགུ།།

༡༠ གཟུང་འཛིན་གཉིས་རྟོགས་སངས་ནས།།
བློ་བྲལ་གཉུག་མའི་གཤིས་སུ།། འཁྲུལ་སྣང་ཆོས་སྐུར་སྦྱོར་པས།།
རྩ་རླུང་ཐིག་ལེའི་ཁམས་རྣམས།། དག་རྫོགས་སྨིན་པ་ས་བཅུ།།

༡༡ བསྒོམ་པའོ་ལམ་གནད་མཐར་ཕྱིན།། སེམས་སྙིང་བདུད་རྩིའི་ཞལ་མཇལ།།
སྐད་ཅིག་འོད་གསལ་ནུས་པས།། སྒྲིབ་གསུམ་བག་ཆགས་རབ་བཅོམ།།
མི་སློབ་ལམ་མཆོག་མཐར་ཕྱིན།། ཀུན་ཏུ་འོད་ཀྱི་ས་ཐོབ།།

⑫ 迷妄のない偉大な自己清明の始原の智慧と
スピリチュアルな資質とからだ、
意欲からも迷妄からも解放された、存在の不分割性、統合、
（悟りの）統合の7つの資質を得ることが
欲望も執着もない蓮の花である第12の段階。

⑬ 迷妄の霧から解放され、
いかなる思考、表現、偏見の辟易からも解放され、光明に溶け込み、
あなたはからだと智慧の体現になり、
完全に清められ、完成された仏陀のそのからだを修得する。

金剛保有者の道と13の段階を旅する戦車は
至福―空への偉大な解脱への手段、
そしてそれを覆うカルマによる距離は
通る道にはよらず、その結果は徐々に現れる。
これが三界のすべてを喜ばせるカルマムードラ、
下門の偉大なる至福の特長。
その（修行場のような）巣を岩山にしっかり固定させた
偉大なる鳥類の王、白い禿鷹のように、
そして3つの技術（見つめる、瞑想する、おこなう）の完遂の
偉大な完成を自分自身のからだで達成した者よ、
これについてはごく簡潔に間接的に語れ。
そしてそうした技術を持たず、つまらぬ行為をする者に向けては
ひと言も漏らさず、胸にしまっておけ。

――クンザン・デキョン・ワンモによって書かれた。

༧༢ རང་གསལ་སྒྲིབ་མེད་ཆེན་པོའི།།
སྐུ་དང་ཡེ་ཤེས་ཡོན་ཏན།། རྩོལ་སྒྲིབ་བྲལ་བ་ཟུང་འཇུག།
ཁ་སྦྱོར་ཡན་ལག་བདུན་ལྡན།། བཅུ་གཉིས་མ་ཆགས་པད་མ།།

ཐྲིམ་ལ་མ་རྨུག་འོད་གསལ།། བསམ་བརྗོད་ཕྱོགས་ལྷུང་བྲལ་བ།།
སྐུ་དང་ཡེ་ཤེས་བདག་ཉིད།། ངོ་བོ་ཉིད་སྐུར་བྱུང་ཆུབ།།

བཅུ་གསུམ་རྡོ་རྗེ་འཛིན་པའི།། ས་ལམ་བགྲོད་པའི་ཤིང་རྟ། བདེ་སྟོང་གྲོལ་ཐབས་ཆེན་པོ།།
རྒྱུ་དང་འབྲས་བུའི་ས་མཚོན།། ལམ་འབྲས་རིམ་པར་མ་ལྟོས།། འོག་སྒོ་བདེ་བ་ཆེན་པོ།།
ཁམས་གསུམ་རོལ་བའི་ཁྲིད་ཆོས།། མདོར་བསྡུས་ཟུར་ཙམ་བརྗོད་པས།། གནས་ཚང་བྲག་
ལ་བརྟེན་པའི།། བྲ་རྒྱལ་ཐང་དཀྲ་རྐོང་པོ།། རྩལ་གསུམ་{ལྟ་བསྒོམ་སྤྱོད་པ་མཐར་ཕྱིན}
ལུས་ལ་རྫོགས་ཆེ།། དེ་བཞིན་ཐུགས་ལ་ཟུངས་མཛོད།། བྲ་ཕྲན་རྩལ་མེད་རྣམས་ལ།།
རླུང་ཕྱོགས་ཙམ་ཡང་མ་སླེབ།། ཀུན་མབཟང་བདེ་སྐྱོང་དབང་མོས་བྲིས་སོ།།

【註釈 27】 ここでは、セラ・カンドロは男性のパートナーのティクレを詩的に「（タントラの）ヒーローの菩提の雲」と呼んでいる。
ドクター・ニダは第1章の5番目のセクションで、カルマムードラの慣習を家父長制として認識していることについて次のように述べている。
「（カルマムードラの）教本が女性に公開されても、その指示は男性のからだや視点から述べられていることがある。私が思うには、カルマムードラが男性用、または男性のニーズに合わせたものならその修行はまだ完全ではない」
セラ・カンドロの自伝と教本は、カルマムードラの実践に対して女性中心のアプローチを提案する方法であるという意味で際立っている。様々なプミ、言いかえれば悟りへの段階に関わるエクスタシーの状態を生成する様々なチャクラを循環するティクレの説明は、セラ・カンドロが14歳の時に夢のビジョンでタントラの聖クックリパ（彼女の過去生でのパートナー）から得た過程と同様だ。

このビジョンを分析して、学者のサラ・ジャコビーは、クックリパのカルマムードラの指示が女性のからだと修行者の視点からその手順を提示しているという、非常に珍しいものであることに注目している。その教えの伝達によれば、ティクレの交換を含む異性愛の交合修行の一環として、女性の修行者は男性のパートナーの「菩提の雲」、言いかえればティクレの分泌を刺激し、これを彼女の膣／子宮に射精させ、これを引き上げて彼女のチャクラを循環させるように指示している。

ジャコビーによれば、射精を控えてペニスによって女性のパートナーのティクレを引き上げるように男性の修行者にアドバイスするカルマムードラのより標準的な描写とは対照的に、クックリパはセラ・カンドロへの指示として次のように述べている。

「……通常の性のタントラとは裏腹に、セラ・カンドロへの指示では、女性の秘密の中心に男性の精液の雲が降り注ぎ、少なくとも最初は従来の異性間の性行為の流れを反映するようなプロセスで上向きに浸透すると説明されている。仏教の性的ヨーガが重要な核（ティクレなど）を刺激して保ち、からだのエネルギー・センターに沿って〝タケノコの水のようにそれらを吸い上げる〟ものなら、セラ・カンドロがビジョンで見た智慧ある女性の秘密のセンターに降り注ぐ菩提の雲は、男性のパートナーの精神的な進歩のためのものではあり得ないことを、クックリパの言葉は示している。むしろこの指示は、女性の主観性を探究しないままのタントラの主題にもかかわらず、女性の解脱に向けられている」（2014、pp203-204）

このテキストでもセラ・カンドロは、ダーキニーの至福の脈管によって刺激されるダーカの「菩提の雲」について説明している。ここでも、女性の修行者の目を通してカルマムードラを垣間見ることができる。イェシ・ツォギャルと同様に、数え切れないほどのダーキニーが何世紀にもわたって修行のための男性のパートナーを探し出したことは確かだが、女性のからだを持つ修行者の修行や体験の詳細が印刷物に登場することはほとんどなかった。多作な作家であり著名なヨギーニであり、生きた記憶のなかでカルマムードラを教えた宝の啓示者でもセラ・カンドロはその例外だ。

ドクター・ニダ・チェナグサング

欲望論からの抄訳

（ドクター・ニダ・チェナグサング）（註釈 28）

道

人は灌頂をタントラの灌頂（ワン）として見せることもできる。
または口頭の指示（トゥリ）を受けて理解することもできる。
または受けた祝福の結果として自己実現を果たすこともできる。
間違わずに基本を修得することが極めて重要だ。

この修行で頼りとなるのは目覚めた女性（女性のパートナー）で、
蓮、アワビ、鹿、象、意匠（芸術的）といったタイプに分類できる。
外側、内側と秘密の印かマークがあることが重要だ（註釈 29）。

【註釈 28】ドクター・ニダはこの詩を 2012 年 4 月 24 日にローマで書きはじめ、6 月 13 日にワシントンで書き終え、さらに 9 月 6 日に北京で推敲した。

【註釈 29】ここでドクター・ニダは、よいパートナーとは単にある種の容貌や神聖な生まれつきの印を持っている人のことではないことを念押ししている。パートナーの内なる資質や能力も、外見や外から見える印と同様に重要なのだ。

ལམ་གྱི་སྐོར།

དབང་སྐབས་དབང་ངོ་འཕྲོད་པའམ།།
ཁྲིད་སྐབས་གོ་བ་ལོན་པ་དང་།།
བྱིན་རླབས་དབང་གིས་རྟོགས་པ་བཅས།།
རྩ་བ་མ་ནོར་ཤིན་ཏུ་གལ།།

རིག་མ་རིགས་ལར་བསྟན་པ་ནི།།
པད་མ་དུང་ཅན་རི་དྭགས་དང་།།
གླང་ཆེན་མ་དང་རི་མོ་ཡིན།།
དེ་ལ་ཕྱི་ནང་གསང་རྟགས་གལ།།

「ヒーロー」と呼ばれる男性の伴侶には４タイプある。
うさぎ、鹿、雄馬と雄牛だ。
これらは男性のムードラの基本的な解剖学的タイプだ。
だから、タントラのヨギーニよ、正しい相手を探せ！（註釈 30）

外側の印はその伴侶のからだと形のよさ。
内側の印はその脈管と声のよさ。
そして秘密の印はその信仰が堅く、智慧が偉大であること。
だから、タントラの修行者よ、
疑いもためらいもなく、あなたの誓いを守れ！

しかし、より具体的に言えば、
タントラの修行の肉体的な助けとして頼るべき最良の伴侶は、
本当に秘密のマントラを自分のものとし理解している者。
間違った見方についてまったく疑わず、
秘密の知識に長け、欲望が偉大な者。

【註釈 30】これらの４タイプの性的パートナーの類型は、中世後期にコッコカが紹介したカーマスートラの教え、ラティラハシャと一致し、やがてそこからジュ・ミパム、その他チベットの識者の教本に登場した。これらの分類は、様々な女性と男性の体型、性的特質、心理的気質、性器の形とサイズに関連づけられ、各パートナーのそうした成り立ちが相性に影響すると説明されている。

དཔའ་བོ་རི་བོང་རི་དྭགས་རིགས།།
རྟ་མཆོག་དང་ནི་བ་གླང་བཞི།།
ཕྱུག་རྒྱ་དཔའ་བོའི་གནས་ལུགས་ཡིན།།
སྔགས་མོ་རྣམས་ཀྱིས་མ་ནོར་འཚོལ།།

ཕྱི་རྟགས་ལུས་དང་གཟུགས་བཟང་ལ།།
ནང་རྟགས་རྩ་བཟང་ངག་སྐད་བཟང་།།
གསང་རྟགས་དད་བརྟན་ཤེས་རབ་ཆེ།།
སྔགས་ལ་ཚོམ་མེད་དམ་ཚིག་བསྲུང་།།

ཁྱད་པར་གསང་སྔགས་ཁོང་དུ་ཆུད།།
ལོག་བལྟ་ཐེ་ཚོམ་མེད་པ་དང་།།
གསང་བར་མཁས་ཞིང་འདོད་པ་ཆེ།།
གསང་སྔགས་རྟེན་གྱི་མཆོག་གྱུར་ཡིན།།

教本では、伴侶はできるだけ若いほうがよいとするが、
医師の王者、偉大なる師たるユトクは、
頼るべき相手は
あなたの瞑想体験の質を高め、自己実現に導く者で
年齢は関係ない、と教えた。

人里離れた修行の場であれ、あなたの自宅であれ、
至福の場所や寝所を整え、柔らかな敷布を敷き、
そのほかに、あなたの感覚を歓ばせるものを用意し、
そして最も重要なのは、修行の場所に障害がなく
何の邪魔も入らないこと。

「3つの甘味」(砂糖、黒糖、蜂蜜)といった物質を使え。
なかでも、蜂蜜がとくによい。
蜂蜜を食べればからだの生気が増し、
脈管と微細な要素が純粋で明るくなる。
ツァー(脈管)とルン(風、気)が使えるようにせよ。
肉汁や抽出油など、滋養になる食べ物をとるとよい。

白と赤のティクレ(真髄の雫)を増加させるには、
「3つの白」(ヨーグルト、バター、ミルク)、とくにミルクがよい。
リビドーを増すために必要なものは何でも使い、
必要で適切な治療も受けよ。

བཅུ་གཉིས་བཅུ་དྲུག་ལོ་གསུངས་ཀྱང་།།
སྨན་རྒྱལ་གཡུ་ཐོག་ཆེན་པོ་ཡིས།།
ཉམས་རྟོགས་གོང་དུ་སྨིལ་བ་ལ།།
རྒན་གཞོན་གང་ཡིན་བསྟེན་བྱ་གསུངས།།

དབེན་གནས་ཡང་ན་རང་ཁྱིམ་དང་།།
བདེ་བའི་གདན་དང་འཛམ་གོས་སོགས།།
འདོད་ཡོན་ཅི་འགྱུར་བྱ་བ་དང་།།
ཁྱད་པར་བར་ཆད་མེད་གནས་གལ།།

ལུས་རྒྱས་རྩ་ཁམས་དྭངས་པ་དང་།།
མངར་གསུམ་ཁྱད་པར་སྦྲང་རྩི་བསྟེན།།
རྩ་རླུང་ལས་སུ་རུང་བ་ལ།།
ཞ་བཅུད་སྣུམ་བཅུད་ཟ་བ་ཞིས།།

ཐྲིག་ལེ་དཀར་དམར་འཕེལ་བ་ལ།།
དཀར་གསུམ་ཁྱད་པར་འོ་མ་བསྟེན།།
གང་མཁོའི་རོ་ཅའི་སྨན་སོགས་ཀྱང་།།
ཚུལ་མཐུན་དམིགས་བསལ་བསྟེན་པར་བྱ།།

自分のからだ、脈管とチャクラが空洞だという観想を落ち着かせ、
そしてあなたの赤と白のティクレを観想し、
修行の効果を高めるには、しっかりからだのヨーガを実践せよ。
そして神聖で内なる依存のリンク（註釈 31）により、
自己実現が生起される。

最初は、自分のからだで、ひとりでしっかり修行することが
最も重要だ。
自分のからだの輪郭を空洞だと観想することを
「外側の瞑想」、または育成と呼ぶ。
脈管を空洞の構造と観想することは「内側の瞑想」として知られ、
５つのチャクラの観想は「秘密の瞑想」だ。

白いティクレがフムの種字の形をとると想像せよ。
そしてあなたのおへその下にはごく小さな三角形がある。
そして、金剛の呼吸法とマントラを唱える修行で
脈管と風、気の真髄たる本質に親しめ。

【註釈 31】ここで使用されている用語、テンドレルは、「相互依存の起源」相関性という仏教の概念、またはより口語的には、縁起のよいカルマや不吉な出来事の両方を指す。ただし、タントラのヨーガと儀式の脈絡では、この言葉はとくに、粗い要素と微細な要素、外側、内側、および秘密の現象と条件の注意深い整列と関連づけを指す。徹底的かつ正確におこなえば、存在と変容のレベルの「同時発生」により、強力で縁起のよい共鳴を生み出し固定できる。

ལུས་སྟོང་རྩ་སྟོང་འཁོར་ལོ་སྟོང་།།
དཀར་དམར་ཐིག་ལེའི་དམིགས་པ་བརྟན།།
བོགས་འདོན་འཁྲུལ་འཁོར་ཟབ་མོས་བྱ།།
རྟེན་འབྲེལ་སྟོབས་ཀྱིས་རྟོགས་པ་འཆར།།

རང་ལུས་ཐབས་ལྡན་ཐོག་མར་གཅེས།།
ལུས་ཀྱི་སྟོང་རྭ་ཕྱི་བསྒོམ་དང་།།
རྩ་ཡི་སྟོང་རྭ་ནང་བསྒོམ་ཡིན།།
རྩ་འཁོར་ལྡ་ནི་གསང་བསྒོམ་གགས།།

ཐིག་ལེ་དཀར་པོ་ཧཾ་གཟུགས་དང་།།
ལྡེ་འོག་ཨ་ཤད་བསྒོམ་པར་བྱ།།
དེ་ནས་རྡོ་རྗེ་བཟླས་པ་ཡིས།།
རྩ་རླུང་ཉིད་ལ་གོམས་པར་བྱ།།

金剛のマントラと呼吸法の修行で、
あなたは微細なエネルギーの真髄たるポイント、
ルンの修行に自信を持つ。
そして、内なる熱の修行、トゥンモの基盤をしっかり安定させてから、
ベース・チャクラ（カルマムードラ）の道に入れ。

「見る、話す・笑う、抱く、そして交合する」という4つの過程は
カルマムードラの階段を昇るためのステップのようなもの。
ベース・チャクラのための道。
あなたが観想上の伴侶と修行する場合も、
現実のダーキニーと修行する場合も、
最も重要なのは、段階を踏んで、少しずつ瞑想すること。

「見る」段階ではお互いに見つめ合い、瞑想する。
お互いを見て、見えるものに集中して瞑想する。
自分が興奮してきたのを感じたら、
自分が感じる快感を瞑想する。
そのようにして自分を興奮させ、至福を生み出せ。

あなたの欲望が高まり、至福を体験したら、
有害な感情、精神状態やそのほかの気を散らせるような考えは
広がらなくなる。
あなたのからだとマインドの歓びだけを認知し、
手放し、あなたの至福の状態でくつろげ。

རྡོ་རྗེ་བཟླས་པ་བྱས་ནས་ནི།།
རླུང་གི་གནད་ལ་གདེང་ཐོབ་ཞིང་།།
གཏུམ་མོ་བརྟན་པར་གྱུར་བ་ཡིས།།
འོག་སྒོའི་ལམ་ལ་འཇུག་པར་བྱ།།

བལྟ་དགོད་ལག་བཅིང་སྦྱོར་བ་བཞི།།
ཐབས་ལམ་འོག་སྒོའི་ཐེམ་སྐས་འདྲ།།
དམིགས་པ་ཡང་ན་མཁའ་འགྲོ་བཅས།།
རིམ་གྱིས་བསྒོམ་པ་གནད་འགག་ཡིན།།

བལྟ་བ་ཞེས་པ་བལྟ་ཞིང་བསྒོམ།།
ཕན་ཚུན་བལྟ་ཞིང་བལྟ་ཞིང་བསྒོམ།།
ཆགས་སེམས་སླེབས་ན་བདེ་བ་བསྒོམ།།
དེ་ལྟར་ཆགས་སློང་བདེ་བ་བསྐྱེད།།

འདོད་ཆགས་རྒྱས་ཞིང་སྦྱོང་བའི་དུས།།
ཉོན་མོངས་རྣམ་གཡེང་གཞན་མི་འཕེལ།།
ལུས་དང་སེམས་ནི་བདེ་བར་མཐོང་།།
བདེ་བའི་ངང་དུ་གློད་ལ་ཞོག།

はじめは、ただお互いの顔、唇、目を見る。
それからお互いの胸と乳房、腿、陰部などを見て、
見たものについて瞑想する。

「話し、笑う」段階では、お互いに微笑み合い、
欲望を持って、見つめ合い、微笑み合う。
そして、あなたの目の端から矢のように鋭い目線を向け、
様々なからだの表現をお互いに見せ合え。

注意深く笑うことに集中するか、自然に自分を表現し、
興奮させるようなことを言い、お互いの快感を生み出せ。
リラックスした状態での気づきを求める。
気を散らしたり、
あまりタイトに集中し過ぎたり努力し過ぎないようにする。
あなたの至福の基本的な真髄、本質を何度も何度も見続けよ。

ダーカとダーキニーがともに瞑想すれば、
すばやくパワフルになり、修行が可能になる。
羞恥心や恐れ、不安はすべて捨て、
至福のマインドの真髄を育て、維持せよ！

དང་པོ་གདོང་དང་མཆུ་སྒྲོས་དང་།།
མིག་ཟུང་ཙམ་ལ་བལྟ་བར་བྱ།།
དེ་ནས་བྲང་དང་ནུ་མ་དང་།།
བརླ་སོགས་སྦྲས་གནས་བལྟ་ཞིང་བསྒོམ།།

དགོད་པ་ཞེས་པ་འཛུམ་ལངས་ཞིང་།།
འདོད་ཆགས་བལྟ་འཛུམ་སྦྲགས་བྱས་ནས།
མིག་གི་ཟུར་མདའ་འཕེན་པ་དང་།།
ལུས་ཀྱི་རྣམ་འགྱུར་སྣ་ཚོགས་སྟོན།།

དགོད་ཅིང་འདོད་པའི་གཏམ་སྙ་ཞིང་།།
ཕན་ཚུན་བདེ་བ་བསྐྱེད་པ་གཅིས།།
མ་ཡིངས་མ་སྒྲིམ་ཤེས་པ་ལྷོད།།
བདེ་བའི་ངོ་ལ་ཡང་ཡང་བལྟ།།

དཔའ་བོ་དཔའ་མོ་གཉིས་ཀ་ཡིས།།
མཉམ་དུ་བསྒོམ་ན་ནུས་པ་མྱུར།།
ངོ་ཚ་ཞེད་དངངས་ཡོངས་སྤང་ནས།།
བདེ་བའི་སེམས་ངོ་བསྐྱང་པར་བྱ།།

至福や快感の音や叫びは何でも口にせよ。
止めずに、ただ、自然に湧き上がるままに任せ、
存在の自然な状態を保て。
教えによれば、そうした快感の自然な表現は瞑想の一種。
だから、叫び、呻き、至福を生み出せ！

アー！ アン！ ウム！ ヘー！ ヒー！ ハン！ ハ！
オー！ ホー！ ヤー！ ホー！ アー！ ヤー！
こうしたそのほかの抑えられない自然な欲望の音は
脈管が自然に生んだマントラの音。

こう伝えよ。
「あなたは美しい！ あなたはダーキニー、ダーカ、
そしてあなたほどパワフルで美しい人はいない！」
称賛の言葉、よい言葉、何でもマインドに浮かんだことを言え。
何を言うかにかかわらず、自由な話し言葉でお互いに快感を与えよ。

「抱く」ではお互いに触り合え。
はじめは、指や手を触り、
歓びが高まったら、それに少し集中するか瞑想し、
段階を踏んで、少しずつ、感じやすい部分を触れ。

དགའ་བདེའི་ངག་ཚིག་སྒྲ་ཅི་འབྱིན།།
མ་འགོག་རང་བྱུང་རང་སོར་ཞོག།
བདེ་བས་དགོད་པ་བསྒོམ་དུ་གསུངས།།
ངུ་སྐད་བདེ་བ་བསྐྱེད་པར་བྱ།།

ཨ་ཨང་ཨུཾ་ཧེ་ཧི་ཧང་ཧ།།
ཨོ་ཧོ་ཡ་ཧོ་ཨ་ཡ་སོགས།།
མ་བཅོས་ཆགས་པའི་རང་སྒྲ་ནི།།
ལྷན་སྐྱེས་རྩ་ཡི་སྦུགས་སྒྲ་ཡིན།།

ཁྲིད་མཛོས་ཁྲིད་ནི་དཔའ་མོ་དང་།།
དཔའ་བོ་ཡིན་པས་བླ་མེད་ཅེས།།
བསྟོད་ཚིག་བཟང་ཚིག་གང་བྱུང་སྨྲ།།
མཐོང་མེད་ཚིག་གིས་བདེ་བ་སྟེར།།

ལག་བཅིང་ཞེས་པ་ཕན་རྒྱུན་རེག།
ཐོག་མར་ལག་པ་སོར་མོ་རེག།
བདེ་བ་བྱུང་དུས་ཅུང་ཙམ་བསྒོམ།།
རིམ་གྱིས་གཡའ་བའི་གནས་སུ་རེག།

とくに、お互いの特別なラのエネルギーのポイントに触れ、
マッサージせよ。
オイルをつけて、またはつけずに。
そして湧き上がる至福に集中せよ。
これにより、最も崇高な至福が増大するといわれている。

ダーカはダーキニーの蓮の花（クリトリス）の脈管を
中指でマッサージせよ。
そしてダーキニーは指で彼の金剛杵を擦れ。
最も感じる部分に最高の歓びを与えよ。
幸福を感じ熱狂的に、そこの感覚を瞑想せよ。

この修行では、
見る、触る、話す、という3つの段階を
同時におこなってもかまわない。
射精しそうになったら、すべてやめ、
至福 ―空（くう）の真髄の基本的な本質を瞑想せよ。

「交合」は性器の結合。
カルマムードラの修行に慣れている人は
この方法に長けている。
そうでない人は、段階を踏んで挿入することが重要だ。

ཁྱད་པར་ཟླ་ཡི་གསང་གནས་སུ།།
སྐུམ་ལྡན་ཡང་ན་མེད་ཀྱང་རུང་།།
རིག་ཅིང་བདེ་བའི་དམིགས་པ་བྱ།།
མཆོག་གི་བདེ་བ་རྒྱས་ཞེས་གསུངས།།

གྲུང་མོས་པད་རྩ་མཉེ་བ་དང་།།
ཡུམ་གྱི་སོར་མོས་རྡོ་རྗེ་མཉེ།།
གང་དུ་གཡའ་དང་བདེ་བ་ཆེ།།
དེ་རུ་སྐྱོ་མེད་རིག་ལ་བསྒོམ།།

བལྟ་དང་རེག་པ་དགོད་པ་གསུམ།།
མཉམ་དུ་ཉམས་ལེན་བྱས་ཀྱང་འགྲིག།
ཁམས་དཀར་ཤོར་སླུམ་རྩེད་འཁྲོ་འཛོག །
བདེ་སྟོང་ངོ་བོའི་གནས་ལུགས་བསྒོམ།།

སྦྱོར་བ་ཞེས་པ་དབང་པོ་སྦྱོར།།
འདོད་བསྟན་གོམས་པའི་གང་ཟག་ནི།།
འདི་ཡི་ཐབས་ལ་མཁས་གྱུར་ཡང་།།
གཞན་རྣམས་རིམ་གྱིས་འཇུག་པ་གལ།།

ミパムのカーマスートラの教本によれば、
人は「智慧」（タントラなど）を修行し、
俗世のセックスを実践した後でセックスする。
「つまり、世俗的な結合に熟練してから、叡智のセックスに入る」

あなたのからだを瞑想上の神仏と考えよ。
あなたの声はマントラ。
あなたのマインドは仏法、究極の現実。
―― この３つの概念を、注意深く常に維持せよ。

この３つの概念をあなたが実現できれば、
生起次第の完結。
この後で、生起次第と究竟次第の統合、
そして偉大なる完璧の真髄たるポイントが徐々に実現できる。

からだの外側は、からっぽの器と瞑想せよ。
男性は自分が男性の守護尊と生起し、
女性は自分が女性の守護尊と生起し、
明確に堅固に間違いなく、そう瞑想せよ。

མི་ཕམ་འདོད་བསྟན་གཞུང་དུ་ནི།།
འཇིག་རྟེན་རྗེས་སུ་ཡི་ཤེས་གསུངས།།
དེ་ཕྱིར་འཇིག་རྟེན་སྦྱོར་ཐབས་པ།།
མཁས་བྲུས་ཡི་ཤེས་སྦྱོར་ཐབས་བསྟེན།།

ལུས་ཀྱི་འདུ་ཤེས་ཡི་དམ་ལྷ།།
ངག་ནི་སྔགས་ཀྱི་འདུ་ཤེས་དང་།།
ཡིད་ནི་ཆོས་ཉིད་འདུ་ཤེས་བཅས།།
སུམ་ལྡན་འདུ་ཤེས་རྟག་ཏུ་གཅེས།།

འདུ་ཤེས་སུམ་ལྡན་རྫོགས་གྱུར་ན།།
བསྐྱེད་པའི་རིམ་པ་མཐར་ཕྱིན་ལ།།
དེ་ནས་བསྐྱེད་རྫོགས་ཟུང་འཇུག་དང་།།
རིམ་གྱིས་རྫོགས་ཆེན་གནད་ཀྱང་རྟོགས།།

ཕྱི་ལུས་སྟོང་རྭ་བསྒོམ་པ་ལ།།
ཕོ་རྣམས་ཡི་དམ་ཕོ་རུ་བསྐྱེད།།
མོ་རྣམས་ཡི་དམ་མོ་རུ་བསྒོམ།།
གསལ་ལ་མ་ནོར་བརྟན་པར་བསྒོམ།།

脈管の内側の器はからっぽ。
中央脈管は外側が白で内側が赤。
頭頂部に白いティクレを育て、
小さな赤い三角（おへその下）を明確に眩しく育てよ。

チャクラの秘密のからっぽの形を生み出せ。
それは5つのチャクラと脈管の花びら。
32、16、8、64、32枚の花びら。
それらをはっきり（正しい大きさと位置で）生起せよ。

金剛杵をフムの種字で祝福せよ。
蓮の花をペッの種字で祝福し、閉じよ。
これには多くの観想可能なマントラがある。
が、これが瞑想の基本のルートの構造だ。

あなたが相手とお互いに向き合って横たわれば、
それが「人間の形」の交合。
これには、両者がお互いに重なり合って交合する。
「横から」または斜めから挿入するのは、半神の体位。
横からお互いにまたがって、前と後ろから交合する。

ནང་གི་རྩ་ཡི་སྟོང་རྭ་ནི།།
དབུ་མ་ཕྱི་དཀར་ནང་དམར་བ།།
ཁྱིག་ལེ་དཀར་པོ་སྤྱི་བོ་དང་།།
ཨ་ཤད་དམར་མོ་གསལ་དུ་བསྒོམ།།

གསང་བ་འཁོར་ལོའི་སྟོང་རྭ་ནི།།
རྩ་འཁོར་ལྔ་ཡང་རྩ་འདབ་བཅས།།
སོ་གཉིས་བཅུ་དྲུག་བརྒྱད་པ་དང་།།
རེ་བཞི་སོ་གཉིས་གསལ་དུ་བསྐྱེད།།

རྡོ་རྗེ་བྱིན་རླབས་ཧཱུྃ་གིས་བཀག།
པད་མ་བྱིན་རླབས་ཕཊ་ཀྱིས་བཀག།
འདི་ལ་སྦུགས་དམིགས་མི་འདྲ་བ།།
ཡོང་སྲིད་བསྒོམ་རྩའི་གནས་ལུགས་ཡིན།།

ཉལ་ནས་སྦྱོར་བ་མི་ཡི་ཚུལ།།
དེ་ལ་སྟེང་སྦྱོར་འོག་སྦྱོར་གཉིས།།
ཟུར་དུ་སྦྱོར་བ་ལྔ་མ་ཡིན།
གཡས་གཡོན་མདུན་དང་རྒྱབ་ནས་སྦྱོར།

座って、足を組んでの交合は、安らかな神仏の体位。
立っての交合は、憤怒の神仏のスタイル。
後ろからの交合は、ナガ、または四足の動物のスタイルと表される。

上に乗るのは、蓮の花のタイプの伴侶にとってよい。
男の下になってセックスするのは、アワビのタイプの伴侶にとってよい。
足を組んで交合するのは、鹿のタイプの伴侶のため。
後ろから交合するのは、象のタイプの伴侶のため。

はじめは、自分自身のからだで、ひとりの修行に頼れ。
修行僧にとってはこの方法で十分と教えられている。
ただ観想せよ。
または自分の指や手を使え。

あなたの五指を５種類のダーキニーだと思って瞑想せよ。
ゆっくりやさしく、彼女たちをあなたの金剛杵で惑わせよ。
そして、白いティクレのハムがあなたの頭頂部から喉に下る。
至福を認知する修行をせよ。

ཅོག་ཕུར་སྦྱོར་བ་ཞི་བའི་ལྷ།།
ཡངས་ཏེ་སྦྱོར་བ་ཁྲོ་བོའི་ཚུལ།།
རྒྱབ་ནས་སྦྱོར་བ་གླུ་ཡི་འམ།།
དུད་འགྲོའི་ཚུལ་ཞེས་བཤད་པ་ཡིན།།

པད་མ་ཅན་ལ་སྟེང་སྦྱོར་ལེགས།།
དུང་ཅན་མ་ནི་འོག་ནས་བགྲོད།།
རི་དྭགས་མ་ལ་སྐྱིལ་ཧྲུ་ང་དང་།།
གླང་ཅན་མ་ནི་རྒྱབ་ནས་སྦྱོར།།

ཐོག་མར་རང་ལུས་ཐབས་ལྡན་བསྟེན།།
ཚུལ་ཁྲིམས་ཅན་ལ་འདིས་ཚོག་གསུངས།།
དམིགས་པ་ཁོ་ན་བྱ་བའམ།།
ལག་སོར་བསྐྱོད་པའི་ཐབས་ཀྱང་བྱ།།

མཛུབ་ལྡ་རིགས་ལྡའི་མཁའ་འགྲོར་བསྒོམ།།
རྡོ་རྗེ་ཞི་བ་དལ་བས་ཀུལ།།
སྤྱི་བོའི་ཧཾ་དཀར་བབ་པ་ལས།
མགྲིན་པར་དགའ་བ་ངོས་བཟུང་སྦྱང་།།

３日、７日、または21日の間、
正しく効果的に瞑想できたら、
あなたのハートのチャクラの至高の歓び、
至福を認知し捉えられるよう瞑想せよ。
これもしっかり経験できるようになることが極めて重要だ。

あなたのおへその、特別で独特な至福を認識するよう瞑想せよ。
それをあなたの金剛杵のルートまで下ろし、
動きを止めて、下方の風のコントロールを手放せ。
至福を失うことなく、完璧にリラックスした状態に留まれ。

ティクレの雫が喉に落ちたら、それは「歓び」。
それがハートのチャクラに下ったら、「最高の歓び」が生まれる。
おへそに落ちるのは「特別な至福の歓び」。
そして性器では、「生来の、自然に生まれた歓び」。

これらは「上から降りてきた４つの歓び」と呼ばれる。
こうした歓びのそれぞれを訓練し、達成し、それに慣れれば、
あなたは少しずつこの修行を確立できる。
急がずに瞑想すれば、瞑想体験に目覚める。

ཞག་གསུམ་ཞག་བདུན་ཉེར་གཅིག་སོགས།།
ཚད་དང་ལྡན་པ་བསྒོམ་རྗེས་སུ།།
སླིང་གར་མཆོག་དགའ་ངོས་བཟུང་བསྒོམ།།
དེ་ཡང་ཉམས་ཐོན་གལ་ཆེན་ཡིན།།

ལྟེ་བར་ཁྱད་དགའ་ངོས་བཟུང་བསྒོམ།།
རྡོ་རྗེའི་རྩ་བར་བབས་པ་དང་།།
བསྐྱོད་འཕྲོ་བཅད་ལ་འོག་རླུང་གློད།།
བདེ་བ་མི་འཆོར་ལྷན་ནེ་ཟྲིན།།

ཐྲིག་ལེ་མགྲིན་བབས་དགའ་བ་དང་།།
སླིང་གར་བབས་པས་མཆོག་དགའ་སྐྱེ།།
ལྟེ་བར་བབས་ནས་ཁྱད་དགའ་དང་།།
གསང་གནས་ལྷན་སྐྱེས་དགའ་བ་ཡིན།།

དེ་ལ་ཡས་བབ་དགའ་བཞི་ཟེར།།
དགའ་བ་རེ་ནས་བྱུང་པར་སྦྱངས།།
རིམ་གྱིས་གོམས་ན་བརྟན་པར་འགྱུར།།
བྲེལ་མེད་བསྒོམ་དང་ཉམས་མྱོང་སྐྱེ།།

ティクレは上から下に落ちる。
そしてこれは「ティクレを引き下ろす」修行として知られている。
それから、あなたは至福を持続させる脈動を通じて、それを引き上げ、
「維持し」、「反転させ」、そして「広げる」。

至福を持続するチャクラから魔法の発散のチャクラまで
（性器からおへそまで）、
それは「因果に即した至福、歓びのモード」になる。
そして、仏法、現実のチャクラ（ハート）では、
「完全に熟した歓びのモード」として知られている。

ハート・チャクラから喉のチャクラまでで
「個人の努力の歓びのモード」になる。
そして、楽しみのチャクラから
偉大なる至福の脈管（喉から頭頂部）までで
「完全にシミのない結果の歓び」になる。

「下から安定した歓びが上がってくることが極めて重要で、
それは上から下るものよりも最高」
と教えられている。
「下から引き上げ、安定させる」のは、
上向きの段階でティクレを下向きに落とすことから生まれる。
継続的な上昇感覚の歓びの過程の別称。

ཐྲིག་ལེ་སྙིང་ནས་འོག་ཏུ་འབེབ།།
དབབ་པ་ཞེས་སུ་གགས་པ་ཡིན།།
བདེ་སྐྱོང་རྩ་ནས་གྲིན་དུ་འདྲེན།།
བཟུང་བཟློག་ཅེས་བྱ་དེ་ནས་དགམ།།

བདེ་སྐྱོང་རྩ་ནས་སྤྲུལ་འཁོར་ལ།
རྒྱུ་མཐུན་ཚུལ་གྱི་དགའ་བ་དང་།།
དེ་ནས་ཆོས་ཀྱི་འཁོར་ལོ་ལ།
རྣམ་སྨིན་གྱི་ཚུལ་གྱི་དགའ་བ་ཟེར།།

སྙིང་གའི་རྩ་ནས་མགྲིན་འཁོར་ལ།།
སྐྱེས་བུ་བྱེད་པའི་ཚུལ་དགའ་བ།།
ལོངས་སྤྱོད་འཁོར་ནས་བདེ་ཆེན་རྩ།།
དྲི་བྲལ་འབྲས་བུའི་དགའ་བའོ།།

མས་བརྟན་དགའ་བ་གནད་ཆེ་བས།།
ཡས་བབས་ལས་ཀྱང་ལྷག་ཅེས་གསུངས།།
མས་བབ་རིམ་པར་དགའ་བ་ནས།།
གྲིན་དུ་མིང་གཅིག་ལུགས་ཀྱང་མཆིས།།

至福を生め。あなたとあなたの伴侶で。
ほかの考えごとに気を取られずに、しっかり瞑想せよ。
何も考えず純粋な気づきのなかで休め。
あなたの存在の自然な状態で。
至福―空の不二を繰り返し瞑想せよ。

いわゆる「分け隔てられない―空」は
「分け隔てられない４つの歓びと４つの空」と同じこと。
歓びと空を一緒に瞑想することが
絶対的に重要な点だ。

最初の歓びには「空そのもの」、言いかえれば「固有の空」がある。
特別な歓びは偉大なる空。
至高の歓びは「極端な、または最超の空」。
そして生来の自発的な歓びは「すべての空」。

見る、微笑む、抱く、交合するという４つの段階は
喉、ハート、おへそ、そして秘密のチャクラとつながっている。
放棄されるのは三毒と概念的な思考。
修得するのは至福―空と非概念的な至福。

རང་དང་ཕྱག་རྒྱ་བདེ་བ་བསྐྱེད།།
རྣམ་གཡེང་མ་ཤོར་བསྒོམ་པ་གཅེས།།
རིག་པ་མ་བཅོས་རང་སོར་འཇོག།
བདེ་སྟོང་གཉིས་མེད་ཡང་ཡང་བསྒོམ།།།

བདེ་སྟོང་དབྱེར་མེད་ཟེར་བ་ཡང་།།
དགའ་བཞི་སྟོང་བཞི་དབྱེར་མེད་ཡིན།
དགའ་སྟོང་མཉམ་དུ་བསྒོམ་པ་ནི།།
གནད་ཀྱི་སྙིང་པོ་ཡིན་པའོ།།

དང་པོའི་དགའ་བ་སྟོང་ཉིད་དང་།།
ཁྱད་དགའ་སྟོང་པ་ཆེན་པོ་ཡིན།།
མཆོག་དགའ་ཤིན་ཏུ་སྟོང་པ་དང་།།
ལྷན་སྐྱེས་དགའ་བ་ཐམས་ཅད་སྟོང་།།

བལྟ་བ་དགོད་པ་འཁྱུད་སྦྱོར་བཞི།
མགྲིན་སྙིང་ལྟེ་གསང་རྩ་བཞིར་སྦྱར།།
སྤང་བ་དུག་གསུམ་རྣམ་རྟོག་སྤང་།།
ཐབ་བྲ་བདེ་སྟོང་བདེ་རྟོག་མེད།

至福 ―空は概念と思考するマインドを超越する究極の完結。
それを通じて、4つのからだへの入門資格も得られる。
それは「16の歓びのすべてをもたらす修行」として教えられる。

もしあなたが興奮し過ぎ、刺激を受け過ぎたら、
あなたのハートにグルがバムの種字から出現すると想像せよ。
そして欲望や興奮なしで、真髄の甘露をからだに満たせ。
あなたは冷静になり、欲望の熱は収まり、
自分自身でコントロールできるようになる。

興奮で熱く、荒くなる人にとっては、
虹が宙に消えるように欲望はなくなる。
気を散らすことを自分に許し、挿入をやめるか、
または冷たい水を自分にかけよ。

ティクレを下げ、維持し、
上向きに流れを逆転させ、あなたのからだじゅうに広げる。
―― これらは下げる、維持する、逆転する、広げるという4つの段階。
これが修行に必須の基本だ。

བདེ་སྟོང་བློ་འདས་མཐར་ཐུག་ཡིན།།
ཐོབ་བྱ་སྐུ་བཞིར་འཇོག་པའང་ཡོད།།
དེ་རྣམས་བསྒོམ་པའི་ཉམས་ལེན་ལ།།
དགའ་བ་བཅུ་དྲུག་ཅེས་སུ་གསུངས།།

ཏ་ཙང་ཆགས་པས་གཡོ་གྱུར་ན།
སྙིང་གར་ཧླ་མ་ཐཾ་ཡིག་ལས།།
ཆགས་བྲལ་བདུད་རྩི་ལུས་གང་ནས།།
བསིལ་སྙེམ་སོང་བས་ཆགས་དབལ་ཞི།།

དམར་མདངངས་རྣམས་ནི་ནམ་མཁའ་ལ།།
འཇའ་ཚོན་བཞིན་དུ་ཡལ་བར་གྱུར།།
རྣམ་གཡེང་བྱ་ཞིང་སྦྱོར་བ་སྤང་།།
ཡང་ན་ཆུ་གང་ཁྲུས་ཀྱང་བྱ།།

ཐྲིག་ལེ་དབབ་དང་འཛིན་པ་དང་།།
གྲེན་དུ་བཟློག་དང་ལུས་ཀུན་བགམ།།
དབབ་བཟུང་བཟློག་བགམ་རིམ་པ་བཞི།།
མེད་དུ་མི་རུང་རྩ་བ་ཡིན།།

ゾクチェン・チョイング・トブデン・ドルジェは、
ティクレを逆転させ引き上げることについて
次のように教えている。
「確信を持って修行すれば、至福の偉大なパワーは容易に得られる」
（ドルジェ 2010）

偉大なる至福の生成を止めるには、
息を止め、目を上向きにし、背筋を伸ばし、
両足のふくらはぎを緊張させて
下向きの風を引き上げ、
肛門を締め、腸を背骨のほうに近づける。

舌の先を上顎につけ、おなかを引き入れ、
気づきの焦点はまっすぐ宙に向ける。
ティクレをあなたの会陰のあたりに引き上げる。
これを何度も繰り返すことが重要だ。

段階を踏んで、おへそ、ハート、喉、頭頂部のチャクラに、
繰り返し、引き続き至福をもたらす。
下から安定させ、ティクレを引き上げながら、
生まれる4つの歓びの始原的な智慧を体験すれば、
金剛杵の強烈さは収まり、至福が出現する。

ལྡོག་འདྲེན་འཕྲུལ་འཁོར་རྫོགས་ཆེན་པས།།
གསུངས་བཞིན་ལུང་དུ་འདྲེན་པ་ལ།།
ཡིད་ཆེས་ངང་དུ་ཉམས་ལེན་གྱིས།།
ལས་སླ་བྱིན་རླབས་ཚན་ཁ་ཆེ།།

བདེ་ཆེན་སྐྱེས་འཕྲོ་བཅད་ལ་བསྐྱིལ།།
མིག་གཉིས་གྱེན་བསྒྲད་སྒལ་དྲང་བསྲང་།།
ཉྭ་བཞི་བསྐུམ་ལ་འོག་རླུང་འཐེན།།
འོག་སྒོ་བཙུམ་ལ་རྒྱུ་སྒལ་སྦྲུར།།

ལྕེ་ནི་སྦྲུར་ཞིང་ཁོང་འདྲེན་བྱ།།
རིག་པ་ནམ་མཁར་ཐད་ཀར་གཏད།
ཐིག་ལེ་གནས་སུ་ལྡོག་པར་བྱེད།
ལན་མང་སྐྱུར་བ་གལ་ཆེན་ཡིན།།

རྟག་ཏུ་བདེ་བ་ལྟེ་སྙིང་དང་།
མགྲིན་པ་སྤྱི་བོར་རིམ་བཞིན་དུ།།
མས་བརྟན་དགའ་བཞི་ཡེ་ཤེས་སྐྱོང་།།
རྡོ་རྗེའི་ངར་འཚོར་བདེ་བ་འཆར།།

何度も下腹部を引き上げた後に
親指を薬指の根元に押しつけて
「金剛の拳」を両手でつくり、
ティクレが中央脈管を回転しながら
会陰から頭頂部へ昇るように飛ばす。

頭頂部でそれがハムの種字に溶け、激しい波動を起こし、
ティクレがハムからあなたの全身に増殖するよう想像せよ。
至福があなたの全身に広がり、あなたは何にもフォーカスせずに休む。
そして、その後に、ブムパチェン（壺の呼吸法）で
あなたのルンを清めよ。

スピリチュアルな障害は、生じては消える。
始原的で純粋な気づきの状態で休むようにせよ。
そうした深遠さからは障害は生まれようがない。
その恩恵を比類なき仏陀の境地に捧げよ。

呼吸の４つの要素を修行せよ。
息を吸い、おなかに満たし、回転させ、
矢のように吐き飛ばす。
そして３つのレベルの壺の呼吸、
少ない、多い、中程度のいずれか
自分に合ったレベルで修行せよ。

ཁོང་འདྲེན་མང་པོ་བྱས་པའི་མཐར།།
མཐེ་བོང་སྲིན་ལག་ཁྲུ་ཚུར་བཅིང་།།
གསང་གནས་མཚམས་ནས་སྤྱི་བོར་འཕང་།།
ཐྲིག་ཡི་དབུ་མར་ཡར་ལ་འདྲིལ།།

སྤྱི་བོ་ཧཾ་ལ་ཐྲིམ་བསམ་དྲག་ཏུ་སྤྲུགས།།
ཧཾ་ལས་ཐྲིག་འཕེལ་ལུས་ཀུན་ཁྲབ།།
བདེ་བས་ལུས་རྒྱས་དམིགས་མེད་བཞག།
དེ་རྗེས་བུམ་ཅན་རླུང་ལ་སྦྱང་།།

བགེགས་རྣམས་མི་འབྱུང་ཁྲིམས་པར་འགྱུར།།
ཀ་དག་ངང་ལ་བཞག་པ་གཅེས།།
བགེགས་རྣམས་གཏིང་ནས་འབྱུང་མི་སྲིད།།
དགེ་བ་བླ་མེད་བྱང་ཆུབ་བསྔོ།། ༼ཞེས་སོ༽

རྟུབ་དང་དགང་དང་གཞིལ་བ་དང་།།
མདའ་ལྟར་འཕངས་དང་རྣམ་པ་བཞི།།
བུམ་པ་ཅན་རླུང་ཆེ་ཆུང་འབྲིང་།།
གསུམ་ལས་གང་རུང་ཉམས་ཐོན་བྱ།།

ユトクの修行法では、
人はトゥンモを完全に修得すれば、
「ヨギの風」によるカルマムードラの修行ができる。
または、脈管と風に関するヨギの修行に馴染みがないか、
修行をしたことがなくても、少しずつ修行を進めていける。

この詩の修行で理解すべきことは、
育成、言いかえれば瞑想ではない瞑想だ。
(現実の) 拡張を実現する瞑想だ。
この金剛の説話、言いかえれば
教えは一般的ではないことを知り、感謝すべきだ。
そして至福を吹き込まれるのだ。

最後に、ティクレを引き上げることについての
口頭の教えについては、
あなたの師の体験に基づく密教の指示に従うべきだ。
あなたが自分の家系の継続を望み子どもをつくりたい場合の指示は、
次のとおりだ。
菩提心を生み出し、菩薩のような赤ん坊をつくれ (註釈 32)。

【註釈 32】上記のスタンザ (詩節) は、ドクター・ニダのカルマムードラに関する 3 部構成の『欲望論』の詩からの抜粋だ。タントラの実践に関するこのセクションの前の部分は、性の健康に焦点をあて、性別、セクシャリティ、およびチベット医学と生物医学の両方の観点からの欲求について説明している。セックスの世俗的な側面を扱うこれらの先行スタンザは、性病、定期的な性病の検査、避妊、思春期、10 代の若者に対する性的興奮と欲求の管理、同性愛者に対する性的健康のアドバイス、月経、更年期障害、妊娠中にセックスをするためのオプションなどのトピック、性欲減退、勃起不全、早漏、膣炎、陰部痛などの治療といった内容をかなり詳細に議論している。
タントラのパートナーが子どもを産むことを望む際に、カルマムードラの修行

གཡུ་ཐོག་ལུགས་ལ་རླུང་ཅན་ནམ།།
གཏུམ་མོ་མཐར་ཕྱིན་ལས་རྒྱ་བསྟེན།།
ཡང་ན་རླུང་ལ་མ་གོམས་པས།།
རིམ་གྱིས་བསྒོམ་ན་ཆོག་པར་གསུངས།།

བསྒོམ་པ་མ་ཡིན་གོམས་པ་ཡིན།།
གོམས་པ་གློང་དུ་གྱུར་བ་ཡིན།།
རྡོ་རྗེའི་གསུངས་འདི་ཐུན་མིན་དུ།།
བྱིན་ཅན་ཡིན་པ་ཞེས་དགོས་སོ།།

མཐར་ཐུག་ཁམས་འདྲེན་གདམས་པ་ནི།།
བླ་མའི་ཉམས་མྱོང་གསང་ཁྲིད་བྱ།།
རིགས་རྒྱུད་སྨིལ་ན་གདམས་ངག་ལྟར།།
བྱང་ཆུབ་སེམས་ཀྱིས་སེམས་དཔའ་སྐྱུན།།

の終わりにダーカが射精することがどのように許容されるかについて、読者がドクター・ニダの最後の詩を誤解しないように、ドクター・ニダは彼の詩の冒頭で、定期的な性的健康診断と避妊具の使用を啓蒙している。

排卵と受胎についての論議で、ドクター・ニダは次のように説明している。


「避妊の主な方法は、男性や女性がコンドームを着用することだ。

または、ペニスを抜いて外に射精するように注意したり、IUD（子宮内器具）を挿入する手術もある。

また避妊薬を使用することもできる。

しかし、多くの薬を使用した後には女性が不妊になったり、ほかの疾患を発症する危険がある。

（計画外の）妊娠では、女性は薬物や外科手術による中絶に目を向けるかもしれないが、これらは危険だ。

（可能な限り）女性が妊娠した場合には、カップルは親として最も貴重な子どもの生命を生かすべきだ。そして、仲よく調和を保つべきだ」


性病については、彼は次のように述べている。


「血液を介して伝染する伝染病には肝臓や血液に感染するウイルス（B型肝炎やC型肝炎など）、母から子へ伝染する病気、そして、夫から妻へ感染する病気など多くの病気がある。

したがって、コンドームは必須の予防のお守りになる。

適切なサイズのものを着用し、性交中にもきちんと装着できているか、時々チェックする。

コンドームで子どもをもうけるのを防げるのも確かだが、それ以上に悪い病気の予防になる。膣と陰茎からくる病気は争いと後悔のもとになる」


これらの引用により、パートナー間のコミュニケーションと誠実さ、定期的な性的健康診断、避妊手段の賢明な使用が、世俗的であるかないかにかかわらず、あらゆる形態の性行為にどれほど重要であるかが明確になったはずだ。

若ユトクと４人のダーキニー

ユトクの歌

若ユトクが76歳になった時、彼は弟子を全員集めて教えとたくさんの贈り物を授けた。その際に、彼が自分の人生を回顧して歌ったのが、次の歌だ。

さあ、幸運な者たちよ、聞くがいい！
よく聞け、世界の人々！
とくにここに集まったあなた、
前に何度も聞いたことがあったとしても、
それらは無意味な錯覚の言葉。
今日、あなたは本当に意味あることを聞く。
前に何度も見たことがあっても、
それらはただ、虚偽、見せかけのビジョン。

今日、あなたが見ることが、曖昧なふたつを明らかにするだろう。

私が誰だか知らないなら、
私はすべての仏陀の使徒、
すべての生きものの拠りどころ。
すべての動く世界、動かない世界には、
私のからだ、言葉とエネルギー、マインド（身口意）が浸透している。

このからだの錯覚の形は聖なる神仏の主の本質で、
その物質性は本質的に純粋。
掴むことができない虹のようで、
しかし、水に映る月のように、いたるところに現れる。

私の声の空（くう）の音はこだまの歌、
８万４０００の仏法の音を響かせる。
導きを求める者への教えの雨となり、
この道を歩むすべての生きものを熟させ、解脱へと導く。

私のマインドの明瞭さと空、言い表せない本物の状態、
至福はすべてに広がり、やむことなく湧き続け、
空と慈愛には何の違いもない。
したがって、マインドが創造した現象は自然に、瞬時に解放される。

瞬時に私は完全に覚醒した仏陀。
瞬時に私は数百の仏陀の領域に旅する。
瞬時に私は数百の仏陀に出会う。
瞬時に私は数百の発散となる。
瞬時に私は数百の生きものを導く。
そして完全さと修得を成し遂げる。

不確実性を知らない信心で
疑いなく祈りなさい！
不純な視覚の濁り、
誰もが分かち合う普通の視点では
私のこうしたすべての資質が見えずとも。

私は医師、技術に長けた慈愛の医療で、
３つの感情の内なる精神的な挑戦を癒し、
仏教徒の教義の勝利の旗を翻す。
「学者」の肩書が私にはふさわしい。

私がスリ・パルヴァータに行くと、強盗が私の行く手を阻んだが、
私は凝視によって彼ら全員を麻痺させた。
「シッダ」（聖者）の肩書が私にはふさわしい。

オディヤーナに行く途中では、生肉を食らうダーキニーが
隕石と雷で私を倒そうとした。
私が脅しの構えをとると、ダーキニーはすべて崩れ落ちた。
「シッダ」の肩書が私にはふさわしい。

セイロンに行く途中では、大海原の波間で船が沈没した。
私は鳥のように飛び、仲間も救った。
「シッダ」の肩書が私にはふさわしい。

カーリーの森に行った時には、毒蛇の息が
深い霧のように広がった。
私が慈愛の瞑想をすると、霧はただちに晴れた。
「シッダ」の肩書が私にはふさわしい。

ペルシアに行った時には、モンゴル軍に出くわした。
だから、私は岩山を何度も突破した。
「シッダ」の肩書が私にはふさわしい。

スワヤブを訪れた時には、ボン教徒と魔法を競った。
半日の間、私は宙に座り続けた。
「シッダ」の肩書が私にはふさわしい。

私はたった1日でボダガヤからチベットに行った。
切り花を贈り物として携えて。
「シッダ」の肩書が私にはふさわしい。

西チベットのツォングドゥ・コルモルのとある場所で、
私は日が沈むのを食い止め、アルラスに雨をもたらした。
金色の雨を降らせた。
「シッダ」の肩書が私にはふさわしい。

語るべき私の人生の出来事は尽きない。
マインドの解放を成し遂げた者には、
地、水、火と風、神々、悪魔その他も
邪魔はできない。
そして、動く敵、動かない敵も。

鳥よりもすっと空を飛び、
何ものにも邪魔されず水に潜り、
隕石か雷のように山々を突破し、
火のさなかでは、彼が火の神。

退行する年齢の存在にはあまり利点がない。
私を見て聞いた者も少ない。

私を見て、聞き、考え、私に触れた者、そして私を信じる者よ、
悟りのスピリットの飛沫を飛ばせ。
何光年にもわたって溜まった否定的なものを清めよ。
この人生の障害と逆境を克服せよ。
自分自身を解脱させ、他者も解脱させ、両者を解脱させ、
後を追うすべての者を解脱させよ。

否定的な見方をし、私に害を与える者も
私は幸福へとつなげ続ける。
つまり、私は（普通の）幸福から（究極の）幸福へと彼らを導くのだ。
これには疑いの余地はない。

あなたのハートとマインドを私に差し出し、私に真摯に懇願しなさい。
信心不足を乗り越え、あなたの人生を通した帰依先として
私に望みをかけなさい。
ただちにあなたのふたつの迷妄は消える。
現実で、観想で、または夢のなかで私に会いなさい。
私が一時的な、そして究極の目標を示そう。

いまここにいる者のすべてと未来の生徒よ、
私の息子たち、弟子たち、これを覚えておきなさい！
いまのところは、この世界での修行者としての私の仕事は完了した。
私は薬師仏の浄土へ向かう。

こう語り、医師たちに多くの助言を与えた後、彼は悟ったからだの動きを示した。それは人々の様々な見方で受け取られ、誰もが考えつかないものだった。

空一体が虹色の光の網目で満たされ、その中心には、たくさんの花やお供えを携えた数百、数千の女神、数万の智慧のダーキニーがいた。

彼らの指先からは虹色の光が輝きだしていた。その虹色の光が偉大なる存在、ユトクのからだに触れると、彼は天に舞い上がった。

人々は実は様々なものを見たといわれている。ユトクがライオンに乗って去ったのを見た人もいれば、ガルーダに乗って飛び去ったのを見た人もいれば、雄牛に乗って去ったのを見た人などもいた。

イラストインデックス
&
参考文献

イラストインデックス

参考文献

文献ーチベット語

'Phrin las, dung dkar blo bzang. Dung dkar tshig mdzod chen mo.
Pe cin: krung go'i bod rig pa dpe skrun khang, 2002.

Bzang po, yon tan (ed.) "Rang bzhin brgyab cu'i rtog pa ngos 'dzin."
In Sa skya'i lam 'bras, Vol. 21, Kathmandu, Guru Lama Sachen International, 2008 (TBRC Resource ID W1KG13617): 279 – 287.

Chos bzang, ye shes. "Gong sa mchog gis kha che tshogs par bka' slob stsal ba." *Sham bha la'i pho nya*. August 5th, 2009. Accessed March 29th, 2018.
http://www.shambalapost.com/2009-08-05-12-53-57/11083-2014-08-28-04-29-14

He ru ka (lce nag tshang), nyi zla. " 'dod pa'i bstan bcos 'dod chags sum sbyor ma yi gleng gzhi."*Rgyal spyi'i bod kyi gso rig khang* (*bod kyi gso rig dra ba, blog*). August 15th, 2014a. Accessed March 29th, 2018.
http://bod.sorig.net/?p=152

He ru ka (lce nag tshang), nyi zla. "'dod pa'i bstan bcos 'dod chags sum sbyor ma las gnyis pa gso rig 'dod bstan (2)." *Rgyal spyi'i bod kyi gso rig khang* (*bod kyi gso rig dra ba, blog*). August 15th, 2014b.
Accessed March 29th, 2018.
http://bod.sorig.net/?p=160

He ru ka, nyi zla and ye shes sgrol ma. *Rten 'brel sngags bcos rig pa.* Pe cin: mi rigs dpe skrun khang, 2015.

Mgon po, g.yu thog yon tan. *G.yu thog snying thig* (edited by HUNG chen and nyi zla). Pe cin: mi rigs dpe skrun khang, 2005.

Mgon po, g.yu thog yon tan. *Bdud rtsi snying po yan lag brgyad pa gsang ba man ngag gi rgyud (dpal ldan rgyud bzhi).* Shin hwa: pod ljongs mi dmangs dpe skrun khang, 2006.

Mkha' 'gro, dbus bza'. "Gsung mgur." In *Gsung 'bum*, Vol. 3, Ca khrong, si khron mi rigs dpe skrun khang, 2009.

Rdo rje, 'jigs bral ye shes. "Dge 'dun rig 'dzin 'dus sde'i bca' yig blang dor gsal ba'i me long." In *Gsung 'bum*, Vol. 22, Kalimpong, Dupjung Lama, 1979-1985 (TBRC Resource ID: W20869): 615 – 636.

Rdo rje, bzhad pa'i. "Lha gcig nyi ma gzhon nus dag snang du stsal ba'i thabs lam nyi zla'i bcud len dang brgyud 'debs." In Gsung 'bum, Vol. 12, Leh, T. Sonam & D.L. Tashigang, 1983 – 1985 (TBRC Resource ID: W22130): 379-386.

Rdo rje, chos dbyings thob ldan. Yang sang rta phag yid bzhin nor bu'i rdzogs chen khri yig. Pe cin: mi rigs dpe skrun khang, 2006.

Rgya mtsho, mi pham. "'dod pa'i bstan bcos 'jig rten kun tu dga'i ba'i gter." In *Gsung 'bum*, Vol. 13, Paro, Bhutan, Lama Ngodrup and Sherab Drimey, 1984–93 (TBRC W23468): 525 – 590.

Shri, Sha kya. "Ka dag bde chen myur lam gyi khrid rim rig 'dzin grub pa'i thugs tig gsang chen bla med." In *Gsung 'bum*, Kathmandu, Khenpo Shedup Tenzin & Lama Thinley Namgyal,
1998 (TBRC W23563): 885 – 894.

Staff Writer. "Sdom pa shor na gsang sngags yin mdog ma byed."
Bod kyi dus bab. July 17th, 2014. Accessed March 29th, 2018.
http://tibettimes.net/2014/07/17/137315/

文献ー英語

Allione, Tsultrim. *Women of Wisdom*. I
thaca: Snow Lion Publications, 2000.

Aryadeva. Aryadeva's Lamp that Integrates the Practices (Caryamelapakapradipa): The Gradual Path of Vajrayana Buddhism According to the Esoteric Community Noble Tradition. Translated by Christian Wedemeyer. New York: American Institution of Buddhist Studies/Tibet House US, 2007.

Bailey, Cameron. "*A feast for scholars: the life and works of Sle lung Bzhad pa'i rdo rje*." PhD diss., University of Oxford, 2017.

Biernacki, Loriliai. *Renowned Goddess of Desire: Women, Sex, and Speech in Tantra.* New York: Oxford University Press, 2008.

Chenagtsang, Nida. *The Tibetan Art of Good Karma: The hidden treasure of the Turquoise Way*. Sorig Publications Australia, 2011.

Chenagtsang, Nida. *The Tibetan Art of Dream Analysis*.
Sorig Press U.K., 2013.

Chenagtsang, Nida. *Path to Rainbow Body: Introduction to Yuthok Nyingthig*. Sorig Press U.K., 2014.

Chenagtsang, Nida. *Mirror of Light: A Commentary on Yuthok's Ati Yoga, Volume One*. Translated by Ben Joffe. Portland: Sky Press, 2016.

Chenagtsang, Nida and Nguyen, Tam. *Sowa Rigpa Points: Point Study in Tradtional Tibetan Medicine*. Portland: Sky Press, 2017

Chenagtsang, Nida. *The Tibetan Book of Health: Sowa Rigpa, the Science of Healing*. Portland: Sky Press, 2017.

Chenagtsang, Nida. *Weapon of Light: Introduction to Ati Yoga*. Portland: Sky Press, 2017.

Chöphel, Gendun. *Tibetan Arts of Love: Sex, Orgasm, and Spiritual Healing*. Translated by Jeffrey Hopkins. Ithaca: Snow Lion Publications, 2000.

Dalton, Jacob. "*The Development of Perfection: The Interiorization of Buddhist Ritual in the Eighth and Ninth Centuries.*" Journal of Indian Philosophy 32 (2004): 1-30.

Dalton, Jacob. *The Taming of the Demons: Violence and Liberation in Tibetan Buddhism*. New Haven: Yale University Press, 2011.

Davidson, Ronald. *Indian Esoteric Buddhism: A Social History of the Tantric Movement.* New York: Columbia University Press, 2002.

Davidson, Ronald. Tibetan Renaissance: T*antric Buddhism in the Rebirth of Tibetan Culture*. New York: Columbia University Press, 2005.

Dorje, Rangjung. The Profound Inner Principles (With Jamgön Kongtrul Lodrö Taye's Commentary Illuminating "The Profound Principles." Translated by Elizabeth Callahan. Boston: Snow Lion Publications, 2014.

Dorji, Jagar. "Śākya Śrī." *In The Treasury of Lives*. May, 2011. Accessed March 29, 2018. https://treasuryoflives.org/biographies/view/Shakya-Shri/8782

Gayley, Holly. *Love Letters from Golok: A Tantric Couple in Modern Tibet.* New York: Columbia University Press, 2018.

Hatley, Shaman. "*Erotic Asceticism: The Knife's Edge Observance (asidhārāvrata) and the Early History of Tantric Coital Ritual.*" The Bulletin of the School of Oriental and African Studies 79, 2 (2016): 329 – 45.

Jacoby, Sarah. *Love and Liberation: Autobiographical Writings of the Tibetan Buddhist Visionary Sera Khandro*. New York: Columbia University Press, 2014.

Jacoby, Sarah. "*The science of sensual pleasure according to a Buddhist monk: Ju Mipam's contribution to kāmaśāstra literature in Tibet.*" The Bulletin of the School of Oriental and African Studies 80, 2 (2017): 319 –337.

Joffe, Ben. "*Reaching the Rainbow with Your Feet on the Ground: An Essay on the Importance and Special Characteristics of the Yuthok Nyingthig.*" *A Perfumed Skull* (blog).

April 2, 2016a. Accessed March 29, 2018.
https://perfumedskull.com/2016/04/02/reaching-the-rainbow-with-your-feet-on-the-ground-an-essay-on-the-importance-and-special-characteristics-of-the-yuthok-nyingthik/

Joffe, Ben. "*Tantric Sex Partners, Actual and 'Imagined': Tibetan Karmamudra, and the Life and Times of Lelung Jedrung Zhepai Dorje.*" *A Perfumed Skull* (blog). May 16, 2016b. Accessed March 29, 2018.
https://perfumedskull.com/2016/05/16/Tantric-sex-partners-actual-and-imagined-tibetan-karmamudra-and-the-life-and-times-of-lelung-jedrung-zhepai-dorje/

Joffe, Ben. "*The White-Robed, Dreadlocked Community: Dr Nida Chenagtsang's Introduction to and Defense of the Ngakpa Tradition.*" *A Perfumed Skull* (blog). May 30, 2017. Accessed March 29, 2018.
https://perfumedskull.com/2017/05/30/the-white-robed-dreadlocked-community-dr-nida-chenagtsangs-introduction-to-and-defense-of-the-ngakpa-tradition/

Mingyur Rinpoche, Yongey. The Joy of Living: Unlocking the Secret & Science of Happiness. New York: Harmony Books, 2007.

Onians, Isabelle. "*Tantric Buddhist Apologetics or Antinomianism as a Norm.*" PhD diss., University of Oxford, 2003.

Samuel, Geoffrey. *Civilized Shamans: Buddhism in Tibetan Societies.* Washington, DC: Smithsonian Institute Scholarly Press, 1995.

Samuel, Geoffrey. *The Origins of Yoga and Tantra: Indic Religions to the Thirteenth Century.* New York: Cambridge University Press, 2008.

Shaw, Miranda. *Passionate Enlightenment: Women in Tantric Buddhism*. New Jersey: Princeton University Press, 1994.

Snellgrove, David. *Indo-Tibetan Buddhism: Indian Buddhists and Their Tibetan Successors*. London: Serindia, 1987.

Szántó, Péter-Dániel. "*The Case of the Vajra-Wielding Monk*." Acta Orientalia Academiae Scientiarum Hungaricae 63, 3 (2010): 289-299.

Tiso, Francis. *Rainbow Body and Resurrection: Spiritual Attainment, the Dissolution of the Material Body, and the Case of Khenpo A Chö*. Berkeley: North Atlantic Books, 2016.

Wedemeyer, Christian. *Making Sense of Tantric Buddhism: History, Semiology, and Transgression in the Indian Traditions*. New York: Columbia University Press, 2014.

White, David Gordon. *Kiss of the Yogini: "Tantric Sex" in its South Asian Contexts*. Chicago: Chicago University Press, 2003.

著者について

ドクター・ニダ・チェナグサングは、チベット北東部の安寧省で生まれた。チベット人の伝統的な癒しの科学、ソワ・リクパに関心を持った彼は、地元のチベット医学の病院で医学の勉強をはじめた。後に奨学金を得てラサのチベット医科大学に進学し、１９９６年に卒業、ラサとロカのチベット医学の病院で実習医の研修を修了した。

ドクター・ニダは医学教育に加え、チベット仏教の各学派から金剛乗の修行を学んだ。主に根本導師のアニ・ナガワン・ギャルツエンからニンマ学派のロンチェン・ニンティク、またチョニド・リンポチェとセモ・デュチェン・ユトゥンからドゥジョム・テルサーの伝統を学んだ。

チベット医学独特のスピリチュアルな伝統であるユトク・ニンティクを、すべての師であるケンポ・ツゥートリム・ギャルツエンとケンチェン・チュル・チェナムから学び、その伝統の継承をレブコン・ナグパ（僧院に属さないヨギ、ヨギーニ）の伝統のジャムヤン・リンポチェから託された。

若いころから詩人としても著名になったドクター・ニダは、後のソワ・リクパ（伝統的なチベット医学）

やユトク・ニンティクに関する数多くの本をチベット語と英語で出版し、その一部は数カ国語に翻訳されている。彼は古代チベットの癒しの方法を詳細に研究し、あまり知られていなかった伝統的なチベットの外科的癒しのセラピーの復活に貢献した功績で、東洋と西洋で名声を得た。

ドクター・ニダは、西洋におけるチベット医学の最大組織、ソリグ・カーン・インターナショナル（旧：伝統チベット医学国際アカデミー）の協同創設者兼メディカル・ディレクターであり、現代チベット社会でレブコン・ナグパ／ナグマ文化を保存維持するために設立された、国際ニャクマン協会の協同創設者。医師としての仕事に加え、世界40カ国以上でソワ・リクパとユトク・ニンティクの伝統を教えている。

◆ドクター・ニダ・チェナグサングと彼の教育活動の詳細は左記を参照

https://www.sorig.net

◆ドクター・ニダ・チェナグサングの出版物の情報は左記を参照

https://www.skypressbooks.com

ドクター・ニダ・チェナグサング

訳者あとがき

ダライ・ラマ法王の講演や本からチベット仏教やチベット伝統医学への関心を深めていた私がドクター・ニダの存在を知ったのは、数年前のことだった。ある日、ネットを散策していてヨーロッパ在住のチベット医師によるチベット・マントラ・ヒーラーの養成講座があることを知り、このチャンスを逃してはならないような気がして、翌々日からの3日間の講義にすぐさま申し込んで参加したのだ。そしてドクター・ニダの、軽快でいて深遠な教えに魅了された。

ドクター・ニダはチベットの医大で教育と実践を経た臨床医であり、在家のチベット仏教修行者。チベット医学を世界に啓蒙するようダライ・ラマ法王に託されて、バチカンのあるローマに移住した。チベットやダラムサラで多くの高名な師から直伝でチベット仏教や伝統医学を学び、現代の西洋社会や文化にも熟知し、講演も通訳なしで流暢な英語でおこなえる、という意味では在外チベット人のなかでも稀有な存在だ。それに加えて、ふだん私たちが気づかずにいる個人や社会の矛盾や欺瞞(ぎまん)を見通す理知と、ユーモアと慈愛に満ちた提言の数々に惹かれ、私は以来、ドクター・ニダに師事し、薬師仏の化身とされるユトクが伝えた医師やヒーラーのためのチベット仏教の修行法であるユトク・ニンティクとスピリチュアルな側面を重視するチベット伝統医学の療法を学んできた。カルマムードラの実践修行にも参加し、ぜひ日本の皆様にもこの貴重な教えをお伝えしたいと思い、翻訳の許可をいただいた。

カルマムードラはインドのカーマスートラとは異なり、誰もが持つ本能と性エネルギーを最大活用した内なる錬丹術で、チベット仏教とチベット伝統医学の接点をなす修行法。チベット仏教の修行体系のなかでは非常に高度な教えで悟りへの近道だが、僧侶の伝統社会では、それ以前の多くの「必須科目」を修了してからでないと実践が許されない、いわば秘密の教えだ。それをドクター・ニダが、あえて修行者でもない一般人にも理解できるような形で明らかにし、本書でその実践法までを紹介してくれたのは、医師として、思想家として、そしてカルマムードラには人種や信じる宗教の違いを問わず人を癒す力があると信じたからだ。

性交は日本語では肉体関係などとも呼ばれるが、実際には肉体だけの関係ではなく、人と人とのエネルギーの交流であり、人のスピリチュアリティにとって重要な意味を持つ神聖な行為だ。すべての苦悩も消える至福を体感し、そこに不二の空(くう)を見いだし、悟りに一歩近づけるよう、本書からの学びを活かしていただければ幸いだ。

エリコ・ロウ

Dr. Nida Chenagtsang

著者 ◉ ドクター・ニダ・チェナグサング

チベット北東部の安寧省生まれ。伝統的なチベット医学ソワ・リクパに関心を持ち、ラサのチベット医科大学に進学し1996年に卒業。ラサとロカのチベット医学の病院で実習医の研修を修了する。また、チベット仏教の各学派から金剛乗（密教）の修行を学ぶ。チベット医学独特のスピリチュアルな伝統であるユトク・ニンティクを学び、その伝統の継承を託された。西洋におけるチベット医学の最大組織、ソリグ・カーン・インターナショナルの協同創設者兼メディカル・ディレクターであり、現代チベット社会でレブコン・ナグパ／ナグマ文化を保存維持するために設立された、国際在家修行者協会の協同創設者である。医師としての仕事に加え、世界40カ国以上でソワ・リクパとユトク・ニンティクの伝統を教えている。数多くの本をチベット語と英語で出版し、その一部は数カ国語に翻訳されている。

Eriko Rowe

訳者 ◉ エリコ・ロウ

在米ジャーナリスト、著作家、翻訳家。バイオ・エネルギー・トレーナー。長年にわたり取材と実践で世界の伝統療法を学び、ドクター・ニダの直伝でユトク・ニンティク修行中。著書には『キラキラ輝く人になる』（ナチュラルスピリット）、『アメリカ・インディアンの書物よりも賢い言葉』（扶桑社）、『死んだ後には続きがあるのか』（扶桑社）など、訳書には『ワン・スピリット・メディスン』（アルベルト・ヴィロルド著、ナチュラルスピリット）、『「悟り」はあなたの脳をどのように変えるのか』（アンドリュー・ニューバーグ、マーク・ウォルドマン著、ナチュラルスピリット）などがある。

カルマムードラ：至福のヨーガ
チベット医学・仏教におけるセクシャリティ

●

2021年11月15日　初版発行

著者／ドクター・ニダ・チェナグサング
訳者／エリコ・ロウ

装幀／中村吉則
編集／磯野純子
本文デザイン・DTP／細谷毅

発行者／今井博揮
発行所／株式会社ナチュラルスピリット
〒101-0051　東京都千代田区神田神保町3-2　高橋ビル2F
TEL 03-6450-5938　FAX 03-6450-5978
E-mail:info@naturalspirit.co.jp
ホームページ https://www.naturalspirit.co.jp

印刷所／モリモト印刷株式会社

ISBN978-4-86451-385-2 C0010